Jeder kennt Börsianersprüche wie «Ein Großteil des Handels ist Psychologie» oder «Das Kapital ist wie ein scheues Reh». László Mérő zeigt in seinem neuen Buch, warum solche Binsenweisheiten einiges für sich haben: In diesem originellen Beitrag zum Darwin-Jahr entwickelt Darwin-Experte Mérő mit übergreifendem Blick auf neuere Erkenntnisse der Biologie, Ökonomie, Psychologie und Mathematik, dass und warum sich das Geld in seiner Form als Kapital wie eine Lebensform verhält – stets darauf versessen, sich selbst zu replizieren. Es gleicht einer genetischen Struktur, indem es eine Vielzahl unternehmerischer Variationen hervorbringt, alle aber folgen sie einer spezifischen Evolutionslogik. Mérős Ansatz erklärt die großen Verschwendungen ebenso wie die großen Leistungen und die Macht der globalisierten Wirtschaft. Ein neuer Blick auf den Begriff des Lebens und ein neuer Blick auf menschliches Wirtschaften – ein geistreiches Buch, das zum Nachdenken anregt.

László Mérő, geboren 1949, ist Mathematiker und Psychologe. Als Dozent für Experimentelle Psychologie an der Universität Budapest hatte er sich auf die Gebiete Künstliche Intelligenz und Rationales Denken spezialisiert, seit 2005 ist er an derselben Universität Professor für Ökonomische Psychologie. Daneben wurde er als Miterfinder von «Rubik's Cube» bekannt, dem Zauberwürfel. Bei rororo sind von ihm bereits erschienen: «Die Logik der Unvernunft. Spieltheorie und die Psychologie des Handelns» (rororo science, 2000), «Die Grenzen der Vernunft. Kognition, Intuition und komplexes Denken» (rororo science, 2002).

László Mérő

DIE BIOLOGIE DES GELDES

Darwin und der Ursprung der Ökonomie

Deutsch von Anita Ehlers

Rowohlt Taschenbuch Verlag

Deutsche Erstausgabe
Veröffentlicht im Rowohlt Taschenbuch Verlag,
Reinbek bei Hamburg, Februar 2009
Copyright der deutschsprachigen Ausgabe
© 2009 by Rowohlt Verlag GmbH, Reinbek bei Hamburg
Die ungarische Originalausgabe erschien 2007 bei Tericum Kiadó
unter dem Titel «A pénz evolúcója. A gazdasági vállalkozások
eredete és a darwini evolúció logikája»
Copyright © 2007 by Tericum Kiadó
Lektorat Frank Strickstrock
Umschlaggestaltung ZERO Werbeagentur, München
(Abbildung: plainpicture / Stephen Webster)
Satz Dolly Postscript, InDesign
Gesamtherstellung CPI – Clausen & Bosse, Leck
Printed in Germany
ISBN 978 3 499 62430 8

Inhalt

TEIL IV DAS EGOISTISCHE GELD

ANHANG

VORWORT

Dieses Buch ist für ein breites interessiertes Publikum gedacht. Und es wird vor allem den folgenden Gedanken ausführen: Nach denselben logischen Grundsätzen, die für Gene gelten, wenn sie biologische Lebewesen hervorbringen, erzeugt eine gewisse Form von Geld (die wir Mon nennen werden) die unterschiedlichsten «ökonomischen Lebewesen», also Unternehmen. Und deshalb spielt der Darwinismus auch im Wirtschaftsleben eine Rolle.

Ich wollte den Text nicht mit einem umfänglichen Apparat und ausführlichen bibliographischen Hinweisen belasten. Sie finden sich im Anhang. So können wir uns hier auf die Parallele zwischen der Logik der Wirtschaft und der Logik der Biologie konzentrieren und auch auf die Tatsache, dass diese Parallele uns hilft, viele seltsame Phänomene unserer Tage zu verstehen – beispielsweise den Prozess der Globalisierung, denn auch die Globalisierung beruht auf der Evolution des Geldes.

Welchen Nutzen kann ein solches Buch haben? Was ändert sich, wenn wir wissen, dass eine bestimmte Form des Geldes (*Mon*) eine Art Darwin'sche Evolution in Gang gebracht hat? Einiges. Ich stelle mir vor, dass diese neue Sichtweise auf Dauer zu wesentlichen Veränderungen in der täglichen Arbeit der Ökonomen führen wird. Wenn wir herausfinden, wie Mone wirken, können wir spezielle Analyseverfahren entwickeln, die ohne diesen Hintergrund sinnlos wären.

Es liegt in der Logik von Darwins Theorie, dass nicht alle Arten von Evolution darwinisch sind: Beispielsweise folgt die Entwicklung menschlicher Gemeinschaften anderen Antriebskräften. Indessen wird sich im Lichte von Darwins Logik erhellen, wie die Psyche von *Homo informaticus*, dem Bürger der Wissensgesellschaft, sich von seinem Vorfahren *Homo sapiens* unterscheidet. Ich hoffe, dass Sie vieles nachdenkenswert und diskussionswürdig finden.

Ich bedanke mich bei Balázs Aczél, István Alpek, Csaba Andor, László Antal, Éva Bányai, Réka Barabás, Zoltán Baracskai, Lilla Benczúr, Lili Birtalan, Anikó Bódi, Judit Bokor, Ferenc Bródy, Lívia Bús, Claudia Coga, András Czellér, Ágnes Danó, Andrea Dúll, Péter Fábri, Andrea Fehér, Melinda Forgó, Péter Gelléri, Anna Gősiné Greguss, Balázs Gyenis, Zoltán Győrfi, Endre György, László Hradszki, György Jaksity, László Juhász, Enikö Hajna Kiss, Éva Kovácsházy, Károly Kresz, Tom Kürti, Gábor Ligeti, György Marosán, Csaba Mérő, Katalin Mérő, Vera Mérő, Bea Oborny, Peter Osman, Anna Pavlov, Éva Radványi, Andrea Rényi, István Siklósi, Tamás Sipos, Endre Somos, Gábor Suhai-Hodász, Eszter Szabó, István Szamosközy, Gábor Szász, Balázs Szekfü, Zsuzsa Szvetelszky, Péter Tátray, Zoltán Ülkei, Tamás Vajna, Tibor Vámos, Katalin Varga, András Vargha, Zoltán Vassy für ihre Hilfe und ihren großen Beitrag bei der Vorbereitung dieses Buchs, indem sie Ideen vorschlugen, Bemerkungen machten, Rat gaben und Kritik anboten. Die finanzielle Unterstützung durch den Ungarischen wissenschaftlichen Forschungsfonds war beim Schreiben dieses Buchs eine große Hilfe.

1. DER ZINSBRINGENDE STOCKFISCH

*Gute Ideen wetteifern um Kapital, und Kapital
wetteifert um gute Ideen.*

In meiner Familie erzählt man, mein Großvater habe sich während des Zweiten Weltkriegs den Kopf darüber zerbrochen, wie er sein kleines Vermögen anlegen sollte. In den damaligen turbulenten Zeiten kam das Investieren in ein Unternehmen nicht in Frage. Das Geld sparen lohnte sich nicht, weil die Inflation es auffressen würde – und das tat sie denn auch, aber nicht einmal Großvater konnte die weltweit größte Hyperinflation in Ungarn voraussehen; nach ihr kehrten die Straßenfeger wertlose Millionen, Milliarden und Trillionen Pengő-Geldscheine zusammen. Wie könnte er seinen Besitz bis Kriegsende wahren? Gold behält seinen Wert, kann aber leicht gestohlen werden. Sollte er ein Haus kaufen? Das lässt sich kaum stehlen, hält aber Bomben nicht stand. Sollte er Land kaufen? Dem machen Bomben nichts aus, aber ihm bekommt die Verstaatlichung nicht gut – Großvater sah diese Gefahr lange vorher. Sollte er in Salz investieren? Das widerstünde sowohl Bomben als auch der Verstaatlichung, ist aber sehr schwer.

Es gab kein Happy End. Weder mein Großvater noch der Familienbesitz überlebten den Krieg. Seine Überlegungen jedoch dauerten fort, und ich möchte sie weiterführen, diesmal als Beispiel für den Wettbewerb zwischen den verschiedenen Formen, die Geld (oder genauer: Kapital) annehmen kann.

In diesem Buch geht es also um die Biologie, die Evolution des Geldes, und wir wissen seit Darwin, dass Evolution immer aus dem Wettbewerb der Arten entsteht. Seit Darwin haben wir jedoch noch vieles mehr über das Leben gelernt. In den vergangenen anderthalb Jahrhunderten ist es Biologen nicht nur gelungen, viele wichtige Einzelheiten aufzudecken, so etwa den generischen Code zu knacken oder die Struktur der DNA zu enthüllen, sie haben auch viel komplizeriertere und umfassendere Fragen beantwortet. Wir sind in der Lage, die Natur der Mechanismen zu verstehen, die dem Leben zugrunde liegen.

Lebewesen werden von Dingen *generiert* (den *Genen*), die nicht als Einzelwesen lebendig sind, sondern gemeinsam, in entsprechend zusammengesetzten Gruppen, die vielfältigsten Lebensformen codieren können, und unter geeigneten Umweltbedingungen kommen die von ihnen codierten Wesen auch wirklich zur Welt. Mit dieser Entdeckung hat die Biologie des 20. Jahrhunderts einen Mechanismus aufgezeigt, der weit über solche Lebensformen hinausweist, die wir biologisches Leben nennen. Es kann sehr wohl sein, dass die Grundsätze des *Geistes-* oder *Wirtschaftslebens* im Prinzip genau derselben Logik folgen wie das biologische Leben.

Robinsons Traum

Die Weltgeschichte hatte meinen Großvater in eine schwierige Lage gebracht. Glücklicherweise lassen sich eine Reihe wirtschaftlicher Grundsätze ausgezeichnet an viel einfacheren Beispielen demonstrieren, auch an dem der unbewohnten Insel. Gesammelt ergäben all die Fabeln, die Ökonomen über Robinson geschrieben haben, einen Wälzer, der viel dicker wäre als Defoes Roman. Auch wir beginnen mit ihm.[1]

Robinson hat auf seiner unbewohnten Insel keine andere Nahrungsquelle als Fische, die sich in Küstennähe wagen. Mit etwas Glück gelingt es ihm, ihnen mit seiner Keule einen Schlag auf den Kopf zu versetzen und sie zu fangen. Aber Fische sind flink, und auch wenn Robinson den ganzen Tag lang aufs Wasser schlägt, fängt er pro Tag nur fünf Fische, gerade genug, um seine tägliche Ernährung zu sichern. So lebt Robinson von einem Tag zum nächsten. Todmüde fällt er abends auf sein einfaches Lager unter einem großen Baum, und ihm bleibt vor dem Einschlafen kaum die Zeit für einen kurzen Wachtraum.

Auf der Insel wachsen Bäume, die zwar keine essbaren Früchte tragen, deren faserige Rinde sich jedoch gut abschälen lässt. Aus dieser Rinde könnte Robinson ein primitives Netz flechten, mit dem er pro Tag zwanzig Fische fangen würde. Mit einem solchen Netz bräuchte er also nur jeden vierten Tag zu arbeiten und könnte an den anderen Tagen viele andere Dinge tun. Die Herstellung eines solchen Netzes jedoch erforderte dreißig Tage Arbeit – und in der Zeit würde Robinson verhungern.

Wir wissen natürlich, dass das wirkliche Leben nicht genau so abläuft. Robinson hat sicherlich gelegentlich bessere Tage: Manchmal hat er schon am frühen Nachmittag die fünf Fische gefangen, die ihm das Überleben sichern, und es kommt auch vor, dass er einen größeren Fisch fängt. An diesen Tagen könnte er einige Stunden mit der Herstellung des Netzes verbringen. Das braucht Zeit, aber früher oder später hätte er Mittel und Möglichkeit, sein Leben radikal zu verändern. Wenn wir jedoch diese vollkommen unrealistische Situation annehmen, müssen wir auch voraussetzen, dass die Fische alle gleich groß sind und dass Robinson den fünften Fisch im letzten Augenblick fängt, in dem er dem Hungertod entgehen kann.

Anscheinend wird Robinson den Rest seines Lebens mit dem Keulen von Fischen verbringen, denn die Aussicht darauf, dass ein britisches Schiff vorbeikommt und ihn nach Hause bringt, ist gering. Aber ohne Hoffnung ist schlecht leben, deswegen hofft Robinson von ganzem Herzen weiter und schlägt eifrig

Tag für Tag auf Fische ein, damit ein Wunder, wenn es denn geschieht, ihn lebendig antrifft.

Eines schönen Tages taucht unerwartet ein anderer Robinson auf, ebenfalls ein einsamer Schiffbrüchiger, der auf einer Nachbarinsel lebt. Dieser zweite Robinson hat ein paar Fische zu viel, weil er im Umgang mit der Keule geschickter ist als Robinson und tagtäglich sogar sechs Fische fängt. Deswegen stellt er Stockfisch her, indem er einige seiner ungesalzenen Fische von Sonne und Wind trocknen lässt. Allmählich hat er für schlechte Zeiten einen Vorrat von 150 Stück Stockfisch angelegt.

Dieser zweite Robinson – wir nennen ihn Richson – erkennt Robinsons schwierige Lage und hat Verständnis für den Traum vom Fischernetz. Er bietet Robinson seine 150 getrockneten Fische an unter der Bedingung, dass Robinson die nächsten dreißig Tage ausschließlich mit der Herstellung des Netzes verbringt und ihm vom 31. Tag an ein Jahr lang jeden Tag fünf Fische liefert.

Robinson erwägt das Angebot mit gemischten Gefühlen. Einerseits findet er es unverschämt, dass Richson zwölf Monate lang jeden Monat 150 Fische haben will (in einem Monat mit 31 Tagen sogar 155), andererseits brauchte er, falls er das Angebot annimmt, nach dreißig Tagen nur jeden zweiten Tag zu fischen, weil er pro Tag zwanzig Fische fangen kann, von denen er zehn zurückzahlt und zehn ihn zwei Tage lang ernähren. Zudem würde sich die Lage nach einem Jahr entscheidend verbessern.

Robinson neigt immer mehr dazu, seine moralische Entrüstung über Richsons Unverschämtheit zu verwinden und das Angebot anzunehmen, versucht aber trotzdem, ein wenig zu verhandeln. Richson dagegen weiß nicht nur Robinsons gute Idee zu würdigen, er sieht auch, wie verzweifelt dessen Lage ist, und gibt nicht nach; vielmehr weist er darauf hin, welch großes Risiko er mit seinem vorbehaltlosen Vertrauen in Robinsons

Vertrauenswürdigkeit eingeht, weil er ja damit die Möglichkeit ausschließt, dass Robinson seinen Teil der Verabredung nicht einhält. Möglicherweise überlebt ja Robinson die nächsten dreißig Tage nicht, während er schon eine beträchtliche Anzahl von Richsons Fischen gegessen hätte; dann hinterließe er lediglich ein halbfertiges nutzloses Fischernetz. In der Hitze der Debatte macht Robinson rasch fünfzig Liegestütze, womit er seine gute körperliche Kondition unter Beweis stellt und Richsons Sorge zu entkräften sucht, er könne seinen Fischeinsatz nicht mit Gewinn zurückbekommen.

Robinson seinerseits macht sich ebenfalls Sorgen. Wenn er Richsons Vorschlag zustimmt, müsste er alle Hoffnung fahren lassen, dass ein britisches Schiff ihn im nächsten Jahr retten könnte, denn als englischer Gentleman könnte er die Insel nicht verlassen, bevor er seine Schulden beglichen hat. Deshalb schlägt Robinson vor, Richson solle, falls ein Schiff auftaucht, Robinsons Fischernetz nehmen und dafür die Schulden erlassen. Richson entgegnet, das Netz sei nutzlos für den, der nicht damit umgehen kann, und besteht auf dem Handel Fisch für Fisch, nicht für ein unnützes Gebilde aus Rinde.

Nach mehreren spektakulären Darbietungen (Robinsons Liegestützen, Richsons gespielter Ärger) einigen sie sich schließlich per Handschlag darauf, dass Robinson vom einunddreißigsten Tag an monatlich genau 150 Fische zurückzahlt; Robinsons Schulden aber sollen, falls ein britisches Schiff erscheint, automatisch getilgt sein.

Richson wagt bei diesem Handel den Einsatz von 150 Fischen, weil er sich langfristig Profit erhofft. Er liefert Robinson alle Fische sofort, damit er sich in den nächsten dreißig Tagen nicht mehr um die Sache zu kümmern braucht. Für Richson wäre dieser vielversprechende Handel wertlos, wenn er tagtäglich Zeit darauf verwenden müsste, Robinsons Fortschritte zu verfolgen. Handel beruht auf Vertrauen, und je gewagter der Handel, umso größer der Vertrauensvorschuss.

Das Wesen der Zinsen

Laien meinen oft, Zinsen seien der Preis für die Nutzung des Geldes. Aber diese Ansicht ist falsch. Die Nutzung des Geldes ist frei: Wenn wir Geld ausgeben, zahlen wir keine Nutzungsgebühr. Man könnte einwenden, man brauche nur dann für die Nutzung von Geld zu zahlen, wenn man das Geld anderer ausgibt. Aber auch in dem Fall unterscheidet sich Geld von anderen Dingen. Wenn ich ein neues Auto kaufe und es jemandem unter der Bedingung leihe, dass ich in zwanzig Jahren, wenn ich es zurückbekomme, ein ähnliches neues Auto erhalte, finden wir das fair. Wenn ich dafür jedoch zwei neue Autos haben möchte, wird man mich schief ansehen. Aber genau das passiert, wenn ich mein Geld zur Bank bringe – selbst in Inflationszeiten.

Die Übereinkunft zwischen Robinson und Richson kommt dem Wesentlichen der Zinsen näher. Die 150 geliehenen Fische ermöglichen es Robinson, seine Fischproduktion in der Zukunft, in diesem Fall nach dreißig Tagen, zu steigern. Robinson meint, das sei es wert, einige der zusätzlichen Fische als Zinsen für ein Darlehen zu zahlen – abgesehen davon, dass sein Leben angenehmer wird.

Zinsen *sind das Entgelt für die unmittelbare Verfügbarkeit des Geldes*. Robinson ist nicht deshalb bereit, die Wucherzinsen von 150 Fischen zu zahlen, weil er die Fische braucht, sondern weil er *sofort* darüber verfügen kann.

Was wäre, wenn Robinson während der Verhandlungen mit Richson gewusst hätte, dass genau ein Jahr später ein zweiter Richson kommen wird, der damit zufrieden wäre, nach den ersten dreißig Tagen lediglich ein halbes Jahr lang pro Tag fünf

Fische zu bekommen? Auch dieser andere Richson wäre nicht gerade bescheiden, denn er will sechsmal so viele Fische zurück, wie er als Darlehen gewährt. Würde Robinson auf ihn warten? Allerdings ist nicht sicher, dass Robinson nach einem Jahr noch am Leben sein wird, wenn er weiterhin tagtäglich fünf Fische keulen muss. Robinson ist optimistisch und hält Belastungen stand, und diesen «ersten» Richson gibt es *hier und jetzt*. Für Robinson lohnt es sich, mehr dafür zu zahlen, dass er ein ganzes Jahr lang keine Fische zu keulen braucht.

Für Robinson sind 150 geborgte Stockfische heute mehr wert als später. In der Fachsprache sagen wir, Robinson hat eine *Zeitpräferenz*. Sie bewirkt seine Bereitschaft, für das Darlehen sehr hohe Zinsen zu zahlen. Richson nutzt das natürlich aus, auch wenn man sein Verhalten missbilligen mag. Jedoch sind Zinsen nicht nur der Preis für die Zeitpräferenz des Geldleihers, sondern – auf der Seite des Geldgebers – auch der Preis für das Opfer, über die produzierten Güter nicht länger verfügen zu können.

Richson sagt, er verhelfe Robinson zur Verwirklichung seines Traums, und niemand zwinge Robinson, auf diesen Handel einzugehen. Damit hat er recht, und lediglich konkurrierende Richsons und die Entwicklung des Finanzmarktes können ihn zu gemäßigterem Verhalten zwingen. Wenn wir Robinson und Richson einige Kapitel später wieder begegnen, wird es all das schon geben. Wie wir sehen werden, wird Richson Robinson dann viel raffiniertere finanzielle Angebote machen, wie er seinen neuen Traum verwirklichen kann.

Der Hauptdarsteller betritt die Bühne

Noch fiel kein Wort über Geld, wohl aber haben wir über Zinsen gesprochen. Damit folgen wir dem Ansatz der (umfangreichen)

Lehrbücher über das Finanzwesen. Im viel gelesenen Buch von Frederick S. Mishkin zum Beispiel ist von Geld erst im dritten Kapitel die Rede.[2] Es beginnt mit einer Szene, in der plötzlich ein Räuber auftaucht und uns anschreit: «Geld oder Leben!» In diesem Fall fragen wir nicht: «Was genau meinen Sie mit Geld?» Es könnte uns sogar schlecht bekommen, Unverständnis vorzugeben, denn der Räuber könnte, einem plötzlichen Einfall folgend, unsere Halskette oder unsere neuen Schuhe dazuzählen. Ein weiteres Finanzlehrbuch, das von Meir Kohn, beginnt die Erörterung des Begriffs «Geld» in Kapitel 4: und zwar mit dem Satz «Wir alle wissen, was Geld ist.»[3]

Beide Autoren haben in den vorangehenden Seiten ihrer Lehrbücher mehrfach das Wort Geld benutzt. Und das ist in Ordnung, denn wir kennen seine Bedeutung. Gleichwohl gibt es selbst unter Volkswirten keine Übereinstimmung darüber, was genau Geld ist. Gewöhnlich wird es durch einige seiner Funktionen definiert (Zahlungsmittel, Handelsware, Recheneinheit, Maß für Vermögen, Bewahrer von Vermögen, Mittel zum Aufschieben von Zahlungen, etc.) und dann werden Dinge aufgezählt, die solche Aufgaben früher einmal erfüllten (Perlen, Muscheln, Tabak, Bier, Salz, Butter, Messer, Tierfelle, Walrosszähne etc.) und dann einige, die es heute tun (Bargeld, Sparguthaben, Bankkarten, Schecks, Bonds, Anteile, Optionen, Versicherungen etc.).

Das Thema unseres Buchs betrifft einen bestimmten Aspekt von Geld, nämlich Geld, das Geld erzeugt. Dieser Aspekt ist vor allem geeignet, das Interesse naturwissenschaftlich denkender Menschen zu erregen. Naturwissenschaftler halten es für selbstverständlich, dass sich unsere Begriffe anhand von wohlgewählten und gründlich durchdachten Einzelbeispielen entwickeln, und dass der Reichtum der Natur früher oder später auch bei unseren so gut wie möglich definierten und allgemeinsten Begriffen Ausnahmen zeitigt. Deshalb werden wir den Begriff Geld weder exakt definieren noch in der strengsten alltäglichen Bedeutung des Wortes benutzen. Zunächst soll der Begriff Geld alle oben genannten Aufgaben umfassen und außerdem – wie wir bald sehen werden – die Tatsache, dass es eben auch die Form von Kapital annehmen kann.

Geld als Kapital

Fast jede Produktion lässt sich durch Verwendung geeigneter Mittel oder Instrumente vereinfachen. Zur Herstellung eines solchen Hilfsmittels muss man jedoch den gegenwärtigen Konsum zugunsten des zukünftigen einschränken. Falls Robinson sich mit vier Fischen täglich zufriedengibt, kann er sein Fischernetz aus eigener Kraft herstellen. Es besteht die Gefahr, dass er verhungert, bevor das Fischernetz fertig ist, aber wenn er diese schwierige Zeit seines Lebens durchsteht, erreicht er später vielleicht dieselbe Position wie Richson. Eine andere, weniger lebensbedrohliche Möglichkeit besteht darin, sich solcher Mittel zu bedienen, die andere hergestellt, aber nicht verbraucht haben; ein Beispiel sind Richsons 150 Fische.

Mittel aus früherer Produktion, die reserviert werden, um damit die zukünftige Erzeugung effektiver zu machen, heißen Kapital. Wenn Geld seinem Besitzer Zinsen bringt (oder in komplizierteren finanziellen Zusammenhängen andere Arten von Erträgen), manifestiert es sich als Kapital. Es gibt jedoch keinerlei Garantie, dass Kapital Ertrag bringt. Falls, beispielsweise, Robinson den dreißigsten Tag nicht überlebt, ist Richsons Kapital verloren.

Spielen wir mit dem Gedanken, dass es auf vielen einsamen Inseln viele Robinsons gibt. Zunächst sind sie alle beim Fischen (auch das wird anders sein, wenn wir unseren Helden einige Seiten weiter wieder begegnen), und doch sind sie nicht völlig gleich. Richson beispielsweise war geschickter im Umgang mit der Keule und konnte pro Tag sechs Fische erlegen. Für ihn ist ein Leih-Fisch weniger Zinsen wert, weil seine Zeitpräferenz geringer war, denn er könnte früher oder später ohne jedes Darlehen ein Netz fabriziert haben (bedauerlicherweise kam er nie auf diesen Gedanken). Ein anderer Robinson flicht ein Netz womöglich viel rascher, deswegen brauchte er weniger Leihfische, außerdem muss er die Idee nicht selbst haben, es genügt, wenn er sich die Erfindung des anderen Robinson abschaut.

Malen Sie sich aus, wie es Ihnen erginge, wenn Sie glücklich tausend Fische angehäuft hätten. Welchem Robinson würden Sie sie am liebsten leihen? Und für wie viel? Vielleicht sind Sie nicht so hartherzig wie die Bankiers und wollen aus ihren tausend Fischen nicht unbedingt möglichst viel Profit schlagen – aber sollten Sie nicht an Ihr Alter denken und vorsorgen? Erinnern Sie sich an Somerset Maughams *Lotusesser*, den alten besitzlosen Mann, der sagt, er sei nicht arm, er habe nur für sein Vermögen zu lange gelebt.

Die Rolle der Psychologie

Sobald wir an unsere alten Tage denken, schätzen wir das Risiko höher ein. Vielleicht lohnt es sich, mit den geschicktesten und stärksten Robinsons zu verhandeln. Wir kommen dann rasch zu dem Schluss, den unsere Erfahrungen mit Banken uns tagtäglich nahelegen: Banken verleihen Geld am liebsten an jene, die es am wenigsten brauchen und das überzeugend demonstrieren können – wenn nicht mit Kniebeugen, so mit einigen anderen Mitteln, die Stärke zeigen.

Aber wir sind nicht die Einzigen auf dem Stockfischmarkt, auch andere haben größere oder kleiner Fischvorräte, und auch sie möchten gern mit ihrer Hilfe mehr Stockfisch gewinnen.

Nicht nur Robinsons rivalisieren um Kapital, vielmehr ist auch das Kapital im Wettbewerb um Robinsons. Und Robinsons nehmen bei denen ein Darlehen auf, die es für die niedrigsten Zinsen verleihen. Die Situation hat Ähnlichkeit mit der Beziehung zwischen Herstellern und Verbrauchern auf dem Markt: Hersteller möchten für ihre Produkte einen möglichst hohen Preis erzielen, aber dem sind dadurch Grenzen gesetzt, dass sie nicht die einzigen Produzenten sind. Bei gleicher Qualität kaufen Verbraucher Ware bei dem, der sie am billigsten anbietet.

Allein durch seine Existenz schafft Geld einen eigenen Markt, der sich in einer wichtigen Hinsicht von dem üblichen Markt von Herstellern und Verbrauchern unterscheidet. Der gewöhnliche Hersteller ist nämlich überhaupt nicht daran interessiert, ob der Verbraucher die Ware mit seinem letzten Cent kauft oder ob er Geld für weitere Anschaffungen übrig behält. Das gilt nicht für Richson. Er interessiert sich sehr für Robinsons Wirtschaftslage im Allgemeinen und selbst für seine Gesundheit und seine psychologische Befindlichkeit (beispielsweise dafür, wie das Auftauchen eines britischen Schiffs Robinsons Seelenleben beeinflusst).

Genauer gesagt, interessiert sich Richson für das Gesamtrisiko, das er eingeht, wenn er ein Darlehen gewährt. Er wägt den Preis des Darlehens ab gegen dieses Risiko – und natürlich seine eigene Bereitschaft, ein Risiko einzugehen. Dagegen interessiert sich Robinson überhaupt nicht für Richsons allgemeine Befindlichkeit. Nachdem er das Fischdarlehen erhalten hat, kann es ihm völlig egal sein, ob Richson am Tag danach verschwindet.

Die Begriffe Kapital und Risiko sind eng verknüpft. Die Anerkennung der Rolle des Risikos veranlasste uns, Entscheidungen, die mit Kapital zu tun haben, als besondere und langfristige zu sehen. Das Vorhandensein von Kapital (einfach die Tatsache, dass sich im Lauf der Zeit ein gewisser Vorrat angesammelt hat) gibt Anlass zu ganz anderen als den täglichen Entscheidungen von Herstellern und Verbrauchern. Wenn man die Wirkung von Kapital verstehen will, muss man diesen psychologischen Aspekt verstehen. Wie wichtig er ist, wird zudem durch die Tatsache bestätigt, dass der Psychologe Daniel Kahneman 2002 für seine Theorie zur Beschreibung menschlicher Entscheidungs- und Urteilsfindung in Situationen der Unsicherheit den Nobelpreis für Wirtschaftswissenschaften erhielt – wir erörtern die wesentlichen Ergebnisse seiner Forschung in Kapitel 8.

Die Selbstreproduktion von Kapital

Geld hat eine stark motivierende Kraft, und wir sind bereit, vieles zu tun, um in seinen Besitz zu gelangen. Wenn also Geld sich wie Kapital verhält, baut es auf festen Grund. Besonders in Form von Kapital ist Geld ziemlich einfallsreich, wenn es darum geht, die psychologischen Mechanismen der Menschen in den Dienst von Fortpflanzung und Selbsterhaltung zu stellen. Geld bringt seine Besitzer dazu, es möglichst vernünftig einzusetzen, am liebsten so, dass es weiteres Kapital erzeugt. So reproduziert Kapital sich selbst.

Dies legt den Schluss nahe, dass Geld in Form von Kapital sich wie eine Art Lebewesen verhält, das sich fortpflanzen will. Die Analogie bleibt jedoch noch sehr an der Oberfläche. Es gibt eine viel bessere Analogie zwischen den Lebensformen in der Biologie und in der Wirtschaft.

Wenn wir von Lebewesen sprechen, denken wir gewöhnlich an komplizierte Organismen wie Elefanten, Wasserlilien, Ameisen oder uns Menschen. Bei ihnen bestimmen die Gene, aus welchen Proteinen diese Geschöpfe bestehen und wie diese Proteine sich zu Lebewesen organisieren. Gewöhnlich sieht man Gene nicht als Lebewesen, obwohl gerade Gene wirklich lange Zeitspannen in mehr oder weniger unveränderter Form überleben. Einzelne Lebewesen werden geboren und sterben, und die Zeit zwischen den beiden Ereignissen ist erschreckend kurz.

Geld, oder, genauer, Geld in Form von Kapital, hat ähnlich mit Leben zu tun wie die Gene: Geld erschafft eine Form von Leben. Die komplexen Lebewesen, die vom Kapital erzeugt werden, sind kleinere und größere Unternehmen. Kapital kann eine überraschende Vielfalt von Unternehmen erzeugen, genau wie Gene viele Formen biologischen Lebens hervorbringen können – noch ist jedoch nicht klar, wie das geschieht.

Die Stockfisch-Perspektive

Stockfisch ist früher gefangener Fisch, der erst lange nach dem Fang verzehrt wird. Als Kapital gesehen ist ein Stockfisch nicht lediglich ein Fisch, sondern zugleich eine wesentliche Bedingung für das Leben und die Möglichkeit, mehr Fische zu bekommen. Aber diese Bedingung ist nur erfüllt, wenn der Fisch nicht sofort nach dem Fang der täglichen Ernährung diente. Trotzdem muss der Fischvorrat (das Kapital) früher oder später verzehrt werden, und nichts garantiert, dass er sich nach dem Verzehr wiederaufbauen wird. Dieses Paradoxon macht das Wesen des Kapitals aus.

Wir werden uns bald für eine Weile von Robinson und den Fischen verabschieden. In den folgenden Kapiteln werden wir uns einer genaueren Untersuchung der Grundlagen des Lebens zuwenden, und dafür brauchen wir andere Modelle. Aber vorher wollen wir in diesem sehr einfachen Modell noch eine andere Schicht freilegen. Wir können uns unser bisschen Kapital in unserer Tasche als Stockfisch vorstellen, der im Lauf der Zeit ganz flach geworden ist, dessen Materie papierähnlich wurde, dessen Farbe jetzt Grün (oder einer anderen Farbe) ähnelt und auf den Zahlen und das Bild einer europäischen Brücke oder eines amerikanischen Präsidenten gedruckt wurden. Wesentlich ist, dass wir in der Lage sind, mit seiner Hilfe zu einer späteren Zeit unseren Magen zu füllen.

Betrachten wir die Lage jetzt auch in der Perspektive *dieses* Stockfischs. Dieser Fisch ist nicht länger ein Lebewesen, das sich durch Laichen fortpflanzen kann. Vielmehr hat dieser Fisch einen völlig anderen Fortpflanzungstrick erfunden. Dieses seltsame abstrakte Ding wird lebendig, wenn es irgendwie von irgendwem gefangen wird: mit einer Keule, einem Netz, einem Fischerboot oder etwas anderem. Und es ist lebendig – theoretisch sogar unbegrenzt –, bis jemand es verzehrt. Nur Fisch, der einmal gefangen wurde, kann Stockfisch werden. Es kommt nicht darauf an, wie viele andere Fische im Wasser schwimmen.

Der nächste Schritt mag ziemlich absurd scheinen. Aber gehen wir weiter. Wie der britische Politiker Lloyd George sagte: «Scheuen Sie sich nicht vor einem großen Schritt, wenn es nötig ist. Eine Kluft lässt sich nicht mit zwei kleinen Sprüngen überqueren.»[4] Stellen Sie sich einfach vor, der Befehl «Seid fruchtbar und mehret euch» gelte auch für den abstrakten Kapital-Stockfisch. Er wird dann alles in seiner Macht Stehende für seine Fortpflanzung tun. Fortpflanzung bedeutet im Fall des Kapital-Stockfischs, dass es immer mehr Stockfische gibt, also solche, die gefangen, aber noch nicht verzehrt wurden. Aus dieser Perspektive ist es unwichtig, welcher einzelne Stockfisch in einem bestimmten Zeitpunkt lebendig ist: einer ist wie der andere. Wenn Robinson einen von ihnen verzehrt, damit er die Kraft hat, zwei weitere zu fangen, bieten sich ihm alle Fische als Nahrung geradezu an, denn so erfüllen sie den für sie geltenden höheren Befehl.

Natürlich springen wirkliche lebende Fische nicht unter die

Keule, und sie schwimmen nicht begierig in Robinsons Netz, denn das wäre ihrer eigenen Fortpflanzung nicht förderlich. Vielmehr geht es hier um den abstrakten Stockfisch, der gefangen und gedörrt, aber noch nicht verzehrt wurde (und der sich in Übereinstimmung mit der höheren für Stockfische geltenden Ordnung verhält); er wird alles tun, damit ihn ein starker Robinson verzehrt, denn seine Vermehrung ist nur möglich, wenn Robinson in der Lage ist, mehr reale, lebende Fische zu fangen, die er nicht sofort aufzuessen braucht.

Obwohl Robinson Stockfische verzehrt, ist er also nicht ihr Feind, sondern eine der Bedingungen ihres Seins. Ihre Feinde (oder vielmehr Rivalen) sind für sie nur andere Wesen als Stockfische, die Robinsons Aufmerksamkeit auf sich ziehen können. Da Robinson von Zeit zu Zeit essen muss, müssen diese Rivalen in der Lage sein, Robinsons Magen zu füllen. Wenn sich diese alternativen Wesen ebenfalls für spätere Verwendung konservieren lassen, haben sie dieselbe Funktion wie die Stockfische, werden also ebenfalls zum Vorrat, wenngleich sie keine Fische sind, aber eine andere Form von Kapital. In der Tat herrscht zwischen den unterschiedlichen Formen des Kapitals ein harter Wettbewerb, und deshalb konnten sich Bedingungen ausbilden, unter denen die Überlebensrate durch die natürliche Auslese bestimmt wird. Hier gehört zur «natürlichen Auslese» auch das Interesse oder Desinteresse, das die Richsons dieser Welt für bestimmte Formen von Kapital aufbringen. So kam es zur Evolution des Kapitals und der unterschiedlichen Unternehmensformen, der «Wesen», die das Kapital erschuf.

Unterschiedliche Lebensformen

Früher einmal habe ich zehn Jahre lang in einem technologischen Forschungszentrum gearbeitet und dort gelernt, dass jedes gut geplante technische Gerät viel mehr Zwecke erfüllt als die, für die es ursprünglich entwickelt wurde. Ich erwähne nur ein Beispiel: Computer waren ursprünglich Rechenmaschinen. Heute jedoch verbringen die Millionen Computer der Welt nur einen Bruchteil ihrer Zeit mit mathematischen Berechnungen, vielmehr nutzen wir sie hauptsächlich zur Textverarbeitung, zum Erstellen von Tabellen, zum Briefwechsel, zur Informationsgewinnung und sogar zum Spielen.

Etwas Ähnliches passierte mit der Struktur, die der Wirkungsweise des Lebens zugrunde liegt. Deren großartige Logik bringt auch vollkommen andere Lebensformen zum Funktionieren. In diesem Buch werden wir diese Logik aufdecken und ihre Wirkungsweise im Fall des Geldes untersuchen.

Es lohnt sich schon jetzt, einen Blick auf die wichtigsten Parallelen zwischen den verschiedenen Lebensformen zu werfen. In Tabelle I kommen einige Ausdrücke vor, die, wie Meme, kognitives Schema und Replikator, eine Erklärung erfordern. Wir werden jeden einzelnen Begriff später definieren, geben uns hier jedoch mit der Zusammenschau zufrieden. Die in der Tabelle zusammengefassten Parallelen werden durch die genaueren Tabellen in Kapitel 15 überzeugender.

Tabelle 1

	Biologie	**Psychologie**	**Ökonomie**
Replikator	Gene	Meme	Kapital*
Wesen	Lebewesen	«Gedankenwesen» kognitive Schemata	«Wirtschaftswesen» Unternehmen
Die Produkte der Wesen	Lebenszeichen	Gedanken	Waren

* Genauer: Eine spezielle Form des Kapitals, die wir in Kapitel 14 *Mone* nennen werden.

Ein kurzer Überblick über die Parallelen

Diese Tabelle mag ein ziemlich seltsames Bild zeichnen. Beispielsweise legt die dritte Spalte nahe, dass Kapital eine spezielle, unabhängige Lebensform erzeugt. Tatsächlich behaupten wir, dass die unterschiedlichsten Arten von Wirtschaftsunternehmen nichts anderes sind als Lebewesen, für die das Kapital ein Replikator ist (also ein Ding, dessen Logik der Funktion eines Gens entspricht) – der Unterschied ist nur, dass sie zufällig wirtschaftliche Lebewesen sind und keine biologischen Geschöpfe. Tatsächlich gehören wir modernen Menschen selbst in mancher Hinsicht in diese Kategorie. Kapital bestimmt unser Leben weitgehend; beispielsweise ermöglicht es uns, extrem lange zu studieren und damit in unsere Zukunft zu investieren.

Replikatoren (Gene) formen nicht nur den Körper des heutigen Menschen (wie auch jedes anderen Lebewesens), sondern auch seine Gedanken und sein Geschäftsgebaren werden von Replikatoren bestimmt (Memen und jenen Formen von Kapital, die wir *Mone* nennen werden). Wie wir in Kapitel 10 sehen, kommen die beiden letzten nur beim Menschen vor und bei keinem anderen Lebewesen.

Dieses Gesamtbild mag auf den ersten Blick frappieren. Danach wären wir nichts als von egoistischen Replikatoren in Gang gesetzte Maschinen, für die einzig gilt: «Seid fruchtbar und mehret euch», und wir hätten in der Welt keine andere Aufgabe, als den egoistischen und oft widersprüchlichen Interessen der Replikatoren in uns zu dienen (derer, die uns geschaffen haben). Glücklicherweise ist das Gesamtbild am Ende weniger düster. Die unterschiedlichen Replikatoren (darunter das Geld), die ihren eigenen egoistischen Interessen dienen, haben eine ganz besondere Art Lebewesen geschaffen: Menschen sind

Lebewesen, die glücklich sein können, einfach deshalb, weil sie an diesem großartigen Schauspiel Teil haben, und zugleich frohgemut, wie in einem Film, lebenslang dem unaufhörlichen Wettstreit der Replikatoren zuschauen können.

TEIL I

HUNDELEINE UND HUNDE

Ein System, das keinen Fehler macht,
kann nicht lebendig sein.

Im vorangehenden Kapitel haben wir eine genaue Definition des Begriffs Geld vermieden, sondern daran erinnert, dass jedermann im Alltag eine ziemlich genaue Vorstellung damit verbindet. Wir ergänzten dieses Bild lediglich insofern, als wir hinzufügten, dass Geld (oder besser Geld in Form von Kapital) Geld erzeugen, sich also reproduzieren kann.

Wir vermeiden ebenso eine Definition des Begriffs Leben. Wieder konzentrieren wir uns auf die Fähigkeit zur Selbstreproduktion, während wir uns in Bezug auf andere Kennzeichen auf den gesunden Menschenverstand verlassen.

Das logische Minimum der Fortpflanzung

John von Neumann, einer der genialsten Mathematiker des 20. Jahrhunderts, interessierte sich eine Zeitlang für die logische Grundlage der Fortpflanzung.[5] Ist es möglich, so fragte er, eine sich selbst reproduzierende mathematische Struktur zu erschaffen und, im Fall ihrer Existenz, zu verstehen, ob diesem Gebilde tiefere mathematische Beziehungen zugrunde liegen, aus denen sich Schlüsse über die Grundlagen des Lebens ziehen lassen?

Von Neumann malte sich zunächst aus, wie ein Roboter beschaffen sein müsste, der eine Kopie von sich selbst bauen kann. Eine solche Maschine bestünde natürlich aus einigen einfachen Elementen wie Armen, Gelenken, Stützen und Fixierungen und so weiter. Wir überlassen diesen Roboter dann in einem Speicher sich selbst, in dem alle diese Standardteile in unbegrenzter Menge zur Verfügung stehen. Es war für von Neumann ingenieurtechnisch einfache Routine, einen Roboter zu konstruieren, der die zu seinem Bau nötigen Teile zusammensuchen und zusammensetzen konnte. Das Problem bestand seinerzeit darin, wie der erste Roboter dem neuen Roboter das Wissen vermitteln sollte, das er brauchte, um seinerseits Roboter zu bauen.

Aus heutiger Sicht ist das kein Problem: Offensichtlich muss der ursprüngliche Roboter auch sein eigenes Programm kopieren und dem zweiten Roboter mitgeben, also eine echte Kopie von sich schaffen. Das war zu von Neumanns Lebzeiten nicht so klar. Unser Denken hat sich in dem halben Jahrhundert seit seinem Tod sehr verändert.

Überlegen wir nur, welche philosophischen Hürden von Neumann zu überwinden hatte.[6] Der bauende Roboter musste nach herrschender Meinung den vollständigen Plan für den zu bauenden Roboter enthalten und den Plan zugleich verstehen und ausführen können. Das schien theoretisch unmöglich, denn etwas Einfaches konnte nur in etwas Komplexerem enthalten sein, und deshalb musste der bauende Roboter komplexer sein als der zu bauende. Folglich konnte der konstruierte Roboter nicht das genaue Ebenbild des bauenden sein. Auch heute noch hört man gelegentlich ähnliche Argumente dafür, dass der Mensch sich nicht selbst verstehen kann. Unabhängig davon, ob der Mensch sich selbst in Zukunft einmal versteht oder nicht, dank von Neumann wissen wir heute, dass diese Überlegung falsch ist.

Von Neumann ließ in seinem Roboter alles außer Acht, was «sich bewegte und lebte», denn er wollte mit rein mathematischen Strukturen arbeiten. Er untersuchte mehrere Strukturen, auch eine Ansammlung identischer Zellen. Dann bewies er mathematisch streng, dass diese Gebilde *haargenau* dieselben Rechnungen und Konstruktionen ausführen können wie der (übrigens auch von ihm erfundene) Computer. Wir haben also nicht unzulässig vereinfacht, als wir das Problem lösten, indem wir sagten, der Roboter müsse seinem Nachwuchs sein eigenes Programm mitgeben. Wir wissen aus von Neumanns Theoremen, dass dies selbst dann möglich ist, wenn die Konstruktion des sich selbst reproduzierenden Roboters auf ganz anderen Grundlagen beruht als die des PC auf unserem Schreibtisch.

John von Neumann hat die selbstgestellte Aufgabe also erfolgreich gelöst. Wie sich zeigte, erfordert nicht einmal der allgemeinste Fall von Selbstreproduktion besonderen mathematische Tiefgang. Ein gewöhnlicher Computer genügt, und der ist ein logisch sehr einfaches Gebilde. Deshalb ist das Geheimnis des Lebens seinem Wesen nach nicht mathematisch, sagte von Neumann, und damit verlor er das Interesse an dem Thema so weitgehend, dass er seine Arbeit über selbstreproduzierende Automaten nicht einmal abschloss. Das Buch wurde erst sechzehn Jahre später, neun Jahre nach von Neumanns frühem Tod, von Arthur W. Burks herausgegeben.[7]

Die Doppelhelix der DNA wurde 1953 entdeckt – damals lebte von Neumann noch, nicht jedoch, als der genetische Code entziffert wurde, was sein Interesse an dem Thema wieder geweckt haben könnte, denn wie sich herausgestellt hat, ist biologisches Leben zwar weit entfernt von den Grundprinzipien der Computer, die für sie geltende *Logik* jedoch beruht auf ähnlich einfachen Grundsätzen. Wir kommen in Teil III auf dieses Thema zurück.

Das chemische Minimum der Selbstreproduktion

Betrachten wir jetzt einmal die Fundamente der Fortpflanzung aus Sicht einer anderen Wissenschaft, die Wesentliches über die Grundlagen des Lebens zu sagen haben könnte (und auch sagt).

Zur Entdeckung des chemischen Minimums der Fortpflanzung hat vor allem die Entdeckung des *autokatalytischen* Prozesses geführt. Das Prinzip der Autokatalyse ist sehr einfach, allerdings können die speziellen Prozesse sehr kompliziert sein. Denken wir uns ein Molekül mit zwei Kohlenstoffatomen, das auch andere Atome enthält. Dieses Molekül kann mit einem anderen Molekül wechselwirken, das ein Kohlenstoffatom enthält, und dann entsteht ein Molekül mit drei Kohlenstoffatomen. Auch dieses Molekül kann mit einem Molekül mit einem Kohlenstoffatom wechselwirken und ein Molekül mit vier Kohlenstoffatomen bilden. Dieses Molekül ist jedoch sehr instabil und zerfällt leicht in zwei Moleküle mit je zwei Kohlenstoffatomen, wobei ein Rest übrig bleiben kann. Es kann jedoch auch passieren, dass jedes der beiden neu gebildeten Moleküle mit zwei Kohlenstoffatomen dem anderen und auch dem ursprünglichen Molekül mit zwei Kohlenstoffatomen völlig gleicht.

Diese Reaktionskette heißt Autokatalyse. Bei diesem Prozess wird das Molekül mit zwei Kohlenstoffatomen (in anderen Fällen sind es andere Atome) reproduziert: Am Schluss habe wir immer noch das ursprüngliche Molekül, aber auch eine genau gleiche Kopie. Im obigen Fall «verzehrt» das Molekül mit den zwei Kohlenstoffatomen die Moleküle mit einem Kohlenstoffatom, und der Stoffwechsel kann sogar Residuen erzeugen.

Möglicherweise entstehen in der Natur ganz leicht solche Verbindungen, die sich autokatalytisch fortpflanzen können, vielleicht aber sind sie auch nur sehr selten und lediglich das

Ergebnis eines glücklichen Zufalls. Das hat für uns hier keine Bedeutung, es zählt vielmehr das *Grundsätzliche* des Vorgangs, der zeigt, dass auch das chemische Minimum der Selbstreproduktion sehr einfach ist. In Lebewesen spielen sich Dutzende ähnlicher Prozesse ab. Auch der primäre Energieträger in Lebewesen, das ATP-Molekül, entsteht in ähnlichen autokatalytischen Reaktionsketten immer wieder; allerdings sind die Schritte komplizierter und viel zahlreicher.[8]

Diese Verbindungen können nicht lebendig genannt werden. Dafür gibt es viele Gründe, wir betrachten nur einen: Obwohl diese Verbindungen sich selbst reproduzieren können, wenn geeignete «Nährstoffe» zur Verfügung stehen, so können sie doch keine Varianten von sich selbst herstellen. Deshalb können diese Verbindungen die Entwicklung von unterschiedlichen Lebensformen nicht erklären.

Die Grundlagen des Lebens: Die Chemotone [9]

Die Entdeckung der *Polymerisation der Vorlagen* ermöglichte einen entscheidenden Schritt zum Verständnis der chemischen Grundlagen des Lebens, obwohl sie überhaupt nicht für diesen Zweck bestimmt war. *Polymerisation* bedeutet, dass einfache Moleküle zu einer Kette verbunden werden, also Makromoleküle oder Polymere bilden. Gewöhnlich ist dies ein sehr langsamer Vorgang, weil kleine Moleküle einander nur selten spontan nahe kommen.

Wenn einmal ein Makromolekül gebildet ist, gesellen sich gewöhnlich kleinere Moleküle locker zu dem größeren, und wenn kleinere einander sehr nahe kommen und geeignet angeordnet sind, können sie sich ihrerseits miteinander verbinden. Sie brechen dann weg vom originalen Makromolekül, an das sie sowieso nur locker gebunden waren, und bilden ein anderes stabiles Makromolekül. Bei diesem Vorgang spielt das frühere Makromolekül die Rolle eines Vorbilds oder einer *Schablone*.

Die Kenntnis dieses Vorgangs ist beispielsweise bei der Herstellung von Kunststoffen sehr nützlich. In diesem Fall genügt es oft, ein mühsam hergestelltes Schablonen-Makromolekül in einen großen Tank zu setzen und fortwährend geeignete Einzelmoleküle hinzuzufügen. Die Schablonenpolymerisation sorgt dann dafür, dass die gewünschten Polymere rasch in großen Mengen erzeugt werden. Dies kann man als Fortpflanzung von Makromolekülen bezeichnen, hat aber immer noch nichts mit Leben zu tun.

Manche Polymere verbinden sich gern zu Paaren und bilden dabei eine Spirale. Nehmen wir einmal an, wir hätten noch nie von der Doppelhelix gehört und betrachten dieses Phänomen mit Staunen. Und spielen wir ein Spiel, das britische Diplomaten früher einmal lernen mussten: Sich, wenn nötig, dumm stellen, außer man ist es wirklich.

Die so verzwirnten Polymere können nicht mehr als Schablone dienen, weil sich kleinere Moleküle nicht mehr an sie binden können. Wenn jedoch die Dichte kleiner Moleküle um die gewundenen Polymere einen gewissen kritischen Wert erreicht, kommt es zur Trennung der beiden Polymere. Einige von ihnen können ihrerseits wieder als Schablonen dienen und rasch ein neues Polymer entstehen lassen. Das wiederum verringert die Dichte der kleinen Moleküle, und nichts kann zwei Polymere hindern, sich wieder zu Paaren zu verbinden. Wir haben damit eine neue gute Idee zur Herstellung von Kunststoffen, insbesondere, wenn wir Stoffe erzeugen wollen, die aus einander umwindenden Polymerpaaren bestehen.

Wir können auch zu Beginn zu einem einzelnen Paar von verwundenen Makromolekülen nur wenige kleine Moleküle in den Tank geben, und dann fügen wir nur solche Stoffe hinzu, die weder mit den kleinen Molekülen noch mit den Makromolekülen direkt zu tun haben. Wir nennen solche Stoffe Nährstoffe. Wenn wir Nährstoffe sammeln können, mit deren Hilfe die einzelnen Moleküle durch die im vorigen Abschnitt erwähnte Autokatalyse mehr kleine Moleküle erzeugen können, haben wir eine Maschine, die sich selbst reguliert. Im Tank bilden sich immer mehr Moleküle, und wenn eine gewisse Dichte erreicht ist, werden die verwundenen Makromoleküle getrennt und ziehen viele kleine Moleküle an, und wenn alle kleinen Moleküle zusammen sind, verdoppeln sich die Makromoleküle. Das führt zu einer Abnahme der Dichte der einzelnen Moleküle. Die Makromoleküle winden sich wieder paarweise umeinander, aber die Autokatalyse geht weiter. Die Dichte der einzelnen Moleküle erreicht einen Wert, an dem sich die Makromoleküle wieder trennen.

Die Menge der Mikro- und Makromoleküle nimmt weiter zu, solange die Versorgung mit Nährstoffen gesichert ist. Dabei sammeln sich auch die Abfallprodukte der Autokatalyse an. Nun könnte eines dieser Abfallprodukte sehr wohl eine Art Membran bilden. Diese Haut umgibt dann allmählich die im Tank angesammelte Materie und hindert die Nährstoffe offenbar, in das System zu gelangen, aber tatsächlich können die leichten kleinen Nährstoffmoleküle die Membran durchdringen. Sie können jedoch nicht hinausgelangen, und auch die Makromoleküle nicht, und auch die kleineren Moleküle haben dabei Schwierigkeiten. Außerdem kommt hier ein nichtchemischer Prozess ins Spiel.

Unabhängig von den chemischen Vorgängen im Tank nimmt, physikalischen Gesetzen zufolge, die Oberfläche der Membran Kugelform an, genau wie eine Seifenblase. Der Druck auf die Oberfläche nimmt zu, bis die Kugel platzt oder sich in zwei kleinere Blasen aufspaltet. Das lässt sich bei guten Membranen leicht beobachten, manchmal sogar schon bei Seifenblasen.

Sie ahnen vermutlich schon, dass unsere Überlegung auf eine Erklärung der Zellbildung hinausläuft, und fragen zu Recht, warum dazu Makromoleküle nötig sind. Die Membran bildet sich durch Autokatalyse sowieso und kann ihre Aufgabe als Hülle auch ohne Schablonenreaktion erfüllen. Das stimmt theoretisch, geschieht hier jedoch nicht, weil der Mechanismus *externe*, also nichtchemische, sondern physikalische Merkmale des Mechanismus hat. Die Entwicklung einer das ganze System einhüllenden Membran braucht relativ ruhige Phasen, in denen das System nur vergleichsweise wenige Moleküle enthält. Solche stillen Zeiten gibt es nach der Schablonenpolymerisierung. Wie wir jedoch bald sehen werden, erfüllen diese das Gesamtsystem schützenden Schablonenpolymere eine weitere wichtige Aufgabe.

Der oben erwähnte externe physikalische Mechanismus ordnet also den gesamten selbstreproduzierenden Prozess zu «Einheiten». Jede Sphäre ist eine selbstreproduzierende Einheit. Ein Mathematiker könnte sie sogar eine Zelle nennen, aber natürlich erst, nachdem er abstrakt und genau definiert hat, was eine Zelle ist. Ein Biologe jedoch zögert zu Recht, dieses Gebilde als «Zelle» zu bezeichnen, denn es enthält keine DNA, die Biologen bisher in allen von ihnen untersuchten lebenden Zellen gefunden haben.

Der Entdecker dieses Gebildes, der Chemiker Tibor Gánti, nannte das Gebilde *Chemoton*. Ein Chemoton hat also eine Hülle, durch die Nährstoffe in das System diffundieren können. Im Inneren des Chemotons finden sich einige wenige Schablonenpolymere und einige einzelne Moleküle. Die kleinen Moleküle vermehren sich durch autokatalytische Vorgänge, und wenn sie hinreichend dicht liegen, verdoppeln sich auch die Schablonenpolymere. Wenn all das ein gewisses Maß überschreitet, teilt sich das Chemoton, und es gibt zwei Chemotone.

Gánti interessierte sich für den Ursprung des Lebens, für das Entstehen des ersten Lebewesens. Gemeinsam mit seinen Kollegen gelang es ihm, mehrere Arten von Chemotonen herzustellen, und zwar aus Stoffen, die nachweislich in der vorkambrischen Erde existierten. Ihre theoretischen Berechnungen zeigten auch, dass sich DNA auf rein chemische Weise aus den im Chemoton enthaltenen Schablonenmolekülen bilden kann. Weiter wollen wir hier ihrem Gedankengang nicht folgen; für uns ist ihr präziser Nachweis wichtig, dass auch Chemotone als Lebewesen betrachtet werden können. Im Folgenden wollen wir uns auf die Frage nach der Vererbung konzentrieren und die anderen Merkmale des Lebens beiseitelassen.

Natürlich beweist die Analyse der Chemotone nicht, dass Leben aus solchen Chemotonen entstanden ist, wie sie im Labor erzeugt wurden. Aber diese Studien beweisen, dass die Wirkungsweise des Chemotons den Ursprung des Lebens hinreichend gut erklären kann, und nur das interessiert uns hier. Wir gehen aus von der *Logik* der Wirkungsweise der Chemotone und überlassen das Problem, aus welchen chemischen Strukturen sich das Leben auf der Erde konkret entwickelte, der chemischen Forschung.

Leben verdankt sich Fehlern

Moleküle, die sich durch Autokatalyse vermehren, geben alle ihre Merkmale an ihre Nachfahren weiter, sie können keinerlei Varianten ihrer Art erzeugen. Wir sagten schon, dass sie deshalb keine Erklärung für die Vielfalt des Lebens liefern können.

Demnach scheint es, als sollte sich auch ein Chemoton haargenau reproduzieren, was aber aus zwei Gründen nicht zutrifft.

Erstens kommt es nur sehr selten vor, dass die beiden Hälften, in die sich das Chemoton spaltet, genau gleich viele Moleküle enthält. Gewöhnlich hat zufällig eines etwas mehr Moleküle als das andere. Deshalb sind Chemotone bei ihrer Entstehung nicht identisch, sondern es gibt kleinere und größere. Das ist jedoch kein Erbmerkmal, denn dies geschieht unabhängig von der Größe des vorhergehenden Chemotons. Es wird auch nicht weitergegeben: Externe physikalische Mechanismen garantieren, dass sich das größere Chemoton rascher teilt als das kleinere, und seine Nachkommen werden deshalb nicht größer sein als die Nachkommen des kleineren. Diese Feststellung gilt nicht für komplexe Lebewesen, wohl aber für Chemotone.

Der zweite Grund ist wichtiger, er erlaubt es, den Nachkommen des Chemotons von seinem Vorgänger zu unterscheiden. Beim Vorgang der Schablonenpolymerisation passieren ziemlich oft mehr oder weniger große Fehler, und deshalb ist das neu entstandene Polymer kein genaues Abbild des ursprünglichen. In der Kunststofffabrik nennen wir solche Fehler «Ausschuss», und die chemischen Ingenieure tun ihr Bestes zur Entwicklung einer Produkttechnologie, die Defekte möglichst klein hält. In Chemotonen jedoch gibt es keine Möglichkeit für einen solchen ingenieurtechnischen Eingriff von außen. Wenn aufgrund eines Kopierfehlers ein Makromolekül entsteht, das selbst als Schablone wirken kann (und das ist gar nicht so selten), enthalten das Chemoton und seine Nachkommen ebenfalls dieses Schablonenmolekül.

Hier haben wir es bereits mit echter Vererbung zu tun. Die unterschiedlichen Versionen der nach diesem Prinzip erzeugten Chemotone entwickeln sich weiter und werden den Nachkommen als Erbgut weitergegeben. Dieser Mechanismus der Vererbung genügt, um uns schon eine vollgültige Erklärung für die Entstehung einer anscheinend endlosen Vielfalt von Lebensformen zu geben. An diesem Punkt scheint es angebracht, einen Augenblick lang darüber nachzudenken, was wir mit Vererbung meinen.

Im wirklichen Leben betrachten wir keineswegs all jene Merkmale als unser Erbgut, in denen wir unseren Vorfahren ähnlich sind, sondern nur solche, in denen wir ihnen ähneln *und* uns von anderen unterscheiden. Wenn die Verwandten neugierig ein Neugeborenes betrachten, hören wir sie sagen: «Wie kraus sein Haar ist – das muss er vom Vater geerbt haben» oder «Sie hat dieselben Augen wie ihre Großmutter». Niemals hören wir: «Schau, das Baby hat zwei Beine – von wem könnte es das geerbt haben?»

Die physikalischen, chemischen und, wie wir jetzt sagen können, biologischen Merkmale von Chemotonen sind durch die Schablonenpolymere in ihrem Inneren festgelegt. Eine kleine Veränderung im prägenden Polymer kann riesige Veränderungen sowohl in der Erscheinungsform als auch in der Funktion des Chemotons bewirken. Und da die Schablonenpolymere des Chemotons dem Nachwuchs weitergegeben werden, vererben sich auch die großen, von außen wahrnehmbaren Veränderungen des ganzen Chemotons.

Genauer: Im Fall eines veränderten Schablonenpolymers kann es passieren, dass es nach der Teilung in nur einem der Nachkommen vorliegt und nicht in dem anderen. In den Nachkommen der Nachkommen kann es dann in einigen vorliegen und in anderen nicht, und das hängt nur vom Zufall ab. Es ist auch möglich, dass ein Chemoton entsteht, in dem nur das veränderte Polymer vorhanden ist, nicht aber das Original. Das Chemoton-Modell erklärt auch, warum die Vererbung in der Vielfalt des Lebens notwendig zufällig ist.

Das wohl wichtigste Kennzeichen des Lebens ist, dass es über lange Zeiten Bestand hat, obwohl die Einzelwesen sterblich sind. *Das liegt wesentlich an der Vielfalt.* Was sterblich ist, aber nicht veränderlich, kann nicht lange Zeiten überdauern, weil sich im Lauf der Zeit die Umweltbedingungen verändern. Wenn beispielsweise infolge von Veränderungen der Umwelt ein bestimmter Nährstoff nicht ins Chemoton gelangen kann, kommt die Autokatalyse zum Halt, das Chemoton kann sich nicht reproduzieren und wird früher oder später zerfallen, also «sterben». Wenn es jedoch eine Vielfalt gibt, also unterschiedliche Chemotone, stehen die Chancen gut, dass es eine Form gibt, die diesen bestimmten Nährstoff nicht braucht – falls es ein relativ spezieller Nährstoff ist. Auf diese Weise können bestimmte Formen des Chemotons auch dann überleben, wenn die ursprünglichen Chemotone an Nährstoffmangel zugrunde gehen. Das Leben geht weiter.

Die einzige Quelle dieser Vielfalt sind die Fehler beim Kopieren. Leben entsteht durch falsches Abschreiben. Ein System, das keinen Fehler macht, kann nicht lebendig sein. Aber die kopierten Fehler müssen vererbbar sein, sonst sind die zufällig entstandenen Lebensformen, die das Glück hatten zu überleben, nicht stabil. Leben wird erhalten durch die Vererbung der Kopierfehler. Ein System, das keine Fehler macht, kann nicht lebendig sein.

Die Dilemmata eines höheren Wesens

Versetzen Sie sich mit mir in die Lage eines höheren Wesens, das Leben erschaffen möchte, also eine Entität, die aus sterblichen Individuen besteht, aber über lange Zeiten auf der Erde Bestand hat. *Lang* bezieht sich dabei auf den Zeitmaßstab des höheren Wesens, also mindestens einige Milliarden Jahre. Und *Bestand haben* möge bedeuten, dass in jedem Augenblick mindestens einige wenige sterbliche Vertreter auf der Erde leben. Uns interessiert im Moment nur Leben überhaupt, nicht, welche Art von Vertretern – Chemotone, Mikroorganismen, Wasserlilien, Elefanten oder Menschen – zu einem vorgegebenen Zeitpunkt auf der Erde sind. Wir wollen so einfach wie möglich vorgehen und uns nicht im Einzelnen mit der Planung von Millionen unterschiedlicher Geschöpfe abgeben, und nehmen wir an, wir hätten dafür sechs Tage Zeit.

Wir erschaffen also einige verheißungsvolle irdische Lebensformen. Aber warum sollten wir darauf vertrauen, dass Leben von jetzt an von selbst weitergeht, ohne unseren ausdrücklichen Befehl? Es ist vorstellbar, dass sich unter den Lebewesen eine Neigung ausbildet, lieber das Leben zu genießen als Nachkommen zu zeugen, und dann stirbt das Leben aus. Damit das Leben weitergeht, geben wir den Befehl: Seid fruchtbar und mehret euch!

Je komplexer die Entität ist, der wir diesen Befehl geben, umso weniger effektiv wird er sein. Geben wir den Befehl beispielsweise dem Mammut, und die Mammuts sterben aufgrund einer Katastrophe aus, besteht auch der Befehl nicht mehr, dagegen könnte er für Elefanten oder Wasserlilien noch sinnvoll sein. Vielleicht ist es am besten, mit den einfachsten Lebensformen zu beginnen, den Chemotonen. Das löst wiederum nicht das Problem. Wenn wir den Chemotonen befehlen, sich fortzupflanzen, die aber aussterben, ist auch der Befehl ausgestorben, aber es könnten sich dann schon andere, viel komplexere und effektivere Lebensformen entwickelt haben. Für sie könnte der Befehl gelten, aber wir können ihn nicht mehr geben, weil die Schöpfung schon abgeschlossen ist.

Überhaupt: Was zwingt uns eigentlich, diesen Befehl einem Lebewesen zu geben? Logisch nichts. Er könnte jeder Entität der geschaffenen Welt gegeben werden. Wichtig ist nur, dass er für etwas gilt, das die Erschaffung von immer neuen Lebewesen sichert. Etwas, das fortwährend erschaffen wird und unseren Befehl fortwährend ausführt, unabhängig davon, welches Lebewesen es konkret geschaffen hat.

Was wäre, wenn wir den Befehl den kleinen Molekülen geben, die sich in den Chemotonen durch Autokatalyse fortpflanzen? Sie überleben sicherlich lange Zeiten und pflanzen sich ziemlich rasch fort. Sie haben jedoch den Nachteil, dass sie keinerlei Varianten bilden können. Ohne Vielfalt aber gibt es, wie wir inzwischen wissen, kein Leben. Leider eignen sich also diese kleinen Moleküle auch nicht als Befehlsempfänger.

Der nächste Kandidat könnte das Schablonenmakromolekül sein – und es ist ein idealer Kandidat. Schablonenmolekülen gelingt die Erschaffung der lebensnotwendigen Vielfalt. Sie sind fruchtbar, denn sie können sich mit Hilfe von Technologie im großen Maßstab in den Chemotonen fortpflanzen. Sie können lange Zeiten überdauern, denn meistens sind ihre Kopien sehr getreu. Es scheint geraten, ihnen den Befehl zu geben: «Seid fruchtbar und mehret euch», wenn wir irdischem Leben die besten Chancen für ein langes Leben geben wollen. Zuerst schaffen die Chemotone die Umweltbedingungen, in denen sie selbst überleben können, und dann das Leben. Also werden wir auch Chemotone erschaffen oder darauf vertrauen, dass der Zufall sie zustande bringt – es kommt nicht darauf an, welche Möglichkeit wir wählen, wichtig ist, dass die Makromoleküle den Befehl erhalten, bevor die Schöpfung beendet ist. Wenn die Makromoleküle eine Umwelt vorfinden (oder sich beschaffen), die noch besser ist als die Chemotone, wenn sie also beispielsweise biologische Zellen erzeugen, ist das für uns nur gut, weil so immer komplexere, verheißungsvollere Lebensformen eine größere Überlebenschance haben.

Wir können jedoch kein sicheres Spiel spielen, auch nicht als höheres Wesen. Aufgrund unglücklicher Umstände könnten die Schablonenmoleküle plötzlich zerfallen, und damit verschwindet irdisches Leben von der Erde. Es könnten sogar seltsame «Unfälle» passieren, beispielsweise könnten die Schablonenmoleküle im Eifer, unseren Befehl auszufüllen, eine Möglichkeit finden, sich ohne Chemotone oder die Erschaffung anderer Lebensformen zu vervielfältigen. Sie könnten also unserer ursprünglichen Absicht nicht entsprechen, während sie sich nach Kräften um das Befolgen unseres Befehls kümmern. Diese logische Möglichkeit ergibt sich, weil wir unseren Befehl keinem Lebewesen erteilt haben. Aber die irdische Erfahrung zeigt, dass dies nicht passiert ist: Tatsächlich versuchen die Schablonenmoleküle ihre Überlebenschancen zu vermehren, indem sie immer komplexere Lebensformen hervorbringen.

Der Begriff des Replikators

Verlassen wir die Rolle des höchsten Wesens und kehren wir zurück zu der von Menschen, die wissen wollen, wie die wirkliche Welt funktioniert. Schaffen wir uns also einen menschlichen Begriff von dem, was wir im früheren Rollenspiel gesucht haben. Mit dem Namen *Replikatoren* bezeichnen wir Dinge in der Welt, die die folgenden drei Kriterien erfüllen:

1. Sie sind *langlebig*, was bedeutet, dass sie unverändert sehr lange Zeiten überleben.
2. Sie sind *fruchtbar*, was bedeutet, dass immer wieder neue Kopien von ihnen rasch und effektiv entstehen.
3. Sie sind *genaue, aber nicht haargenaue Kopien*, was bedeutet, dass die Kopien dem Original sehr gut, aber nicht hundertprozentig gleichen.

Diese Bedingungen sind alles andere als exakt, und das mit gutem Grund.[10] So kann sich beispielsweise der Grad der Präzision von einem Replikator zum nächsten unterscheiden. Im Fall der Chemotone ist geringere Präzision nützlich, weil so rasch Schablonenmoleküle entstehen können, die an die Umweltbedingungen angepasst sind. Wenn diese Moleküle jedoch einmal optimal auf ihre Umwelt eingestellt sind, wird die Kopiertreue immer wichtiger, weil weitere Kopierfehler dem System nur schaden können. Dann kommt das Schablonenmolekül ins Spiel, das wir DNA nennen, und es bilden sich Zellen als biologische Einheit. Die obigen drei Kriterien lassen sich auch in exakte mathematischen Formeln fassen, aber damit wollen wir uns das Leben nicht komplizieren.

Im Folgenden sprechen wir über Selbstreproduktion und Replikation. Den ersten Ausdruck verwenden wir in seiner gewöhnlichen Bedeutung von Fortpflanzung und meinen damit, dass ein Lebewesen ein Exemplar seiner eigenen Art erzeugt, und dass diese Kopie die allermeisten der Gene des Erzeugers enthält. Selbstreproduktion bedeutet also nicht die Erstellung einer identischen Kopie des Originals, sondern die Erschaffung einer neuen Kopie unserer Art, die uns mehr oder weniger ähnelt. Die Replikation jedoch ist das Fachwort für den Spezialfall, in dem die Replikatoren – abgesehen von Kopierfehlern – identische Kopien von sich selbst erzeugen.

Ein gutes Beispiel für einen Replikator ist das Schablonenpolymer eines Chemotons. Die DNA eines Lebewesens insgesamt jedoch kann nicht selbst als Replikator gesehen werden, weil sie nicht sehr genau repliziert wird: Die Fehlerwahrscheinlichkeit beim Kopieren eines so extrem langen Makromoleküls ist zu groß. Gene jedoch können als Replikatoren gesehen werden.

Die genaue Definition des Begriffs Gens ist unter Biologen noch umstritten. Sie stimmen darin überein, dass es ein kurzer Abschnitt der DNA ist. Die Frage ist nur, wie die genaue Länge zu bestimmen ist. Eine Möglichkeit besteht darin, jene Abschnitte der DNA als Gene zu bezeichnen, die die Synthese eines spezifischen Proteins codieren. Diese Definition ist klar genug, aber es gibt Abschnitte auf der DNA, die die Organisation und Struktur des Lebewesens allgemeiner bestimmen. Eine andere Möglichkeit ist, jene Abschnitte der DNA als Gene zu bezeichnen, die für die Entwicklung eines speziellen Merkmals des Organismus verantwortlich sind (beispielsweise für die Augenfarbe oder Fingerzahl). Obwohl diese Definition weniger exakt ist, hat sie sich oft als praktischer erwiesen. Man hat auch andere logische Möglichkeiten gefunden, aber noch gibt es keine einheitliche und allgemein akzeptierte Definition.

Zu diesem Disput unter professionellen Biologen nehmen wir hier nicht Stellung. Es genügt uns zu sagen, dass Gene sich als Replikatoren erweisen, ganz unabhängig von der von uns akzeptierten Definition. Mit der DNA hatten wir nur das Problem der zu hohen Wahrscheinlichkeit für das Auftreten mindestens eines Fehlers im Verlauf der Kopie entlang der vollen Länge der DNA. Nach jeder Definition sind Gene nur kurze Abschnitte der gesamten DNA. Es passiert selten, dass beim Kopieren eines bestimmten Gens ein Fehler unterläuft.

Das nächste Kapitel bringt weitere Beispiele für Replikatoren. Dann wird auch klar werden, warum es sich lohnte, den abstrakten Begriff des Replikators zu schaffen. Wir verweisen hier nur auf das Wesentliche. Es gibt viele Hinweise darauf, dass die Evolution ihre Wirkung eigentlich nicht auf Einzelwesen, sondern auf die Replikatoren ausübt – und das gilt nicht nur für biologische Replikatoren, sondern auch für einen so abstrakten Replikator wie Geld in der Form von Kapital (aber wir beweisen erst in Kapitel 14, dass es wirklich eine Art Replikator ist).

Replikatoren erzeugen Leben

Die physikalischen Kennzeichen und die spezielle Wirkungsweise von Chemotonen sind durch die Schablonenpolymere in ihrem Inneren festgelegt. Eine kleine Veränderung im Makromolekül des Chemotons kann radikale Veränderungen des gesamten Chemotons bewirken. Wenn beispielsweise das Chemoton auf diese Weise lichtempfindlich wird, könnte sich im Lauf der Zeit ein Sehorgan entwickeln. Eine Veränderung im Makromolekül könnte das Chemoton auch veranlassen, sich einem anderen Chemoton zu verbinden und so ein Bewegungsorgan zu schaffen.

Es liegt im gemeinsamen Interesse der Replikatoren, Partnerschaften einzugehen, weil sie dabei die Überlebenschancen jedes Einzelnen vergrößern können. Betrachten wir die DNA. Die Gene, die die DNA bilden, sind Makromoleküle, genau wie die Schablonenmoleküle in den Chemotonen. Die Gene gesellen sich zu einem einzigen riesigen Makromolekül, der DNA, und bilden damit einen Mechanismus, der ihrer aller Überlebenschancen vermehrt.

Einerseits schaffen Replikatoren auf diese Weise immer komplexere Lebensformen, andererseits erhöhen sie damit ihre eigenen Überlebenschancen. Für Replikatoren jedoch zählt nur der zweite Aspekt. Ein Replikator hat in dieser Welt einzig die Aufgabe zu überleben («Seid fruchtbar und mehret euch!»), denn er kann gar nichts anderes. Wenn er seine eigenen Überlebenschancen vergrößern kann, indem er eine komplizierte Maschinerie baut, tut er das; andernfalls tun das rivalisierende Replikatoren, die dann leichter Zugang zu den knappen Ressourcen der Umwelt, beispielsweise zu Nährstoffen erhalten – und dann sind sie die Überlebenden.

Lebewesen sind nichts anderes als die Gesamtheit der in

ihnen enthaltenen Replikatoren. Die Gruppe von Replikatoren ist in jedem konkreten Lebewesen eine andere, deshalb unterscheidet sich jedes Lebewesen von allen anderen, selbst zwei Vertreter derselben Art, selbst identische Zwillinge. Zwei Replikatoren derselben Art unterscheiden sich jedoch überhaupt nicht voneinander, einer ist wie der andere. Nicht wie zwei Eier, sondern eher wie zwei Münzen mit demselben Wert. Die Replikatoren-Maschinen leben und vergehen, der Replikator aber überlebt den Tod der speziellen Überlebensmaschine, weil es dem Replikator egal ist, welcher seiner Repräsentanten überlebt.

Erinnern wir uns an die letzten Sätze des zweiten Kapitels des schon klassischen Buchs *Das egoistische Gen* von Richard Dawkins; wir sind zu demselben Schluss gelangt, wenn auch auf anderem Weg:

«Welches Schicksal würde vier Millionen Jahre später den alten Replikatoren beschieden sein? Sie starben nicht aus, denn sie sind unübertroffene Meister in der Kunst des Überlebens. Doch dürfen wir sie nicht frei im Meer umhertreibend suchen; dieses ungebundene Leben haben sie seit langem aufgegeben. Heute drängen sie sich in riesigen Kolonien, sicher im Inneren gigantischer, schwerfälliger Roboter, hermetisch abgeschlossen von der Außenwelt; sie verständigen sich mit ihr auf gewundenen, indirekten Wegen, manipulieren sie durch Fernsteuerung. Sie sind in dir und in mir, sie schufen uns, Körper und Geist, und ihr Fortbestehen ist der letzte Grund unserer Existenz. Sie haben einen weiten Weg hinter sich, diese Replikatoren. Heute tragen sie den Namen Gene, und wir sind ihre Überlebensmaschine.»[11]

Dies gilt nicht nur für die späten Nachfahren der alten Replikatoren, sondern für die anderen Arten von Replikatoren, die sich im Lauf der Zeit entwickelt haben und die möglicherweise nicht auf biochemischen Grundlagen beruhen. Ihre Betrachtung führt uns zum Thema unseres Buchs zurück: zur Evolution der Maschinerie, die speziell als Überlebensmaschine für das Kapital geschaffen wurde: Wirtschaftsunternehmen.

Jede Kultur hat ihre eigenen Schöpfungsmythen. Bei allen
Unterschieden ist ihnen eines gemeinsam: Immer wurden die
Arten einzeln und nacheinander erschaffen, und danach sind
sie unveränderlich.

Bis zur Veröffentlichung von Darwins Buch *Die Entstehung
der Arten* sahen Wissenschaftler keinen Grund, diese Ansicht in
Frage zu stellen, und sie galt unabhängig davon, ob die Arten
von Gott erschaffen oder von selbst entstanden waren. Darwins
radikal neue Theorie behauptete, dass sich die Arten auseinan-
der entwickelt haben und das Ergebnis einer Reihe kleinerer
oder größerer Veränderungen sind. Heute nennen wir diesen
Vorgang *Evolution*. Das Wort Evolution kommt in Darwins Buch
nicht vor, nur der Vorgang selbst wird beschrieben. Etymolo-
gisch kommt das Wort aus dem Lateinischen und es bedeutete
das «Entwickeln» einer Buchrolle – die heutige Form der Bücher war noch nicht bekannt. So schrieb beispielsweise Cicero:
«Quid poetarum evolutio (…) voluptatis affert», was in etwas
freier Übersetzung bedeutet: «Welche Freuden das Entrollen
(…) der Blätter der Dichter bringt».[12] In gewisser Weise ist das
unser heutiges Thema: Der Evolutionsforscher «entwickelt»
und «liest» die «Rolle» der biologischen Geschichte.

In der Biologie bezog sich der Ausdruck *Evolution* zuerst
auf Veränderungen in den Entwicklungsstadien des Embryos.
Später verschob sich die Wortbedeutung und bezeichnete den
stetigen Übergang von einer – nicht nur biologischen – Form in

andere Formen. Diesen Wortsinn verschmähen Revolutionäre der unterschiedlichsten Ideologien, denn sie fordern Revolution statt Evolution, also die sprunghafte, nicht die allmähliche Erschaffung neuer Formen. Wie die Biologie lehrt, laufen Vorgänge in ihr anders ab – neue Formen bilden sich nur durch Evolution, aber schon sehr kleine Veränderungen können zu radikal neuen Phänomenen führen. So kann ein sehr kleiner Kopierfehler im Makromolekül des Chemotons ein Sehorgan hervorbringen.

Die ursprüngliche Form des Darwinismus

Darwin sah und erforschte dieselben Fakten wie alle Wissenschaftler vor ihm, aber er nahm sie anders wahr. Wo andere die endlose Vielfalt der Natur bestaunten, fand er kausale Verknüpfungen. Obwohl er sich der Tatsache bewusst war, dass die Kette viel mehr Glieder enthalten musste, als ihm bekannt waren, gelang es ihm, an sporadischen Einzelfällen das Allgemeine zu erkennen. Wie Darwin erkannte, kommt es *unvermeidlich* immer dann zur Evolution, wenn folgende drei Bedingungen erfüllt sind:

1. *Variabilität*, was heißt, dass innerhalb der Art aufgrund von Fehlern beim Reproduktionsprozess von Zeit zu Zeit neue Varianten auftauchen.
2. *Natürliche Auslese*, was heißt, dass aufgrund der Knappheit der natürlichen Ressourcen nur solche Varianten überleben, die bei dem Wettbewerb um diese Ressourcen erfolgreicher sind als ihre Konkurrenten.
3. *Vererbung*, das heißt, dass Variationen zumindest an einige Nachkommen weitergegeben werden.

Darwins Theorie behauptet also einerseits, dass die Evolution immer ihren Lauf nehmen und zur Entwicklung neuer Arten führen wird, sowie diese drei Bedingungen erfüllt sind. Aber sie behauptet andererseits auch, dass es in der biologischen Evolution, also der Entwicklung der Arten, ausschließlich auf diese drei Bedingungen ankommt.

So einfach ist Darwins Evolutionsbegriff. Einfache Grundsätze und Mechanismen können jedoch sehr komplexe Folgen haben. Man denke nur an die Newton'sche Mechanik: Wir verstehen immer noch nicht alle Konsequenzen dieser unglaublich einfachen Gesetze, und auch was wir verstehen, kann im wirklichen Leben sehr kompliziert sein. So verstehen wir beispielsweise die Aerodynamik gut genug, um Flugzeuge bauen zu können, aber sie ist deswegen keineswegs einfach.

Mit der Evolution ist es ähnlich. Einerseits ist die natürliche Auslese sehr unbarmherzig, aber andererseits kann sie leicht Formen überleben lassen, die beim Kampf «Mann gegen Mann» bestimmt verlieren würden. Betrachten wir der Einfachheit zuliebe ein imaginäres Beispiel. Nehmen wir an, es würde eine Mutation einer Fischart geboren, die sehr schwächlich ist, aber über einen ausgezeichneten Gleichgewichtssinn verfügt. Andere Fische können diese Mutante im offenen Meer ohne weiteres von der Nahrung wegdrängen, aber sowie dieser Fisch merkt, dass er dank des guten Gleichgewichtsorgans in den heftigsten Wirbeln Nahrung findet, überlebt er trotzdem. Andere Fische begeben sich entweder gar nicht in solche Gewässer oder werden vom Wirbel fortgerissen. Selbst wenn sie nicht weggetragen werden, lohnt sich die Nahrungssuche für sie in solch ungastlicher Umgebung nicht, zumal sie mit ihrem schwächeren, aber besser balancierenden Rivalen kämpfen müssen.

Unsere natürliche Umwelt ist sehr variabel, folglich ist die evolutionäre Entwicklung weit davon entfernt, so eindimensional zu sein, wie es auf den ersten Blick aussehen mag. Die natürliche Auslese beruht keineswegs auf dem «Alles-oder-nichts»-Prinzip, vielmehr fördert sie bei aller Grausamkeit die Entwicklung und Erhaltung von sehr unterschiedlichen Lebensformen. Dies wird weiter kompliziert durch die Tatsache, dass die Entwicklung jeder neuen Art gleichzeitig die natürliche Umwelt der anderen Arten, und damit die Wettbewerbsbedingungen, verändert.

Im vorigen Kapitel sind wir von den einfachsten Lebensformen ausgegangen. Darwin ging für seine Analyse von der Vielfalt des existierenden Lebens aus. Beide Ansätze deuten jedoch in dieselbe Richtung: Leben ist nichts anderes als eine Reihe glücklicher Irrtümer.

Probleme, die den Darwinismus in Frage stellen

Die erste Hälfte von Darwins Theorie ist nicht mehr umstritten. Es ist zweifellos bewiesen, dass es den Evolutionsprozess gibt, und dass es, jedenfalls bei biologischen Wesen, zur Evolution kommt, wenn Darwins drei Bedingungen gleichzeitig erfüllt sind. Das akzeptiert auch die katholische Kirche, seit Papst Johannes Paul II. 1996 erklärte, die Evolutionslehre sei mit der katholischen Lehrmeinung vereinbar, wenn auch nur in körperlicher, biologischer Hinsicht, nicht in geistlicher.[13] Ich vermute, dass die katholische Kirche ihre Meinung bezüglich der Grenzen der Allgemeingültigkeit der Evolutionstheorie im Lauf der Zeit weiter ändern wird, genau wie das 1996 so radikal passierte. Zunächst jedoch bleiben wir bei der rein biologischen Evolution. Immer noch gibt es Zweifel, ob nicht, zumindest in einigen Fällen, auch andere Mechanismen eine wesentliche Rolle spielen.

Heute hat die Mehrzahl der Biologen Darwins Sicht der Welt vollständig akzeptiert – nicht, weil sie hundertprozentig bewiesen ist oder alle Probleme restlos erklären kann, sondern weil der Gewinn für die Biologen viel größer ist als das Risiko des Irrtums. Darwins Weltsicht liefert eine praktisch perfekte Grundlage für die Arbeit der Landwirte und Viehzüchter. Forschung im Sinne Darwins hat in der Genetik zu sehr folgenreichen Entdeckungen geführt. Aber konzentrieren wir uns jetzt auf die Probleme.

Wir kennen aus dem täglichen Leben mehrere Tatsachen, die nur schwer mit Darwins Theorie vereinbar sind. Nehmen wir nur den Altruismus. Einige Individuen sind bereit, ernsthafte Nachteile hinzunehmen und selbst ihr Leben zu opfern, wenn sie dadurch Artgenossen retten können. Das ist nicht nur bei Menschen, sondern auch bei vielen Tierarten zu beobachten. Die natürliche Auslese bestraft dieses Verhalten schwer – wie können Arten, bei denen solche Verhaltensweisen vorkommen, trotzdem überleben?

Das Vorkommen des Altruismus rechtfertigt den Verdacht, es könnten neben der natürlichen Auslese andere grundlegende Mechanismen der biologischen Evolution wirken. Wenn beispielsweise eine «wissenschaftlichere Fassung» des Prinzips «Wie du mir, so ich dir» ein universelles nichtdarwinistisches Prinzip wäre, führte das zu einer ganz anderen Art von Evolution als die natürliche Auslese allein.

Auch andere Probleme tauchten auf. Beispielsweise lässt sich das Funktionieren eines Ameisenhügels nur schwer durch den Mechanismus der biologischen Evolution erklären. Noch schwieriger ist es im Fall der Bienen, weil die meisten Einzelwesen im Bienenkorb überhaupt nicht an der Fortpflanzung beteiligt sind, wohl jedoch als Arbeiter wesentlich zum Erhalt des Bienenvolks beitragen. Für das Bienenvolk ist es natürlich vorteilhaft, dass die natürliche Auslese nicht zum Aussterben der Arbeitsbienen führt – aber warum tut sie das nicht?

Schon Darwin war sich der meisten dieser Probleme bewusst. Gelegentlich unterstrich er in seinem Tagebuch jene Tatsachen, die seiner Theorie zu widersprechen schienen; in seinem Tagebuch ist vieles rot angestrichen. Im Fall des Bienenvolks erwog Darwin, dass die natürliche Auslese auf das gesamte Bienenvolk wie auf einen einzelnen Organismus wirkt. Zugleich sah er die Schwierigkeiten dieses Ansatzes, denn so gesehen können wir den Begriffen Variabilität und Vererbung, also der ersten und dritten Bedingung, in Bezug auf den Bienenstock wenig Sinn zuschreiben. Deshalb kehrte Darwin das Problem des Altruismus mit ziemlich obskuren Argumenten unter den Teppich. Aber das sollten wir ihm nicht ankreiden. In jeder Theorie gibt es ungeklärte Probleme, und wenn wir uns an ihnen festbeißen, kann keine wissenschaftliche Theorie je die schwierigen Grundfragen bearbeiten.

Die unangenehmsten Probleme tauchten auf, als Mathematiker begannen, sich mit der Evolutionstheorie zu beschäftigen. Für Mathematiker bedeutet schon die Tatsache, dass die Entstehung (oder Auslöschung) einer neuen Art automatisch die Wettbewerbsbedingungen ändert, eine große Herausforderung. Sie vermuten sofort die Existenz eines dynamischen Vorgangs, wie er sich gewöhnlich einigermaßen gut durch abstrakte mathematische Modelle beschreiben lässt.

Die Modelle jedoch, die lediglich auf den drei Darwin'schen Grundsätzen beruhten, erwiesen sich immer als widersprüchlich. Dieses Problem ist viel gewichtiger als die Probleme, die solche speziellen Naturerscheinungen wie der Altruismus oder das Funktionieren eines Bienenvolks darstellen. Die Bedeutung der Phänomene, die eine Theorie befriedigend erklären kann oder nicht, bleibt strittig, denn es besteht immer die Möglichkeit, dass die Theorie verbessert werden kann und sich schließlich für immer mehr Probleme als gültig erweist. Wenn eine

Theorie jedoch von Anfang an mit sich selbst im Widerspruch ist, können spätere Verfeinerungen nicht helfen. Auf dieses Problem kommen wir später zurück; zunächst wollen wir die Ergebnisse eines aufregenden Experiments kennenlernen.

Künstliche Evolution

Der amerikanische Biologe Thomas Ray stieß im Rahmen seiner Erforschung der Ökosysteme der tropischen Regenwälder auf mehrere Probleme, die denen ähnelten, die wir beim Funktionieren der Bienenvölker sahen. Als Biologe hatte Ray keine Zweifel, dass auch Flora und Fauna des Regenwaldes ein Ergebnis der Evolution sind. Aber ihm war nicht klar, wie die Evolution ein so komplexes und unentwirrbar verwickeltes System hervorbringen konnte, in dem bei einigen Entitäten nicht einmal die physikalischen Grenzen klar waren. Oder sollte man den Regenwald insgesamt als ein einziges Lebewesen betrachten, wie Darwin im Fall des Bienenvolks gemeint hatte?

Die Erforschung der biologischen Evolution ist deshalb so extrem schwierig, weil es nur eine gibt. Zumindest hier auf der Erde können wir nur eine Evolution beobachten, und auch die nur in ihrem gegenwärtigen Stadium, und höchstens anhand einiger Fossilien vage auf lang vergangene Ereignisse schließen. Wenn nun, so dachte Thomas Ray, das logische Minimum der Selbstreproduktion so einfach ist, dass es auf einem einfachen Computer ausgeführt werden kann, dann sollte sich auch die tatsächliche Evolution mit einem Computer simulieren lassen.

Dafür musste von Neumanns vollkommene, sich selbst reproduzierende Maschine etwas abgeändert werden. Das ist leicht zu machen: Man baue einfach in den Kopiervorgang Zufallsfehler ein. Dadurch kann im perfekt arbeitenden Computer eine weniger perfekt arbeitende virtuelle Maschine geschaffen werden, die beim Kopieren jedes 500sten oder 5000sten Bits einen Fehler macht. Auf diese Weise lässt sich auch die Frequenz der Kopierfehler kontrollieren.

Auf diese Weise schuf Thomas Ray eine Umwelt, die sich als abstrakte «künstliche Erde» sehen lässt. Er nannte diese Umwelt mit dem spanischen Wort für Erde TIERRA.[14] TIERRA ist nicht auf einem Computer *installiert*, sie *existiert* in ihm. Eine solche virtuelle Umwelt bietet den Vorteil, dass sie unsere auf Science-Fiction trainierte Phantasie beruhigen kann: Falls sich dort verteufelt intelligente Geschöpfe entwickeln, bedeuten sie keine Gefahr für den Computer, denn sie können außerhalb der virtuellen Wirklichkeit von TIERRA gar nicht existieren.

In der TIERRA-Umwelt besteht eine Recheneinheit aus fünf Bits; sie können insgesamt 32 Befehle codieren. Ray erarbeitete diese Befehle und damit die Programmsprache seines virtuellen Computers.[15] Er wählte diese 32 Befehle so, dass er Programme schreiben konnte, die im Gedächtnis von TIERRA eine Kopie von sich selbst machen können.

Später haben Mathematiker bewiesen, dass dieser extrem reduzierte, für einen speziellen Zweck erdachte virtuelle Computer tatsächlich genauso universal ist wie jener von Neumanns. Falls er tatsächlich gebaut werden könnte, ließen sich auf ihm genauso wie auf einem wirklichen Computer Programme für die Wortverarbeitung oder Computerspiele entwickeln. Diese mathematische Tatsache ist umso interessanter, als sie alle Gegenargumente entkräftet, die behaupten, TIERRA simuliere die Evolution lediglich und habe mit wirklichen Naturvorgängen nichts zu tun.[16] Wie wir in Kapitel 2 sahen, bewies von Neumann, dass sich mit Hilfe eines Universalcomputers reale Roboter bauen lassen, die sich selbst replizieren können – nichts spricht dagegen, dass auch TIERRA-Geschöpfe diese Fähigkeit haben.

In der TIERRA-Umwelt laufen gleichzeitig viele Programme ab, die sich selbst replizieren (wir nennen sie heute Computerviren). Unvermeidlicherweise rivalisieren sie miteinander um die Ressourcen, also um Computerprozessoren- und Gedächtnisspeicherkapazität; diese können deshalb als abstrakte Analogien von Energie und Territorium gesehen werden. Ein Programm, das weniger Speicherplatz braucht, findet leichter Raum für seine Nachkommen. Auch ein Programm, das sich mit weniger Prozessorarbeit fortpflanzen kann (also schneller ist), hat Vorteile.

Unabhängig von jedem speziellen Programm stellt TIERRA sicher, dass Kopierfehler vorkommen und gewisse Programme von Zeit zu Zeit sterben (also gelöscht werden und dadurch Speicherkapazität freisetzen). Dieser mörderische Teil von TIERRA (Tom Ray nannte ihn Henker) selektiert nicht, sondern löscht nur alte Programme und solche, die den virtuellen Computer allzu oft blockieren. Die erste Aufgabe des Henkers ist also recht lebensnah; die zweite weniger, aber sie war notwendig, um häufiges Abstürzen des virtuellen Computers zu vermeiden. Auch diese Funktion könnte lebensnah sein. Diejenigen Elemente, die im wirklichen Leben allzu viel Schwierigkeiten bereiten, werden oft ins Gefängnis oder Irrenhaus gesperrt, vielleicht getötet oder einfach ausgestoßen – Ähnliches passiert auch bei Tieren.

Als die Umwelt fertig war, schrieb Tom Ray ein Programm, das eine Kopie von sich selbst erstellen konnte. Das kürzeste, das er sich ausdenken konnte, hatte 80 Befehle. Ray ließ dieses Programm auf dem neuen virtuellen TIERRA-Computer zum ersten Mal am 3. Januar 1990 laufen, und dann:

«Die Hölle brach los. Die Macht der Evolution war im Inneren der Maschine freigesetzt worden, aber beschleunigt auf solche Megahertz-Geschwindigkeiten, mit denen Computer laufen. Mein Forschungsprogramm war plötzlich von einem der Planung zu einem der Beobachtung geworden. Ich war wieder im Dschungel und beschrieb, was die Evolution erschaffen hatte, aber diesmal war es ein digitaler Dschungel. Die Menagerie der digitalen Geschöpfe war erstaunlich, die sich da im Verlauf der Evolution entfaltete. Sie zu beschreiben war ein Abenteuer, weil sie ein fremdes Universum bewohnten, das auf einer digitalen Physik beruhte, die völlig verschieden war von der physikalischen Welt der Lebewesen, die ich kannte und liebte. Aber es traten Formen und Vorgänge auf, die dem geschulten Auge des Naturforschers irgendwie bekannt vorkamen.»[17]

Der erfahrene Naturforscher weiß natürlich, dass zunächst einmal lange nichts passiert, wenn er seinen Beobachtungsplatz bezogen hat. Aber seine Aufmerksamkeit darf niemals ermüden – in jedem Moment kann etwas Aufregendes passieren. Ray wollte seinen Augen nicht trauen, als er ein Geschöpf mit 79 Befehlen sah, das sich gelassen replizierte, und zwar rascher als die Geschöpfe mit 80 Befehlen, weil es ja kürzer war. Auch längere Programme erschienen, starben jedoch rasch aus. Dann tauchte ein Programm mit nur 45 Befehlen auf. Ray untersuchte es genauer und fand heraus, dass 45 wie ein richtiger Parasit einen Teil eines anderen Programms für seine eigene Reproduktion nutzte: 45 suchte sich im Speicher von TIERRA ein 80, heftete sich ihm an einer bestimmten Stelle an und ließ 80 sich selbst reproduzieren.

Die Ereignisse beschleunigten sich fast unkontrollierbar. Die unterschiedlichsten Programme tauchten auf, und jedes fand andere Möglichkeiten der Reproduktion. Einige Programme entwickelten eine Immunität gegen Parasiten, die sie zu sehr ausnutzten. So wurde beispielsweise 79 immun gegen eine Variante von 45. Aber dann erschien 51 und zerstörte diese Immunität. Selbst einige Formen von Altruismus traten auf und überlebten einige Zeit. Gelegentlich entwickelte der Parasit

Immunität für den «Wirt» – und war damit besser dran, obwohl er etwas länger wurde. Einige der Programme waren sogar bereit, sich in gewissen Fällen selbst zu opfern, und auch sie überlebten.

Thomas Ray hat niemals ein anderes selbstreplizierendes Programm geschrieben – die Evolution brachte schon beim ersten Lauf des Programms genügend hervor. Ray konnte ja das Gesamtsystem immer wieder starten, mit demselben oder einem anderen Anfangsprogramm oder sogar mit zwei oder mehr Programmen gleichzeitig. Er war nicht länger eingeschränkt durch die Tatsache, dass es nur eine Evolution gibt. Und in der Tat: Jedes Mal entwickelten sich neue und andere komplexe Ökosysteme mit anderen Geschöpfen und in den vielfältigsten Kombinationen. Selbst Sex entwickelte sich: Zwei Programme (oder vielmehr: ein Programm-Paar) suchten zunächst einander zur Reproduktion. Dann kopierten sie sich auf dasselbe Gebiet in TIERRAs Gedächtnisspeicher, und dadurch enthielt der Speicher des Nachfolgers schließlich die Codes beider Paare, und die Nachkommen waren ein «Hybrid» der beiden.

TIERRA überraschte Ray nicht nur als Biologe, sondern auch als Programmierer. Einmal entstand ein Programm mit 22 Befehlen, das sich selbständig replizieren konnte. Es war kein Parasit und von keinem anderen Programm abhängig. Da das kürzeste sich selbst replizierende Programm, das Ray sich ausdenken konnte, 80 Befehle enthielt, staunte er zu Recht über die Effizienz des Programms. Oder die Effizienz der Evolution?

Der Evolutionsprozess

Thomas Ray gab weder in die TIERRA-Umwelt noch in Programme für bestimmte Geschöpfe je den Befehl ein: «Schaffe immer höher entwickelte selbstreplizierende Programme.» Er schrieb auch nie in irgendeiner Form vor: «Es sollen sich Parasiten-Programme entwickeln». Er schuf vielmehr zunächst eine Umwelt, in der die Ressourcen knapp sind und die damit Darwins zweite Bedingung erfüllte. Dann setzte er in dieser Umgebung ein einziges Geschöpf frei, das Darwins erster und dritter Bedingung vollkommen entsprach: Es zeigte Vererbung und Variabilität. Er stellte auch sicher, dass alle Geschöpfe nach einer Weile sterben. Und alles lief so ab, wie Darwin es beschrieben hatte. Dies schon genügte, um die Evolution in Bewegung zu setzen. Sowie etwas den drei Darwin'schen Bedingungen entsprach, setzte sich offenbar ein natürlicher Prozess in Gang, der unvermeidlich seinen Lauf nahm, ohne irgendetwas anderes zu benötigen.

TIERRA (und danach andere ähnliche Systeme) bewies, dass Darwins drei Bedingungen wirklich ausreichen, damit, beispielsweise, Altruismus in der Natur vorkommt. Auch andere seltsame Charakteristika des Lebens wie in Bienenfamilien traten gelegentlich auf, während TIERRA lief. Die Erfahrung mit TIERRA entkräftete alle Argumente gegen Darwins Theorie, es blieb nur das Problem mit dem mathematischen Modell.

Ein Praktiker könnte mit Recht fragen, warum es wichtig ist, ob es für die Evolution (diesen Naturvorgang) ein mathematisches Modell gibt. Wir können dem Wirken der Evolution auch ohne ein solches Programm auf die Spur kommen. Das ist wahr. Aber wenn die Intuition den Mathematikern sagt, es müsse ein solches Modell geben, sie jedoch bei aller Mühe keins erstellen können, dann ist das ein ernsthaftes Warnsignal. Es ist ähnlich wie in der Anekdote, wonach die Bank von England einmal ein Defizit von zwei Penny hatte und man, statt ein Two-Pence-Stück in die Kasse zu legen, wochenlang nach der Ursache suchte und schließlich einer ausgezeichnet getarnten Unterschlagung von mehreren Millionen auf die Spur kam.

Im Fall der Evolution können wir möglicherweise kein korrektes mathematisches Modell erstellen, weil von Beginn an verborgene Widersprüche in unserem Begriffssystem stecken. Das ist in keinem wissenschaftlichen Bereich erlaubt, auch nicht, wenn es nur um Erfahrungstatsachen geht. Ein widersprüchlicher theoretischer Hintergrund ist auch für praktische Anwendungen eher beunruhigend, weil die Gefahr besteht, dass die widersprüchliche Theorie genau dann versagt, wenn der wirtschaftliche Schaden am größten ist.

Zur Lösung des mathematischen Problems ist eine klare Unterscheidung zwischen der Evolution als einem *Naturvorgang* und der natürlichen Auslese als *konkretem Mechanismus* nötig. Diese Unterscheidung ist alles andere als offensichtlich. Nach Darwin ist die natürliche Auslese der *einzige* Mechanismus, der die biologische Evolution antreibt. Die beiden anderen Bedingungen betreffen nicht den Mechanismus des Ablaufs. Wenn nun die natürliche Auslese von selbst zur Evolution führt und absolut kein anderer Mechanismus für die Evolution eine Rolle spielt, dann verschmelzen unweigerlich die Begriffe Evolution und natürliche Auslese, obwohl die beiden doch grundverschieden sind.

Wenn sowohl Evolution als auch natürliche Auslese sich auf der Ebene des Individuums abspielen, bleibt der logische Widerspruch bestehen – immer natürlich unter der Annahme, dass es keine anderen Einflüsse gibt. Die natürliche Auslese betrifft ganz offensichtlich Einzelwesen, weil ja das Einzelwesen lebt und stirbt, Nachkommen hat oder nicht. Nur auf sie wirkt die natürliche Auslese. Es ist jedoch umstritten, ob sich die Evolution auch dann auf der Ebene des Individuums abspielt, wenn sich das Ergebnis der Evolution in der großen Vielfalt der Individuen manifestiert.

Der Angriffspunkt der Evolution

In einem mathematischen Modell taucht die Evolution nicht sofort nach seiner Konstruktion auf. Sie kann das gar nicht, weil wir nicht im Voraus wissen, welche Veränderungen wir modellieren wollen und was diese Veränderungen hervorruft. So gesehen ist Evolution einfach ein Vorgang, der im Ablauf des Modells entweder in Erscheinung tritt oder nicht. Wenn er auftritt, hat der Erschaffer des Modells die Evolution erfolgreich modelliert. Notwendigerweise kann die Evolution nur ein Nebenmerkmal des Modells sein. Das passierte in TIERRA, und das passiert auch in einem rein mathematischen Modell.

In einem mathematischen Modell können wir jedoch annehmen, es gäbe ein Etwas, das, wenn irgend möglich, überleben will. Überleben bedeutet hier einfach, dass es in der nächsten Generation vorhanden ist – es ist egal, welche Kopie es ist, nur die Existenz ist wichtig, und zwar in möglichst vielen Kopien. Die Erstellung eines solchen abstrakten mathematischen Modells ist gar nicht schwierig.

Erinnern wir uns an unser Rollenspiel mit dem «höchsten Wesen» im vorigen Kapitel. Die Lösung bestand darin, den Befehl «Seid fruchtbar und mehret euch!» nicht einem Lebewesen zu erteilen, sondern einem Etwas, das, obwohl nicht lebendig, das Erscheinen von Lebewesen erzeugen kann. Dieser Befehl hat natürlich nicht direkt etwas mit der Evolution zu tun, aber er kann leicht zur Emergenz von Evolution führen. Wir wissen inzwischen, dass er das auch tut, sowie Darwins drei Bedingungen (Variabilität, natürliche Auslese, Vererbung) erfüllt sind.

Derselbe Gedanke hat dabei geholfen, widerspruchsfreie mathematische Modelle der Evolution zu schaffen. Wieder musste angenommen werden, dass das Etwas, das überleben will, kein Lebewesen ist. Oder genauer: Es ist keines der abstrakten mathematischen Objekte, die die Lebewesen in dem Modell darstellen, sondern eine andere Art mathematisches Objekt. Natürlich gibt in einem mathematischen Modell, oder in der Natur, niemand einen Befehl. Es genügt, wenn Objekte in dem Modell auftauchen, die unter günstigen Bedingungen unweigerlich eine Kopie von sich erschaffen; mehr brauchen sie nicht zu tun. Diese Objekte können nicht die Lebewesen selbst sein, weil Lebewesen andere Aufgaben erfüllen müssen, etwa Nahrung suchen oder Feinde bekämpfen. Es lohnt sich, mit einer Einheit zu beginnen, deren einzige Aufgabe das Überleben ist. Also lassen sich konsistente mathematische Modelle auf zwei Weisen konstruieren.

In einer der Lösungen wurde angenommen, es sei die *Art* (oder wenigstens eine Gruppe von Lebewesen), die um jeden Preis überleben will, und nicht das Einzelwesen. In diesem Fall spielt sich die Evolution auf einem Niveau ab, das über dem des Individuums liegt. Veränderungen im Einzelwesen sind dann nur die Folge von Veränderungen in der Art. Dies ist die Theorie der *Gruppenselektion*. Der Name ist irreführend, weil die Auslese immer Einzelwesen, Evolution jedoch die Gruppe betrifft. Diese Theorie erklärt beispielsweise das Phänomen des Altruismus. Wenn das Selbstopfer eines Einzelnen das Leben von mehr als einem Einzelwesen rettet, dann kann, unter dieser Voraussetzung, das Individuum nicht anders handeln, weil die Überlebenswahrscheinlichkeit für die Art zunimmt, es also in der nächsten Generation mehr dieser Artgenossen geben wird. Es mag schwierig sein, sich vorzustellen, wie das Überleben der Art ein Individuum zwingen kann, sich selbst zu opfern, aber wir sprechen hier ja schließlich von einem abstrakten mathematischen Modell.[18]

Bei der anderen Lösung war die Annahme, dass es die *Gene*

(also Merkmale von Lebewesen) sind, die um jeden Preis überleben wollen, und nicht Einzelwesen. In diesem Fall spielt sich die Evolution auf einem niedrigeren Niveau ab als dem des Individuums. Dies ist die Theorie der *Genselektion*, aber dieser Name ist ebenso irreführend wie der obige. Deshalb spreche ich lieber mit dem Titel von Dawkins' Buch von der Theorie des egoistischen Gens. Auch diese Theorie erklärt das Phänomen des Altruismus. Wenn ein Gen mehr als eine Kopie seiner selbst in anderen Geschöpfen retten kann, indem es seinen Wirt zum Selbstopfer zwingt, dann kann das Gen gar nicht umhin, sich zu opfern, weil es nicht darauf ankommt, welche seiner Kopien überlebt. Obwohl wir es wieder mit einem abstrakten mathematischen Modell zu tun haben, können wir uns doch den tatsächlichen Mechanismus vorstellen: Das egoistische Gen opfert sich, um sich selbst zu retten.

Beide Theorien haben den früheren Widerspruch erfolgreich entkräftet. Gleichzeitig jedoch erhalten wir, wenn wir die Bedeutung der beiden Theorien außerhalb der Mathematik betrachten, zwei völlig verschiedene Bilder vom Wirken der Evolution. Aus Sicht der Gruppenselektion sorgt die Natur mittels der Evolution weise für die Zusammenarbeit der Einzelwesen innerhalb einer Art, und damit für die Entwicklung der Art. Es gibt gleichsam ein allgemeines Ziel, das Wohl der Gemeinschaft, und ihm gilt die Aktivität der Einzelnen, ohne dass die Einzelnen davon wissen. Aus Sicht der Theorie des egoistischen Gens jedoch wird die Welt allein von den kurzsichtigen Interessen des egoistischen Gens bestimmt, ohne irgendein höheres Ziel. Entwicklung ist bestenfalls das virtuelle Produkt der Perfektion der Methoden des Egoismus der Gene.

Hier haben wir zwei rivalisierende Theorien. Im Prinzip ist es möglich, dass gewisse Formen der Evolution von einer, andere von der anderen Theorie beschrieben werden (beispielsweise die

Evolution der Ameisen von einer, die des Hirschkäfers von einer anderen). Die Theorie der Gruppenselektion gibt möglicherweise beruhigendere Antworten auf Fragen zum Darwinismus, beispielsweise das Leben im Bienenstock. Die Grundbegriffe des mathematischen Modells der Theorie des egoistischen Gens sind einfacher zu interpretieren. Die Sichtweise der Theorie der Gruppenselektion mag vielversprechender sein, aber wenn es um sie als wissenschaftliche Theorie geht, optieren die meisten Biologen für die Theorie des egoistischen Gens.

Wie verallgemeinerungsfähig ist Darwins Theorie?

Bei Verallgemeinerungen von Darwins Theorie außerhalb des Bereichs der Biologie müssen wir sehr vorsichtig sein. Darwins Theorie musste sich einige oberflächliche, anstößige Anwendungen gefallen lassen. So kam beispielsweise gegen Ende des 19. Jahrhunderts der *soziale Darwinismus* in Mode. Seine Anhänger bemühten sich, Darwins Gedanken höchst orthodox auf die Gesellschaft anzuwenden, und legten damit eine Art «wissenschaftliche Grundlage» für den Faschismus. Ich setze die Anführungszeichen, weil eine «Wissenschaft», die nicht ihren eigenen Geltungsbereich erkundet, keine Wissenschaft ist.

Vertreter des sozialen Darwinismus haben nie versucht, die Gültigkeit von Darwins Thesen in Bereichen außerhalb der Biologie zu testen. Sie haben einige von Darwins Thesen als Slogans übernommen, zum Beispiel «In der Welt herrscht ein brutaler Wettbewerb, bei dem nur die Besten überleben», und diese Slogans wurden in Zusammenhängen geäußert, in denen sie weit von der Gültigkeit entfernt waren. Steve Jones schreibt in seinem Buch *Darwins Ghost* ganz richtig: «Der Darwinismus wurde von Anfang an zum Beweis aller möglichen Theorien angeführt. Das ist natürlich nicht der erste (und sicher nicht der letzte) Fall, in dem die Wissenschaft für politische Zwecke missbraucht wird.» [19]

Gleichzeitig jedoch scheinen Darwins drei Bedingungen für eine Reihe nichtbiologischer Phänomene zuzutreffen. Demgemäß sprechen wir von kultureller, sozialer, ökonomischer, linguistischer, technischer, technologischer und vielen anderen Arten der Evolution; hören sogar von der Evolution von Werbung oder religiösen Gedanken. *Eine Hälfte* der Darwin'schen Theorie gilt wirklich für alle von ihnen: Da in diesen Bereichen die drei Bedingungen erfüllt sind, musste notwendig die Evolution beginnen.

Es ist jedoch eine große Frage, ob für sie auch die *andere Hälfte* von Darwins Theorie gilt. Es ist nicht sicher, dass die Evolution in diesen Bereichen *allein* aufgrund dieser drei Grundsätze wirkt. Im Fall der sozialen Evolution beispielsweise könnte sehr wohl auch ein universales Prinzip des «tit for tat» – «Wie du mir, so ich dir» – oder ein anderer noch unentdeckter universaler Mechanismus wirken. Wie wir im letzten Kapitel des Buchs sehen werden, trifft das im Fall der sozialen Evolution tatsächlich zu. Und wenn die Evolution in einem Bereich andere Mechanismen als die natürliche Auslese zulässt, können Schlüsse, die aus Darwins Theorie gezogen werden, leicht ihre Geltung verlieren.

Der amerikanische Mathematiker und theoretische Biologe Stuart Kauffman entwickelte Modelle der Evolution, in denen allein die Existenz der Komplexität für die Evolution eine Rolle spielt.[20] Wenn die Komplexität eines Systems ein gewisses Niveau überschreitet, können, allein aufgrund der Komplexität, auch ohne natürliche Auslese evolutionäre Prozesse beginnen. Deshalb erkunden Kauffmans Modelle die Möglichkeiten der nichtdarwinschen Evolution.

Wir gehen von der Ansicht aus, dass biologische Evolution

sich auf der Ebene der Gene abspielt und lediglich durch Darwins drei Bedingungen bestimmt ist. *Wir verallgemeinern das, indem wir das Wort «Biologie» durch den Namen des jeweils betrachteten Gebiets ersetzen und das Wort «Gen» durch den Ausdruck «Replikator».* So können wir auch über andere als biologische Evolution reden, während das mathematische Modell der Theorie des egoistischen Gens Gültigkeit behält.

In diesem Buch erörtern wir nur jene Formen der Evolution, die im Hintergrund eine Art von Replikator haben, bei denen also die Ursache für die Emergenz von Lebewesen bekannt ist: Sie werden von Replikatoren erzeugt.[21] In diesem Fall erfordert die Evolution, in Übereinstimmung mit Darwins ursprünglicher Idee, keinen weiteren Mechanismus als die natürliche Auslese. Wir sehen es als eine Art Naturgesetz, dass Replikatoren, wenn sie einmal entstanden sind, eine Art Lebewesen erzeugen, die automatisch Darwins drei Bedingungen gehorchen, und da bei ihrer Entstehung kein anderer Mechanismus eine Rolle spielt, beginnt für die von den Replikatoren erzeugten Wesen unausweichlich Darwins Evolution.[22]

Auf diese Weise haben wir genau die Grenzen bestimmt, bis zu denen wir die Verallgemeinerung von Darwins Theorie für anwendbar und gesichert halten: nur wenn Evolution durch Replikatoren geschieht. Vielleicht entgehen unserer Forschung auf diese Weise viele interessante Formen der Evolution, aber im Gegenzug können wir ziemlich sicher sein, dass wir nicht über etwas sprechen, das Widersprüche enthält, denn wir können unsere Theorie mit mathematischen Modellen belegen.

Der Zoo der Replikatoren

Wir haben bisher zwei Arten von Replikatoren kennengelernt, nämlich das Gen und seinen Vorgänger, das Schablonenmakromolekül des Chemotons. Auch TIERRAs sich selbst replizierendes Programm erfüllt die drei Bedingungen, die in der Definition von Replikatoren stecken (langes Leben, Fruchtbarkeit, genaues, aber nicht allzu genaues Kopieren), und es kommt im System sogar zu einer Form von geschlechtlicher Fortpflanzung, wobei allerdings der Nachkomme nicht die exakte Kopie (abgesehen von Kopierfehlern) von einem der Eltern ist, sondern ein «Hybrid» der beiden. Deshalb kann man TIERRA-Programme, die sich «geschlechtlich» fortpflanzen, nicht mehr als Replikatoren betrachten. Wenn auch einige ihrer funktionalen Teile, die mehr oder weniger unverändert vom dem einen oder dem anderen Elternteil weitergegeben werden, immer noch als Replikatoren zu sehen sind, ist doch das gesamte Geschöpf kein Replikator. Theoretisch muss auch das zur Evolution führen, und, wie die Experimente von Thomas Ray gezeigt haben, geschieht das auch.

Wenn die Evolution einmal begonnen hat, können die sich entwickelnden Strukturen so verwickelt sein, dass niemand sagen kann, wo die Grenzen der funktionalen Einheiten sind. Man denke nur an das TIERRA-Programm mit 22 Befehlen. Gelegentlich hat die Evolution in der DNA auf ähnliche Weise sehr seltsame Mischungen von Funktionen erzeugt. Deshalb lässt sich so schwer definieren, was ein Gen ist, und deshalb ist es so schwierig, in der Natur vollkommen reine Formen zu finden.

Im nächsten Kapitel beschäftigen wir uns mit der *Memetik*, der Darwin'schen Theorie der Ideen. Wir werden zeigen, wie das Problem, was als Replikator betrachtet werden sollte, mit ihrer Hilfe zwar nicht gelöst, aber doch behandelt werden kann. Aber auch damit versammeln wir im Zoo der Replikatoren nur wenige Arten. Vielleicht werden bei der Erforschung anderer Bereiche wie Kultur, Sprachen oder Technologie weitere Replikatoren gefunden. Vielleicht nicht. Die Evolution ist zweifellos auch auf diesen Gebieten am Werk, aber vielleicht nicht in ihrer reinen Darwin'schen Form, sondern in einer anderen, die wir noch zu entdecken haben.

4. DIE MEME

*Wir schaffen es selten, uns Gedanken anzueignen,
nicht einmal eigene.*

Das Wort Mem ist eines der wenigen Wörter, dessen Entstehungsgeschichte wir genau kennen: Wir finden es zum ersten Mal 1976 in Richard Dawkins' Buch *Das egoistische Gen*. Dawkins' Buch handelt außer im ersten Kapitel ausschließlich von Biologie und davon, dass Lebewesen, auch Menschen, nichts anderes sind als Überlebensmaschinen für ihre eigenen egoistischen Gene. Auch wir gründen unseren Text auf diese jetzt allgemein anerkannte Theorie. Im letzten Kapitel stellt Dawkins eine vollkommen neue Überlegung vor, die sich aus dem bis dahin verfolgten Gedankengang entwickelt, aber mit herkömmlicher Biologie nichts zu tun hat. Trotzdem ist Dawkins keineswegs sicher, dass er das akzeptieren muss, was er sagt oder vielmehr die Logik des Buches sagen lässt.

Gene, so schreibt Dawkins im letzten Kapitel, haben Überlebensmaschinen mit derart großen Gehirnen hervorgebracht, dass sie ungeheuer viele Gedanken enthalten. Und diese Gedanken können von einem Gehirn zum anderen weitergegeben werden und ihre eigenen Nachfolger schaffen. So gesehen verhalten sich Gedanken, oder vielmehr gewisse ihrer Formen, ähnlich wie Lebewesen, und deshalb könnte die Funktionsweise des Lebens, wie sie die Biologen entdeckt haben, auch für sie gelten. Gedanken könnten also ebenfalls von Replikatoren erzeugt worden sein.

Um diese Analogie zu betonen, erfand Dawkins das Wort Mem. Er hatte nach einem Wort gesucht, das wie Gen klang und außerdem erkennen lassen sollte, dass Gedanken oft ein Ergebnis von Imitation sind. Dazu hätte sich das griechisch klingende Mimema gut geeignet, und Dawkins verkürzte es zum Einsilber Mem.

Was ist ein Mem?

Das *Mem* hat sich als sehr erfolgreiches Mem erwiesen. Es ist richtig in Mode. Internetforen, Korrespondenzlisten und natürlich eine Vielzahl einzelner Veröffentlichungen sprechen auf unterschiedlichen Ebenen über Meme, genau wie über Gene oder andere interessante Themen. Schon zwanzig Jahre später konnte man das Wort im Oxford English Dictionary nachschlagen – dieses Lexikon nimmt ein Wort auf, wenn es nicht jedes Mal definiert und seine Entstehungsgeschichte erklärt werden muss, es also «gebräuchlich» geworden ist. Wir zitieren hier die Definition des Lexikons, also die «allgemeine» Bedeutung des Wortes:

> Mem: Element einer Kultur, das offenbar auf nicht genetischem Weg, insbesondere durch Imitation, weitergegeben wird.[23]

Natürlich ist die «Alltagsdefinition» weit davon entfernt, wissenschaftlich zu sein. Wenn wir im Geist eines universalen Darwinismus über Meme sprechen wollen, dann können wir, wie wir schon wissen, eine Definition nur akzeptieren, wenn sich Meme dabei als Replikatoren herausstellen.

Eine der beliebtesten Fragen ist im Zusammenhang mit Memen: Ist Beethovens Fünfte Symphonie ein Mem? Oder sind es nur die ersten vier Noten? Hier stellt sich uns praktisch dieselbe Frage wie jene, ob die ganze DNA oder nur ein Teil von ihr der Replikator ist. Auch die Antwort erweist sich als ähnlich.

Wie wir sahen, wird die DNA selten perfekt kopiert, und deswegen kann sie nicht als Replikator gesehen werden, jedenfalls nicht bei der geschlechtlichen Fortpflanzung. Andererseits ist der Abschnitt der DNA, der ein einziges Protein codiert, gewöhnlich zu klein, als dass er als Einheit der Replikation gesehen werden könnte. Deshalb betrachteten wir einen solchen kleinen Abschnitt der DNA nicht als einen Replikator (oder als Gen, jedenfalls im Rahmen der Theorie des egoistischen Gens).

Man kann jedoch auch einen solchen kleinen Teil der DNA als Gen betrachten, nämlich dann, wenn ein von diesem kurzen DNA-Abschnitt codiertes Protein einzig für eine wohldefinierte Eigenschaft des Individuums verantwortlich ist. Ich veranschauliche das an einem interessanten, wenn auch nicht wichtigen Beispiel. Ein einzelner kurzer Abschnitt der menschlichen DNA bestimmt, ob jemand seine Zunge in U-Form biegen kann. Dieser Abschnitt der DNA codiert nur ein einzelnes Protein, deshalb kann es nach jeder Definition als Gen betrachtet werden, auch wenn dieses Gen für das Überleben wahrscheinlich ziemlich unbedeutend ist.

Die vier Noten des Anfangsmotivs von Beethovens Fünfter Symphonie lassen sich aus ähnlichen Gründen als Mem bezeichnen, auch wenn keines ihrer anderen Motive mit vier Noten (oder auch mit acht) als solches gelten kann. Nur diese vier Noten können mit großer Genauigkeit von einem Hirn ins andere kopiert werden. Manche Menschen schreiben ihm sogar eine besondere Bedeutung zu: (Ta-da-da-damm: Das Schicksal klopft an die Tür).

Wir bevorzugen deshalb diese Definition des Begriffs Mem:

Meme sind die kleinsten sinnvollen, nicht genetisch bestimmten Gedankeneinheiten, die zuverlässig und vermehrungsfähig von einem Gehirn ins andere kopiert werden.

Die Bedingung, dass Meme nicht genetisch bestimmt sind, garantiert, dass sie sich von Genen unterscheiden, falls sie sich als Replikatoren erweisen. Wir werden später sehen, welche Art von Gedanken für genetisch bestimmt gehalten werden und welche nicht.

Meme müssen also unabhängige Bedeutung haben, weshalb sie mit anderen, ähnlich bedeutungsvollen Memen rivalisieren können. Folglich kann die natürliche Auslese auf Gedanken wirken, oder vielmehr auf «Gedanken-Wesen», die die Meme geschaffen haben: Wenn ein Mem von einem «besseren» Gedanken stammt, überlebt es leichter. Die Definition sagt jedoch nicht, wie komplexere menschliche Gedanken aus diesen kleinen Memen kombiniert werden. Was entspricht in dieser Gen-Mem-Parallele der DNA? Wir sind noch sehr weit von einer Antwort entfernt: Die Parallele zur DNA auf der Ebene der Gedanken ist wohl noch nicht bekannt.[24] Eine andere Frage ist, was dem Lebewesen entspricht. Die Antwort darauf wird in Kapitel 13 gegeben, hier erwähnen wir lediglich den Namen. Kognitive Schemata sind in der Psychologie schon lange bekannt – vermutlich werden sie sich als die Überlebensmaschinen der Meme erweisen. Kognitive Schemata könnten in der Parallele von Gen und Mem den Lebewesen entsprechen, wie Tabelle 1 in Kapitel 1 schon sagte.

Ein Vorteil der obigen Definition ist, dass Meme sich sicherlich als Replikatoren erweisen werden. Die erste Bedingung, ihre Langlebigkeit, ist garantiert durch die Tatsache, dass das menschliche Gedächtnis einen erfolgreichen Gedanken lange speichern kann. Die zweite, die Fortpflanzungsfähigkeit, wird durch die Definition garantiert. Und im Fall der Meme brauchen wir keine Sorge zu haben, dass die dritte Bedingung, dass also die Kopie nicht allzu getreu ist, nicht erfüllt wird. Wir schaffen es selten, uns Gedanken anzueignen, nicht einmal eigene. Trotzdem kann das Wesentliche der Gedanken (also die wenigen Meme, die das kognitive Schema erzeugen) sehr lang Bestand haben und viele Generationen überdauern.

Nicht alle Gedanken sind Meme

Die obige Definition der Meme unterscheidet sich in einer wichtigen Hinsicht von der des Lexikons: Wir haben die Imitation nicht erwähnt. In einer Hinsicht sind Stichwort-Verfasser gegenüber Wissenschaftlern im Vorteil: In einem Wörterbuch braucht man Imitation nicht zu definieren. Beim Kopieren jedoch ist es überhaupt nicht unwichtig, was imitiert wird. Nicht nur Replikatoren können nachgeahmt werden.

Wir können beispielsweise die Emotionen eines anderen Menschen ziemlich gut imitieren, aber dadurch werden die Gefühle nicht in uns kopiert. Wir können mit einem Hungrigen mitfühlen, aber das macht uns nicht hungrig, wenn wir satt sind. Wenn wir mit jemandem mitfühlen, ahmen wir den anderen unwissentlich nach, und wir bekommen vielleicht auch feuchte Augen, aber in Wirklichkeit übernehmen wir die Gefühle des anderen nicht. Gefühle sind auch Gedanken, aber sie sind keine Meme. Kunst bietet wohl die einzige Möglichkeit, unsere Gefühle einem anderen Menschen mitzuteilen. Tatsächlich sind Kunstwerke Meme, oder genauer: Kunstwerke sind komplexe Gesamtheiten von Memen.

Auch Tiere imitieren oft Verhalten. So entdeckte eine Meise in Südengland, dass sie wertvolle Nahrung fand, wenn sie die Deckel der frühmorgens vors Haus gelieferten Milchflaschen aufhackte. Diese Praxis verbreitete sich über ganz England, auch andere Vogelarten übernahmen sie. Sie ist offensichtlich eine Art Imitation. Trotzdem ist die Idee, dass ein Milchflaschendeckel geöffnet werden kann, kein Mem, denn der Gebrauch des Schnabels und das Picken sind bei Vögeln genetisch codiert. Es ist auch genetisch codiert, dort zu picken, wo ein anderer Vogel pickt. Und was genetisch codiert ist, betrachten wir nicht als Mem.

Auch die meisten gelernten Dinge sind keine Meme. Die Ergebnisse des Lernens durch Versuch und Irrtum können nicht als Meme gesehen werden. Denken wir beispielsweise an das Fahrradfahren. Als Eltern sind wir vielleicht stolz, wenn wir unseren Kindern das Radfahren beigebracht haben, aber tatsächlich haben wir lediglich ein Rad gekauft, die Kinder probieren lassen oder sie beim Umfallen aufgefangen oder zu Beginn mit einem Stock beim Balancieren geholfen. Bestenfalls ist die Idee des Radfahrens ein Mem – das haben wir unseren Kindern wirklich weitergegeben. Alles andere beim Radfahren haben die Kinder selbst gelernt – genau wie wir, als wir Kinder waren. Im Allgemeinen hat es nichts mit Memen zu tun, wenn wir die Handlungen anderer direkt imitieren: Wir sehen jemanden Rad fahren, versuchen es ebenfalls, und früher oder später haben wir Erfolg.

Wir erwerben jedoch Meme, wenn wir nicht die Handlung selbst imitieren, sondern die Methode der Handlung, also die Anweisung. Wenn wir lernen, einen Nagel einzuschlagen, übernehmen wir nicht das Missgeschick des Lehrers, der sich versehentlich auf den Finger schlägt und flucht. Die Nachahmung des Letzteren könnte bei einer anderen Gelegenheit erfolgen, etwa dann, wenn wir versehentlich auf einen Nagel treten. Wir könnten auch das Mem des Fluchens lernen, wenn wir lernen, einen Nagel einzuschlagen, aber nicht, indem wir das Handeln des Lehrers nachahmen. Wir verstehen die Absichten des Lehrers in der gegebenen Situation und imitieren ihn selektiv – und übernehmen nur jene Meme, die für unser eigenes «Gedankenwesen» nötig sind. Vielleicht wird unser «Gedankenwesen» aus anderen Memen konstruiert als denen des «Gedankenwesens», das wir kopieren, seine wichtigsten Meme jedoch können in unserem neuen «Gedankenwesen» enthalten sein.[25]

Die Wissenschaft der Memetik

Im letzten Vierteljahrhundert ist das Studium der Meme ein eigenständiger Zweig der Wissenschaft geworden.[26] Die Memetik fand oft kluge Lösungen für Probleme, die sich im Rahmen der Evolutionsbiologie als schwierig erwiesen hatten. Die britische Psychologin Susan Blackmore stellte in ihrem Buch «Die Macht der Meme»[27] die spektakulärsten Ergebnisse der Memetik zusammen. Hier sind einige Beispiele: Warum reden wir so viel? Warum denken wir unablässig, ohne je aufzuhören? (EEG-Studien zeigen, dass Tiere es nicht tun). Wozu dient das große Gehirn? Wozu ist Sprache da? Die Memetik beantwortet diese Fragen elegant und logisch.

Es bleibt jedoch die Frage, ob all dies Grund genug ist, die Existenz einer früher nicht einmal vermuteten Entität (Mem) zur Ausgangshypothese zu machen. Niemand hat ein Mem als physikalische Realität gesehen. Auch der Verbreitungsmechanismus ist ziemlich obskur. «Imitation» scheint ein guter kategorischer Name, aber wie wir sahen, lässt sich nur schwer definieren, welche Arten von Imitation Meme weitergeben und welche nicht. Zudem sind die zugrunde liegenden zerebralen und neuralen Mechanismen noch vollständig unbekannt. Susan Blackmore sagt: «Ich wäre nicht überrascht, wenn man spezifische Neuronen finden würde, die einige der Grundaufgaben ausführen, die beim Imitieren auftreten – beispielsweise die Verknüpfung von Gesichtsausdrücken oder Handlungen anderer Menschen mit den eigenen.» [28] Tatsächlich wurden ähnliche Zellen 2001 gefunden und «Spiegelzellen» genannt.[29] Aber die physiologischen Grundlagen der Imitation sind noch lange nicht verstanden. In den zusammenfassenden Tabellen in Kapitel 15 verweisen bescheidene Fragezeichen auf schmerzliche Mängel unseres Grundwissens in der Memetik.

Nach Meinung der Kritiker der Memetik sind die Probleme, zu deren Lösung die Memetik beitragen kann, im Vergleich mit den traditionellen großen Problemen von Biologie und Psychologie nur geringfügig. Der bekanntermaßen skeptische Mathematiker Martin Gardner sagt beispielsweise: «Memetik ist nichts anderes als eine umständliche Terminologie, das zu sagen, was jeder weiß und was sich besser und nützlicher in der trockenen Sprache der Informationsübermittlung sagen lässt. (…) Ein Mem wird von seinen Vertretern so ungenau definiert, dass es ein nutzloser Begriff ist, der mehr Verwirrung stiftet als er Licht bringt, und ich sage vorher, dass der Begriff bald als ein kurioser linguistischer Schnörkel ohne Wert in Vergessenheit geraten wird.» [30] Der ausgesprochen darwinistisch denkende Biologe Stephen Jay Gould tut die Memetik schlicht als «sinnlose Metapher» ab.

Wir können Martin Gardners Gegenargumente erst in Kapitel 14, im Abschnitt «Das Mon als Information», entkräften. Dann wird klar sein, welche Art Probleme unbedingt eine biologische Sichtweise erfordern, weil sie sich nicht im Rahmen der Informationstheorie behandeln lassen.

Meme stellen ein weiteres Problem: Im Fall der Gedanken können auch erworbene Merkmale vermittelt werden. Wir übermitteln unseren Nachkommen Gedanken, Ideen und Lösungen, die wir im Lauf unseres Lebens gelernt haben. Memetiker und ihre Kritiker streiten sich oft über dieses Thema, aber dabei geht der wichtigste Aspekt der Debatte systematisch verloren. Im Rahmen der Memetik sind nämlich nicht Menschen die Lebewesen, sondern die Gedanken selbst. Es ist für die Memetik vollkommen gleichgültig, ob wir Menschen auch Lebewesen sind und glauben, diese von uns gedachten Gedanken zu denken.

Es muss klar sein, dass wir, wenn es um die Vererbung erworbener Eigenschaften geht, nicht über unsere eigenen erworbenen Eigenschaften reden, sondern über die der Gedanken. Aus dieser Sicht ist es nicht länger sicher, dass erworbene Eigenschaften vererbt werden, wenn Gedanken sich vom Kopf eines Menschen in den eines anderen reproduzieren. In jedem Fall hat das keinen Einfluss auf die Bewertung der Memetik. Kein uns bekanntes Naturgesetz besagt, dass Tatsachen, die sich aus bestimmten fachspezifischen Lösungen in der Biologie ergeben, auch für andere Replikatoren, beispielsweise für Meme, gelten.

Selbst die eifrigsten Kritiker der Memetik bezweifeln nicht, dass sich die Memetik mit wirklich existierenden Phänomenen beschäftigt. Die Memtheorie kann auch dann bedeutungsvoll sein, wenn sich die Wissenschaft in eine andere Richtung entwickelt und wenn sich herausstellt, dass die natürlichen Entitäten, die hinter den von der Memetik untersuchten Eigenschaften stehen, ganz andere sind, und das, was wir für Meme halten, nur ihre Begleiterscheinungen oder emergenten Merkmale.

Die Memetik lehrt uns, mit der Idee zu leben, dass wir die Produkte nicht nur von egoistischen körperlichen, sondern auch von egoistischen psychischen Replikatoren sind. Wir haben in den anderthalb Jahrhunderten seit Darwin den körperlichen Aspekt mehr oder weniger akzeptiert, und auch die andere Seite verursacht wohl kein Trauma mehr. Wenn sich die Memetik in ihrer heutigen Form als Sackgasse erweist, werden wir genau dieselbe Lektion im Rahmen einer anderen, gültigeren Theorie akzeptieren. In diesem Fall wird die Memetik in die Geschichte der Naturwissenschaften als eine widerlegte Theorie eingehen, deren Mängel auf wichtige Phänomene verwies und die fundamentale Veränderungen der Sichtweise der Wirklichkeit vorbereiten half.

Kümmern wir uns also im Moment nicht darum, dass die neurophysiologische Grundlage der Memetik noch völlig im Dunkeln liegt. Die Lage ist ähnlich jener, in der Wissenschaftler vor 1950 von Genen sprachen. Damals war nicht bekannt, ob dieser Begriff, der so viele Phänomene ausgezeichnet erklären konnte, eine real existierende Entsprechung hatte oder nur ein theoretisches Konstrukt war.

Kognitive Dissonanz

Die Geschichte der Experimentalpsychologie lehrt uns, dass es nicht unbedingt nötig ist, die zugrunde liegenden neuralen und physiologischen Mechanismen zu kennen, wenn wir die Motive unseres Denkens und Handelns verstehen wollen. Wir können oft durch sorgfältige Beobachtung des Verhaltens und mit Hilfe wohldurchdachter Experimente wichtige Ursachen und Beziehungen aufdecken. Auch die klassischen Ergebnisse der Experimentalpsychologie können eine große Hilfe sein, wenn es darum geht, etwas über die Funktion der Meme herauszufinden.

Seit der Mitte des 20. Jahrhunderts erkennt die Psychologie allgemein an, dass der Wunsch nach Konsistenz eines der wichtigsten Motive unseres Verhaltens ist. Wir sehen uns nicht gern als unvernünftige, widersprüchliche Wesen, und wir tun alles, um unsere Handlungen, Gedanken und Gefühle in Einklang zu bringen. Aber wir wissen auch, dass wir das oft nicht schaffen.

Um 1950 entwickelte der amerikanische Psychologe Leon Festinger eine Theorie, die diesen Widerspruch auflösen konnte. Er nannte sie die Theorie der kognitiven Dissonanz. Wie bei fast allen umfassenden Theorien sind die Grundlagen sehr einfach, die Folgen jedoch sehr komplex. Von den zahlreichen Experimenten, die die Theorie bestätigen, führen wir nur zwei an, die direkt mit unserem Thema, also Geld, zu tun haben. Zuvor jedoch wollen wir sehen, was der Begriff kognitive Dissonanz bedeutet und was Festingers Theorie dazu sagt.

Kognitive Dissonanz ist ein Zustand der Spannung, der aus der Unvereinbarkeit zweier konflikthafter Erkenntnisinhalte entsteht. Der Term Kognition (der mentale Vorgang von Wissen und Verstehen) wird in der psychologischen Literatur gewöhnlich nicht sehr genau definiert. Er umfasst alle Arten von Gedanken, Einstellungen, Ansichten und Meinungen, auch Meme und anderes.

Die Theorie der kognitiven Dissonanz behauptet, dass Menschen diesen Zustand nicht lange ertragen mögen und alles tun, um die kognitive Dissonanz in sich zu verringern. Dazu wählen sie den Weg des geringsten Widerstands. Sie verändern (oder eliminieren sogar) jene Wahrnehmungen, die zur Dissonanz führen, um so den Konflikt möglichst einfach zu lösen. So einfach ist die Theorie. Ihre Folgerungen sind jedoch sehr komplex, weil der «Weg des geringsten Widerstands» oft unserem gesunden Menschenverstand entschieden widerspricht.

In der jetzt klassischen Untersuchung von Festinger und Carlsmith mussten die Versuchspersonen eine Stunde lang eine stumpfsinnige und uneinsichtige Aufgabe ausführen, etwa einhändig Stöpsel um 90 Grad drehen und den ganzen Vorgang wiederholen. Die Aufgabe war so angelegt, dass alle Versuchspersonen sie todlangweilig finden sollten. Erst als dieses Ziel erreicht war, begann das eigentliche Experiment. Der Assistent des Experimentators der ersten Versuchsperson erzählte, sie habe eine sehr interessante Aufgabe zu erfüllen. Nachdem die Aufgabe erledigt war, bat man sie, etwas zu warten, und nach einer Weile kam der Versuchsleiter selbst. Er gab vor, den unzuverlässigen Assistenten nirgendwo finden zu können, und bat die Versuchsperson, dem nächsten Subjekt die Standardanweisung zu geben und zu sagen, dass die Aufgabe sehr interessant sei. Dafür bot der Experimentator Geld an: manchmal einen Dollar, manchmal zwanzig, zufallsverteilt. Alle Subjekte erfüllten die Aufgabe und akzeptierten natürlich auch gern das Geld. Am Ende des Experiments befragten die Mitarbeiter des Labors die Versuchspersonen nach ihren Eindrücken von der Aufgabe, die sie für das Experiment durchzuführen hatten. Die Ergebnisse waren eindeutig. Wer zwanzig Dollar für die erzwungene Zustimmung erhalten hatte, beschwerte sich heftig darüber, wie langweilig die Aufgabe gewesen sei. Wer nur einen Dollar erhalten hatte, fand die Aufgabe weniger langweilig und gelegentlich sogar recht amüsant.

Dies ist genau das Ergebnis, das die Theorie der kognitiven Dissonanz vorhergesagt hatte. Bei denen, die zwanzig Dollar erhielten, entwickelte sich keine kognitive Dissonanz, weil ihnen klar war, dass die ausreichende Bezahlung ihre Zustimmung erzwungen hatte. Deshalb überzeugten sie sich selbst leicht von der Harmlosigkeit ihrer Schwindelei, zumal sie ja den unauffindbaren Assistenten vertraten. Sie erfüllten einfach gegen gute Bezahlung seine Aufgabe. Diese Erklärung stand jedoch nicht jenen zur Verfügung, die nur einen Dollar bekamen. In ihnen bildete sich kognitive Dissonanz aus: Als ehrliche Menschen mochten sie nicht für einen lächerlichen Dollar lügen. Die kognitive Dissonanz ließ sich für sie offensichtlich beheben, wenn sie sich vormachten, sie hätten nicht wirklich gelogen, sondern mehr oder weniger die Wahrheit gesagt. Diese

Selbstüberredung ist kein bewusster Vorgang – und das macht sie umso effektiver.

Dasselbe Phänomen wurde in einer viel realisticheren Situation untersucht, als die Polizei eine Protestkundgebung von Studenten in Yale brutal unterdrückte, was alle Studenten gegen die Polizei aufbrachte. Danach baten die Experimentatoren die Hörer einer Vorlesung, eine Arbeit zu schreiben, in der sie die Polizei verteidigten. Sie bekamen sogar Geld dafür – einige nur symbolische 50 Cent, andere 20 Dollar, und einige andere Summen. Das Geld wurde wieder nach einem Zufallsprinzip verteilt – was natürlich geheim blieb, und die Studenten erfuhren nicht, wie viel andere erhielten. In der nächsten Vorlesung wurden die Studenten aufgefordert, ihre eigene Meinung über das Verhalten der Polizei aufzuschreiben. Die Ergebnisse waren erstaunlich: Je weniger Geld jemand für die Verteidigung der Polizei erhalten hatte, umso besser kam ihr Verhalten bei ihm weg.

Es gab eine Ausnahme von dieser Regel: Einige Studenten erhielten überhaupt kein Geld. Ihre Beurteilung der Polizei war so negativ wie die derjenigen, die 20 Dollar erhalten hatten. In ihnen bildete sich keine kognitive Dissonanz aus: Für diese Studenten war die Aufgabe einfach eine der verhassten Pflichten, die zur Vorlesung gehörten.

Geld als Mem

Die natürliche Auslese unter Memen wird oft durch eben solche psychologische Vorgänge ausgelöst, wie sie der Erforschung der kognitiven Dissonanz dienen. Für diese Meme können diese psychologischen Mechanismen als Bedingungen der natürlichen Umwelt gesehen werden, und dann überleben jene Meme, die sich am besten an diese Umwelt anpassen können.

Natürlich wird die Selektion unter den Memen nicht nur durch den psychologischen Mechanismus der kognitiven Dissonanz ausgetragen; es sind auch viele andere Mechanismen bekannt. Einige von ihnen werden in Kapitel 9 aufgezeigt. Zur Veranschaulichung der Tatsache, dass Geld unter anderem sicherlich auch ein Mem oder ein Memkomplex ist, genügt schon etwas Wissen über die kognitive Dissonanz.

In den oben beschriebenen Experimenten wirkte Geld wie ein Mem, und eine in uns lebende Kopie des Geld-Mems (oder der Meme) beeinflusste unser Verhalten. Eine Form vom Memkomplex Geld (viel Geld) rechtfertigte das Verhalten und löste die Dissonanz von selbst, eine andere Form (wenig Geld) dagegen nicht. Und wenn kein Geld im Spiel war, entstand überhaupt keine Dissonanz.

Die Ergebnisse der psychologischen Versuche zeigen, dass wir zum Lösen von kognitiven Dissonanzen, falls möglich, gern die Tatsachen verändern. Wenn sie sich der Veränderung widersetzen, kommen psychologische Mechanismen ins Spiel, die nichts mit Memen zu tun haben: Wir ändern unsere Gefühle und Haltungen.

Meines Wissens wurde leider nicht untersucht, ob die Studenten sich später an die Aufgabe erinnerten (an ihre Verteidigung des Verhaltens der Polizei) und daran, wie viel Geld sie bekommen hatten. Aber aufgrund mehrerer anderer Versuche zu kognitiver Dissonanz können wir das Ergebnis vorhersagen. Bei einer Befragung etwa ein Jahr später werden jene Studenten, die viel Geld bekommen haben, sich vermutlich an das Geld erinnern, jene jedoch, die nur wenig bekamen, werden es im Allgemeinen nicht mehr wissen. Bei der gegebenen Versuchsanordnung wurde das Mem des Geld-erhalten-habens nach kurzer Zeit nicht ausgelöscht. Die Meme der negativen Meinung wurden also den Mechanismen geopfert, die die kognitive

Dissonanz beseitigen. Auf lange Sicht jedoch wäre das Mem mit dem beschämend kleinen Geldbetrag ein Opfer geworden.

Jetzt, da wir die Meme kennen, stellt sich unvermeidlich eine Frage zum Thema unseres Buches: Warum sollten wir Geld überhaupt als einen unabhängigen Replikator sehen? Könnte nicht die Wissenschaft von der Memetik, wenn Meme eine Form des Lebens darstellen, früher oder später befriedigende Erklärungen für alle «Lebensfunktionen» des Geldes geben? Genau wegen dieser Frage erörtern wir Meme überhaupt – sie gehört nicht direkt zum Thema dieses Buchs, und die Existenz von Memen ist noch nicht überzeugend nachgewiesen. Theoretisch ist auch möglich, dass Geld sich als ein Replikator erweist, aber dieser Replikator nur eine Spezialform der Meme ist und nicht ein unabhängiger Replikator, dessen Grundlagen sich von denen anderer Replikatoren unterscheiden.

Dem ist entschieden nicht so, aber für eine genauere Exposition brauchen wir mehrere weitere Begriffe und Ideen, die wir erst später erörtern werden. Zunächst wollen wir einen klärenden, wenn auch nicht entscheidenden Gedankengang umreißen.

Geld als Nicht-Mem

Die Theorie der kognitiven Dissonanz gilt sowohl für Meme als auch für viele andere Formen von Bewusstseinsinhalten. Lassen wir die Letzteren jetzt außer Acht, weil man allein aufgrund der Tatsache, dass die Theorie der kognitiven Dissonanz für Meme gilt, zeigen kann, dass Geld imitierbare (und auch oft imitierte) Verhaltensformen schaffen kann, die keine Meme sind. Wir veranschaulichen das an dem Fall, in dem ein Mensch sowohl Eigentümer als auch Angestellter desselben Unternehmens ist.

Könnten nicht beide, seine Verhaltensweisen als Eigentümer

wie als Angestellter, von Memen oder Mem-Mengen bestimmt sein? Die Antwort lautet nein, weil sie in scharfem Widerspruch zueinander stehen, wohl aber können beide Formen in demselben Menschen friedlich vereint sein. Meme könnten das nicht, weil das zu kognitiver Dissonanz führen würde.

Wir reden nicht von dem kleinen Unternehmer, der in seiner eigenen Firma arbeitet und sein Gehalt natürlich von sich selbst erhält. Wir denken vielmehr an eine größere Firma mit mehreren Angestellten und Eigentümern. Wie wir in Kapitel 7 sehen werden, kann es eine natürliche Situation geben, die aus der Logik des Wirtschaftslebens folgt, wenn jemand in derselben Firma Miteigentümer und Angestellter ist. Es mag sich von Zeit zu Zeit ändern, welcher Anteil seines Einkommens von seinem Gehalt als Angestellter stammt und welcher aus seinem Anteil am Profit der Firma. Wenn das Unternehmen erfolgreich ist, kann der Eigneranteil überwiegen, und wenn sie weniger erfolgreich ist, kann das Monatsgehalt des Angestellten mehr sein. Und wenn die Firma schwere Verluste hat, hört vielleicht nicht nur die Partnerschaft auf, sondern auch die Anstellung.

Es liegt im Interesse eines jeden Angestellten, möglichst viel zu verdienen. Es liegt dagegen im Interesse eines jeden Eigentümers, seinen Angestellten ein möglichst geringes Gehalt zu zahlen, solange sie das Gefühl haben, es lohne sich, bei der Firma zu bleiben und gute Arbeit zu verrichten. Außerdem folgt aus der Theorie der kognitiven Dissonanz, dass sich auf diese Weise oft Loyalität und Verbundenheit mit der Firma «erkaufen» lassen – was in den allermeisten Fällen für das gute Funktionieren einer Firma nötig ist.

Die Erfahrung hat gezeigt, dass die Sichtweisen von Eigner und Angestelltem in demselben Menschen lange nebeneinander existieren können, ohne einander zu beeinflussen. Andernfalls hätten Gründung und Wachstum vieler ernst zu nehmender

Firmen außerordentliche Schwierigkeiten zu bewältigen gehabt, denn nach der Theorie der kognitiven Dissonanz können zwei deutlich widersprüchliche Meme nicht lange nebeneinander Bestand haben. Damit stellt sich die Frage: Was ist nicht Mem oder Mem-Menge, die Mentalität des Eigners oder die des Angestellten?

Geld als Gehalt oder Belohnung wirkt durch die kognitiven Mechanismen der Menschen. Deshalb sollte Geld als Mem (oder Mem-Menge) das Angestelltenverhalten prägen, wie es auch sonst den Alltag prägt. Im Verhalten des Eigentümers sollte Geld damit als Nicht-Mem wirken. Aber wir wollen nicht dem vorgreifen, was wir in Teil IV erörtern werden. Vorläufig genügt die Bemerkung, dass Geld gewisse Aspekte haben muss, die keine genetisch bestimmten Gedanken sind und auch nicht auf Memen beruhen. Genauer: Diese «Gedankenwesen» werden nicht von Memen erzeugt.

Aus dem obigen Gedankengang folgt keineswegs, dass Geld in irgendeiner seiner Formen ein neuer Replikator ist. Das wird auch nicht unser Hauptargument für diesen Gedanken sein. Wir kommen bald zu unserer wichtigsten Überlegung: Wir lernen die autokatalytischen Prozesse kennen, die der Replikation des Kapitals und ihrem psychologischen Hintergrund zugrunde liegen. All dies führt aus einer ganz anderen Richtung zu dem Schluss, dass im Lauf der Zeit gewisse Formen von Geld unabhängige Replikatoren geworden sein könnten.

Universaler Darwinismus: Herrenlose Hunde

Die unterschiedlichen Arten evolutionärer Prozesse (biologisch, psychologisch, ökonomisch) wirken auf unterschiedliche Arten von Replikatoren. Trotzdem sind sie nicht unabhängig voneinander, denn sie spielen sich in derselben Welt ab und wirken auf dieselbe natürliche Umwelt. Dies nennt man Koevolution. In der Biologie heißt die unabhängige Evolution direkt nichtkompetitiver Gene ebenfalls Koevolution, aber wir werden dieses Wort nur für die Wechselwirkung zwischen Replikatoren unterschiedlichen Typs verwenden.

Es war ziemlich einfach, die auf der Theorie des egoistischen Gens basierenden mathematischen Modelle so zu verallgemeinern, dass sie auch die Koevolution modellieren. Dazu brauchte man nur viele Arten abstrakter Replikatoren in das Modell einzubauen, also nicht nur einen. So fand man heraus, dass evolutionäre Prozesse, deren Geschwindigkeiten sich um Größenordnungen unterscheiden, gut nebeneinander existieren können. Die Evolution biologischer Geschöpfe, die von Genen erzeugt sind, verläuft langsam, die von «Gedankenwesen», die von Memen erzeugt werden, sind manchmal extrem schnell, aber das verursacht keinerlei Konsistenzprobleme.

Die Frage ist, ob bestimmte evolutionäre Prozesse vor anderen Vorrang haben. Zweifellos war zuerst die biologische Evolution da, die das menschliche Gehirn erschuf, in dem die Evolution der Gedanken, oder vielmehr Meme, beginnen konnte. Außer für Chemotone erschuf die biologische Evolution die Möglichkeit für die Emergenz aller heute bekannten Replikatoren. Aber wird die Evolution eines neuen Replikators, beispielsweise die der Meme, wenn sie eines Tages begänne, von dem beeinflusst, was seine Existenz ermöglicht?

Schon 1978 schrieb der berühmte Biologe E. O. Wilson, einer der Entwickler eines frühen Modells der Koevolution: «Die Gene führen die Kultur an der Leine. Obwohl die Leine sehr lang sein kann, ist es unvermeidlich, dass Werte gemäß ihrer Wirkung auf die menschliche Kultur definiert werden.»[31] Wilson sprach in seinem Modell noch nicht von Memen, vielmehr nannte er jene abstrakten Dinge, mit denen der Prozess der Evolution verknüpft ist, Kulturgene. Seinerzeit meinten die Biologen, die Kulturgene müssten schließlich dem Interesse der biologischen Gene dienen, da die biologischen Gene die Umwelt erschaffen, in denen Kulturgene entstehen können.

Dies folgt jedoch weder aus Darwins drei Bedingungen, noch und erst recht nicht aus den mathematischen Modellen, aber die Symmetrie unter den unterschiedlichen Arten von Replikatoren ist perfekt. Meme sind, genau wie Gene, kurzsichtig. Sie wollen nur in der nächsten Generation möglichst zahlreich vorhanden sein. Wenn die Evolution einmal begonnen hat, ist es anscheinend ganz gleichgültig, was sie ermöglicht hat. Chemotone beispielsweise sind in der heutigen lebenden Welt nicht zu sehen, weil die viel effizienteren biologischen Zellen, die DNA enthalten, sie vollkommen ersetzt haben, wobei die Tatsache außer Acht bleibt, dass die Existenz biologischer Zellen erst durch Chemotone ermöglicht wurde.

Möglicherweise zieht eine der Formen der Evolution zum Zweck ihres eigenen Überlebens trotzdem in Betracht, wie sie die Vorgänger beeinflusst. Wenn beispielsweise die Umweltverschmutzung das Überleben der Menschen als biologische Wesen und damit auch das der Meme ernsthaft gefährdet, können Meme des Umweltschutzes entstehen – wie es auch wirklich passiert ist: Dieses Mem hat tatsächlich zu wesentlichen Programmen im Umweltschutz geführt.

Susan Blackmore schreibt in ihrem Buch *Die Macht der Meme* im Zusammenhang mit Wilsons oben zitierten Gedanken: «Nach der Memtheorie können die Gene sich in einen Hund verwandeln und die Meme sich zum Herrchen aufschwingen – oder vielleicht haben wir das Vergnügen, zwei Hunde zu beobachten, die beide wie verrückt an der Leine zerren, um ihrer eigenen, egoistischen Replikation zu dienen.»[32] Wir wissen jedoch schon, dass es außer diesen beiden Arten der Evolution noch andere gibt. Jeder Replikator setzt seinen eigenen Evolutionsprozess in Bewegung, und diese evolutionären Prozesse sind in Wechselwirkung. Unser Leben wird heute von der Koevolution von Genen, Memen und Geld beeinflusst und vielleicht auch von noch anderen Replikatoren. Dies nennen wir den universalen Darwinismus.

Nach dem universalen Darwinismus folgen die unterschiedlichen Replikatoren alle ihrer eigenen Darwin'schen Evolution und bauen weiterhin ihre eigenen Überlebensmaschinen, wobei sie die natürlichen Umwelten füreinander bestimmten. Die «Leine» besteht aus vielen Einzelleinen, und am Ende einer jeden läuft ein Hund, der seiner eigenen selbstsüchtigen Fortpflanzung dient, und keiner ist Herr des anderen.

5. HOMO INFORMATICUS

*Der Homo sapiens der Steinzeit hatte ein Gehirn
für die Informationsgesellschaft, aber er hatte keine
Ahnung, wohin das führen würde.*

Wir sprechen heute immer öfter von der heraufziehenden Informationsgesellschaft – und meinen damit unterschiedliche Dinge. Bald werden auch wir eine Deutung geben. Veränderungen im Denken der heutigen «Netzgeneration» geben Anlass zu Vermutungen darüber, wie weit sich die Psyche der Bürger der Informationsgesellschaft von der heutigen unterscheiden wird. Wie wir sehen, verfügt die neue Generation über eine raschere Auffassungsgabe, kann die unterschiedlichsten Informationen gleichzeitig verarbeiten, ist toleranter angesichts von Vielfalt und zugleich kritikbereiter. Diese Veränderungen könnten Menschen so sehr beeinflussen, dass sich nach einer Weile sogar eine neue Art herausbilden könnte; nennen wir ihn *Homo informaticus.*

Zwei darwinistische Weltanschauungen

Möglicherweise ist noch nicht deutlich geworden, wie weit sich die Sicht des traditionellen Darwinismus und die des universalen Darwinismus voneinander unterscheiden, denn sie beruhen beide auf rein darwinistischen Grundlagen. Die Vertreter beider Ansätze stimmen darin überein, dass die Steinzeit relativ zu den Zeiträumen der biologischen Evolution noch nicht lange vergangen ist. Das Gehirn des heutigen Menschen unterscheidet sich nicht wesentlich von dem des paläolithischen Menschen.

Dieses Gehirn hatte die Evolution so geformt, dass es den Jägern und Sammlern der Steinzeit möglichst gute Dienste tat. Die natürliche Auslese hat Überlebensmaschinen mit Genen favorisiert, die zu solchen Gehirnen führten, auch wenn dafür ein relativ schlechterer Körperbau in Kauf genommen werden musste. Darin stimmen die beiden Ansichten überein.

Der große Unterschied zwischen den beiden Auffassungen wird offenbar, wenn es um die Aussage geht: «Hier stehen wir mit unseren Steinzeitgehirnen an der Tür der Informationsgesellschaft.» Was wird dabei herauskommen? Die Antworten, die traditioneller und universaler Darwinismus geben, sind grundverschieden.[33]

Anhänger des traditionellen Darwinismus betonen, dass die natürliche Auslese schon in der Steinzeit zu einem ausgezeichnet an die Lebensweise der Jäger und Sammler angepassten Gehirn geführt hatte, das sich seitdem kaum verändert hat. Deswegen schütteln sie angesichts der heutigen revolutionären Entwicklung in Wissenschaft und Technik missbilligend den Kopf. Es liegt an uns, dass die Umwelt, die das Leben der Menschen bestimmt, sich jetzt so unglaublich rasch verändert. Unser Gehirn ist angepasst an die Umwelt vor hunderttausend Jahren und wird jetzt mit zahllosen Bits an Informationen überschüttet, und darauf können wir nur mit schlechten Strategien wie Drogen, Depression, Internet-Abhängigkeit oder auch Aussteigen reagieren. Unser Steinzeithirn kann solch rasche Veränderungen nicht bewältigen. So gesehen sind unsere Aussichten nicht sehr rosig.

Der universelle Darwinismus sieht die Lage ganz anders. Danach hat sich irgendwann in der Steinzeit (oder etwas früher) eine neue Art Gehirn entwickelt, das sich besonders für die Lebensweise der Jäger und Sammler eignete, weil es gewisse Formen der Nachahmung erleichterte. Als ein Nebenprodukt dieses Evolutionsvorgangs entwickelte sich in diesen Gehirnen eine neue Art Replikator, das Mem. Dieser Replikator machte eine eigene Evolution durch, die natürlich mit der weiteren Evolution der Gene Hand in Hand ging. Da die Evolution der Meme in den letzten Jahrtausenden viel rascher verlief als die der Gene, sind die von den Memen bewirkten Veränderungen heute viel spektakulärer. Die Evolution der Meme erschuf die immer besser entwickelten Mittel der Reproduktion der Meme – von Steintafeln bis zum World Wide Web.

So gesehen kehrt sich die Situation, in der wir mit einem Steinzeitgehirn am Rand der Informationsgesellschaft stehen und uns berechtigte Sorgen um die Zukunft machen, geradezu um: Schon in der Steinzeit hatte *Homo sapiens* ein Gehirn, das sich für die Informationsgesellschaft eignete, aber er wusste nichts davon. Wir beginnen gerade erst, die Richtung dieser neuen Form der Evolution zu sehen. Die Evolution der Meme zwang Meme, sich selbst immer effektiver zu reproduzieren und eine Informationsgesellschaft zu erschaffen, deren Bürger ebenso ein Produkt ihrer Meme sind wie ihrer Gene. So gesehen sind die obigen schlechten Strategien lediglich Sackgassen in der Evolution der Meme, und jene Menschen gelangen in den Mittelpunkt der Aufmerksamkeit, die die neuen technischen Entwicklungen effektiv nutzen können und die sich in dieser vitalen, informationsreichen Umwelt wohlfühlen. Sie sind auf dem Weg der Evolution zum *Homo informaticus* wohl schon einen Schritt weiter.

Wir nehmen Martin Gardners vernichtende Kritik an der Wissenschaft der Memetik zur Kenntnis und ernst und folgen zugleich Voltaires Rat und bestellen unseren Garten unabhängig davon, indem wir es bis zum Schluss dieses Kapitels möglichst vermeiden, uns auf Meme zu berufen. Wenn die Memetik einen Platz als Zweig der Wissenschaft verdient, interpretieren wir das Folgende problemlos beispielsweise als Gen-Mem-Evolution.

Informationsgesellschaft

Tatsächlich bildet sich die Informationsgesellschaft seit Jahrhunderten, sogar Jahrtausenden heraus. Der erste Schritt war wohl die Erfindung der Schrift. Beginnen wir dort, obwohl Memetiker vermutlich bis auf die Entwicklung der Nachahmung oder sogar auf die Entwicklung des Sprechens und der menschlichen Sprache zurückgehen würden. Aber Worte sind flüchtig, und auch das Gedächtnis ist nicht sehr zuverlässig.

Zahllose psychologische Experimente haben gezeigt, dass das menschliche Gedächtnis seiner Natur nach schon beim *Homo sapiens* rekonstruktiv arbeitet, und das ist beim *Homo informaticus* vermutlich nicht anders. Dieses Phänomen haben das Challenger-Unglück 1986 und der Anschlag vom 11. September 2001 besonders spektakulär unter Beweis gestellt. In wissenschaftlichen Untersuchungen haben Forscher Menschen nach ihren Erinnerungen an die Katastrophen befragt, und zwar das erste Mal nur wenige Tage später und ein zweites Mal nach längerer Zeit. Wie sich herausstellte, hatten alle Befragten auch Jahre später noch lebhafte Erinnerungen an das Ereignis, aber obwohl die Fragen gleich blieben, ergab sich oft ein ganz anderes Bild als beim ersten Mal. Erinnern ist eine Rekonstruktion des Geschehenen durch das Gedächtnis. Wie wir nicht zweimal in denselben Fluss steigen können, so können wir nicht zweimal denselben Gedanken denken.[34]

Solange die Tatsachen der Vergangenheit nur im menschlichen Gedächtnis existierten, änderten sich auch die Tatsachen selbst im Lauf der Zeit. Die wichtigste Leistung der Schrift bestand darin, dass sie den Tatsachen eine Stabilität verlieh, die sie so nie gehabt hatten. Zwei schriftliche Berichte desselben Ereignisses mögen sich unterscheiden, aber keiner der beiden Berichte kann sich später ändern.

Der nächste große Schritt in der Entwicklung zur Informationsgesellschaft war die Erfindung des Buchdrucks. Der Buchdruck ermöglichte der Masse der Menschen den Zugang zu schriftlichen Berichten, und so wurde die Stabilität der Fakten Allgemeingut. Das Schreiben bahnte einer technischen Entwicklung einen Weg, der zuvor nutzlos gewesen wäre. Die Verfahren der schriftlichen Dokumentation wurden im Lauf der Jahrtausende immer raffinierter, sowohl in Bezug auf die Werkzeuge als auch das Schreibmaterial, von Steintafeln über Papyrus bis zu den auf Computerdisketten gespeicherten Codes. Diese technische Entwicklung verläuft in unseren Tagen besonders rasant. Aber nicht nur sie hat sich beschleunigt. Auch die Verbreitung der Lesefähigkeit ist ein ziemlich neues Phänomen. Selbst in den hochentwickelten Ländern stieg die Anzahl der Menschen, die lesen und schreiben können, erst im 20. Jahrhundert über 50 Prozent; sie hat jetzt ihre Obergrenze erreicht, denn es gibt praktisch keinen Analphabetismus mehr.

Die neueste Entwicklung im Lesen und Schreiben führte zu in Bits codierter Information. Die mögliche technische Weiterentwicklung lässt sich ziemlich genau vorhersagen: Zunächst wird sie sich noch einige Zeit beschleunigen, und die Rolle der Information für unser Leben wird immer bedeutender. Wohlfundierte Vorhersagen behaupten, die Informationsindustrie werde in zehn Jahren 25–30 Prozent des Weltsozialprodukts ausmachen, und diese Zahl wird in zwanzig bis dreißig Jahren auf über 50 Prozent steigen. Dabei dienen die Erzeugnisse dieser Industrie weder als Nahrung noch als Kleidung oder Wohnung.

Der letzte Satz stimmt nicht ganz: Heute ist die Produktion dinglicher Güter mit den Produkten der Informationsindustrie verwoben. Nicht nur wird die Produktion selbst von Computern kontrolliert, sondern auch Operationen oder Urlaubsreisen sind ohne Computerhintergrund kaum denkbar. So trägt die Informationsindustrie zweifellos indirekt zu unserem alltäglichen Überleben bei, sonst könnte ihr Anteil am Sozialprodukt nicht so groß sein. Aber die Entwicklung der Informationsgesellschaft erzeugt auch psychologische Veränderungen, und deshalb «erleben» und «verzehren» wir die Produkte der Informationsindustrie fast buchstäblich. Anders gesagt, wir können sie weder biologisch noch psychologisch entbehren

Jetzt können wir mehr oder weniger genau sagen, was wir mit Informationsgesellschaft meinen (dem Term, den die Medien gewöhnlich ohne jede besondere Bedeutungsklärung verwenden). Wir meinen damit eine Welt, in der der Produktionswert der Informationsindustrie vergleichbar ist mit dem gesamten Produktionswert aller anderen Industrien oder sie sogar übertrifft. Noch ist die Informationsgesellschaft nicht so weit, aber es sieht so aus, als ob sie es in ein oder zwei Generationen sein wird. Wir sind jedoch nicht vorrangig an der Informationsgesellschaft interessiert, sondern an ihrem zukünftigen Bürger, dem *Homo informaticus*.

Menschliches Denken im Übergang

Nicht nur die technische, auch die menschliche Informationsverarbeitung beschleunigte sich gegen Ende des zweiten Jahrtausends. Das beweisen mit wissenschaftlicher Exaktheit Daten, die durch die Wiederholung klassischer psychologischer Versuche gewonnen wurden.

Vor etwa hundert Jahren begannen Psychologen, zwischen Empfindung und Wahrnehmung zu unterscheiden. Die Empfindung hat sich im Lauf der Zeit nicht verbessert, was auch nicht zu erwarten ist, denn die menschlichen Sinne leisten fast so viel, wie das vorstellbare physikalische Maximum zulässt. Unsere Augen können einen Blitz von nur 100 Photonen spüren, wenn nur sieben dieser Photonen die lichtempfindlichen Moleküle unserer Augen erreichen.

Die Information der Welt erreicht unsere Sinne in kleinen Bruchteilen, aber wir nehmen die Welt nicht in Fragmenten wahr; wir sehen keine Bruchstücke, sondern eine Welt mit Dingen und Menschen, eine sinnvolle Gesamtheit. Wahrnehmung bezieht sich auf das Aufspüren dieser sinnvollen Einheiten, wobei das Unwichtige oder Sinnlose ausgefiltert wird, bevor es bewusst wird. Alle Photonen sind gleich, unabhängig davon, woran sie sich spiegeln, aber in der Wahrnehmung spielen nur jene Photonen eine Rolle, die in uns eine sinnvolle Gesamtheit erzeugen.[35]

Heute kann ein Videoclip in einer Sekunde drei bis fünf Szenen enthalten. Die ältere Generation sieht das als sinnloses Chaos, aber die mit solchen Clips aufgewachsene Jugend erfasst auf diese Weise selbst recht komplexe Inhalte. Die Wahrnehmung der jüngeren Generation hat sich beschleunigt. Einige Forscher haben systematisch einige der «Gestaltexperimente» von vor 70 bis 80 Jahren wiederholt, beispielsweise gemessen, wie lange wir brauchen, bis wir eine in eine Punktmenge eingebettete Gestalt erkennen. Die Zeitdauer dafür hat abgenommen. Andere Untersuchungen zeigen, dass sich das Sprechtempo im Lauf der letzten hundert Jahre wesentlich beschleunigt hat.

Die ältere Generation entgegnet im Allgemeinen, dass die an Videoclips trainierte Wahrnehmung sehr oberflächlich ist und die für Menschen wichtigen tiefen Momente der Aufmerksamkeit den Jüngeren entgehen. Vielleicht wird der Weg zum Erwerb der heutigen Kapazität für raschere Wahrnehmung durch Oberflächlichkeit erreicht. Angehörige der beschleunigten Generation mögen die Schwelle für interessante Information zu hoch ansetzen und dabei Einzelheiten verpassen, die zu tieferen Schlüssen führen könnten – etwa einen Blick, der länger ist als nötig, oder eine betont langsame Geste. Aber wenn die Fähigkeit für raschere Informationsverarbeitung einmal entwickelt ist, bleibt immer noch die Frage, wozu sie genutzt wird. Es gibt noch keinerlei Anzeichen dafür, dass sie unbedingt zu oberflächlicherem Denken führt. Tatsächlich ist es wahrscheinlicher, dass – vielleicht ist es ein Nebeneffekt – mehr wahrgenommene (also interessante und sinnvolle) Information zu mehr oder gründlicherem Nachdenken führt. Wie wir alle wissen, sehen vier Augen mehr als zwei. Aber auch wenn nur zwei Augen mehr sehen, könnte dies zu tieferem Wissen führen.

Die Evolution des *Homo informaticus*

In seinem Buch *Growing up digital. The Rise of the Net Generation* stellt Don Tapscott, ein Fachmann für das Internet, auf der Grundlage vieler Forschungsergebnisse die Merkmale der Generation zusammen – er nennt sie «Netzgeneration» –, die mit dem Internet aufwuchs. Er beschreibt diese Generation als außerordentlich offen für Vielfalt und hervorragend tolerant in ziemlich viel Bereichen des Lebens.[36] Was der *New Yorker* in einem berühmten Cartoon ausdrückt: «Im Internet weiß niemand, dass du ein Hund bist»[37] ist die Grunderfahrung der Netzgeneration, und daraus hat sich in ihr ein tiefes Vorurteil gegen Vorurteile ausgebildet. Toleranz gegenüber Ungewissheit und Neugier zeichnen sie mehr aus als frühere Generationen, vielleicht, weil sie effizientere Mittel haben, die Welt zu erkunden, zu entdecken und zu erforschen.

Tapscott betont, dass das Netz als öffentliches Medium fast die Antithese des Fernsehens ist. Sein Wesen besteht in Interaktivität und aktiver Suche. Man findet in ihm Information über alles, und das sogar aus unterschiedlichen, oft entgegengesetzten Perspektiven. Hier macht die Netzgeneration von früher Kindheit an allumfassende Erfahrungen. Sie fördern Selbstvertrauen und Selbstwertgefühl und auch eine kritische Einstellung. Alle Generationen sind kritisch gegenüber den Eltern, aber die Netzgeneration ist die erste, die ihre Informationsquelle unabhängig von ihren Eltern und Lehrern finden kann, wenn sie das will. Und meistens will sie das.

Damit bildet sich ein neuer Stil der Kommunikation und einen andere Form von Traditionen heraus. Diese Jugend kommuniziert fließend im Netz, und die unablässig veränderten Programme bilden ihre natürliche Umwelt. Wenn eines der Internet-Foren schließt, ist jeder am nächsten Tag auf einem anderen. Jede interessante Neuigkeit verbreitet sich augenblicklich. Jede kluge neue Lösung wird gefeiert, auch wenn sie einen einen Moment lang verwirrt, weil sie anders verwendet wird als die frühere. Obwohl sie anders ist, bewahrt sie doch einige Tradition.

Die Informationsgesellschaft erzeugt auch neue Arten von Begegnungen und Codes. Über deren Beschaffenheit und Wirkungsweise können wir heute nur vage Vermutungen anstellen. Die Extrapolation der heutigen technischen Möglichkeiten und die Betrachtung der seltsamen, ziemlich exzentrischen Verhaltensweisen der schon existierenden Internetgemeinschaften kann bei diesem Raten helfen. Es lohnt sich, die derzeitige Entwicklung sorgfältig aufzuzeichnen, könnte sie doch Evolutionsforschern in einigen tausend Jahren Aufschluss über das «fehlende Glied» zwischen *Homo sapiens* und *Homo informaticus* geben.

Das Habitat des *Homo informaticus*

Der *Homo informaticus* wird sich genetisch nicht sehr vom *Homo sapiens* unterscheiden, deshalb können wir nicht von einer neuen Art, sondern nur einem neuen Typ sprechen. (Biologen ordnen Lebewesen dann einer anderen Art zu, wenn ihre Mitglieder keine gemeinsamen Nachkommen zeugen können. Menschen bilden heute eine einzige Art.) Möglicherweise aber vermischen sich die Individuen des neuen Typs nicht mit anderen Mitgliedern der Spezies *Homo sapiens*, und deshalb können sich im Lauf der Zeit wesentliche genetische Unterschiede zwischen den Typen herausbilden. Die andere Möglichkeit ist, dass jeder Mensch ein *Homo informaticus* wird, genau wie in den höher entwickelten Gesellschaften jeder Mensch lesen kann. Auch in dem Fall gibt es nur eine menschliche Spezies, wenn auch eine andere als den *Homo sapiens*. Aber das kann sich nur in Zeiträumen von Jahrhunderten oder Jahrtausenden abspielen.

Was immer auch geschieht, vermutlich wird das Internet ein zweites Habitat des *Homo informaticus*. Ein gemeinsames Habitat, ähnlich wie der Bienenstock für die Bienen. Bis dahin muss das Netz noch einige radikale Entwicklungsstufen durchmachen. Eugene Kaspersky, der Gründer der berühmten russischen Antivirensoftware-Firma, sagte: «Das Internet in seiner heutigen Form kann nur operieren, weil die Virenprogramme von Stümpern geschrieben werden.» Auch die Erfahrungen mit TIERRA zeigen, wie ratsam es ist, darauf vorbereitet zu sein, dass das Internet nicht nur für den *Homo informaticus*, sondern auch für andere Arten von Replikatoren ein Habitat wird. Vielleicht ist es heute noch möglich, die Koevolution mit diesen neuen Replikatoren zu vermeiden. Es wäre ganz sicher besser, wenn wir diese Form der Evolution strikt auf das Innere des Labors beschränkten, wie es Thomas Ray mit TIERRA tat.

Jedermann wird im gemeinsamen Habitat des *Homo informaticus* ein eigenes kleines Informationsheim haben. E-Mail-Adressen und Homepages sind die Vorläufer dieser Heime. Meine Heimatseite ist meine Burg. Das legt den Grund für den Informationsbedarf des *Homo informaticus*. Es mag auch für den Erhalt der biologischen Existenz nötig sein, dieses psychologische Bedürfnis zu befriedigen, wie auch *Homo sapiens* schweren Schaden erleiden kann, wenn ihm die normale Reizstimulation vorenthalten wird. Wenn *Homo informaticus* nicht genügend Information erhält, bleibt sein hochentwickeltes Bedürfnis nach Wahrnehmung unbefriedigt, und im Extremfall stirbt er sogar an «Informationshunger». Der *Homo informaticus* «verzehrt» die Produkte der Informationsindustrie und «lebt» in ihnen.

Für uns ist noch wichtiger, dass *Homo informaticus* sein Geld zumeist im Internet verdient und auch dort ausgibt. Nicht nur die Koevolution der Gene und Meme wird einen Anteil an der Evolution des *Homo informaticus* haben, sondern auch die mit dem Geld (als Replikator). Wir untersuchen die Folgerungen aus dieser dreifachen Koevolution im letzten Kapitel des Buchs.

TEIL II

ÖKONOMIE UND PSYCHOLOGIE

6. DIE ENTSTEHUNG ÖKONOMISCHER WERTE

*Wie in einer Autofabrik schafft Tausch in der
Wirtschaft neue Werte:
Immer geht es darum, vorhandenes Material in
nützlichere Form zu bringen.*

Jeder Replikator lebt in einer ihm vorgegebenen natürlichen
Umwelt und nutzt externe Mechanismen, auf die er keinen Einfluss hat. Wir erwähnten beim Chemoton den externen Mechanismus der Membranbildung. In einem sonst rein chemischen
selbstreproduzierenden Prozess ermöglichte dieser physikalische Mechanismus die Bildung einzelner «Standardpakete»,
und dadurch konnte die Überlebensmaschine eines Replikators
entstehen.

Dieser Replikator, den wir Schablonenmolekül nannten,
überlässt die Entwicklung der Chemotone externen Mechanismen; er enthält keinerlei Information über sie. Der Replikator,
den wir Gen nennen, legt lediglich die Anordnung der Proteine
fest, die Wirkung der Proteine jedoch hängt vor allem von der
räumlichen Anordnung der sie bildenden Aminosäuren ab, und
die wird nicht von Genen bestimmt, sondern von externen, genunabhängigen physikalisch-chemischen Mechanismen. Unser
Wissen davon, welche externen Mechanismen Meme benutzen,
ist nur vage. Ein solcher Mechanismus vermindert die kognitive Dissonanz; er ist unabhängig von den Memen und aus ihrer
Sicht ein externer psychologischer Mechanismus.

Wir haben noch nicht bewiesen, dass Geld ein Replikator ist
– und das tun wir auch erst später. In Teil II beschäftigen wir
uns mit einigen ökonomischen und psychologischen Mecha-

nismen, die sich als jene externen Mechanismen herausstellen werden, die der Replikator Geld für den Bau und Betrieb seiner Überlebensmaschinen (größere oder kleinere Unternehmen) benötigt.

Tausch erzeugt Wert [39]

Stellen wir uns vor, Herr Bookisch habe ein Trainingsrad geschenkt bekommen. Er benutzte es ein- oder zweimal, aber dann machten ihm seltsame Ablagerungen in seinen Beinen zu schaffen, und seitdem steht das Gerät in einer Ecke seiner Wohnung herum. Bei Herrn Fitness wiederum verstaubt ein schönes Schachspiel; zwar hatte er sich mit den hübschen Figuren am Gewichtheben versucht, aber sie waren ihm zu leicht.

Als die Herren Bookisch und Fitness einmal ins Gespräch kommen, beschließen sie, die beiden Dinge zu tauschen. Beide reiben sich zufrieden die Hände, weil ihnen der Handel ausgezeichnet gefällt. Beide fühlen sich bereichert. Hier nun stellt sich die Frage, ob die Menge der Güter in der Gesellschaft zugenommen hat oder nicht, ob also der Tausch einen neuen Wert geschaffen hat. Die erste Reaktion ist bei den meisten Menschen ein entschiedenes Nein, denn da wir vor und nach dem Tausch nur ein Fahrrad und ein Schachspiel haben, wurde nichts Neues geschaffen. In unserem Fall beruht das Wohlbefinden der beiden Parteien lediglich auf einem vagen psychologischen Effekt, der für das Wirtschaftsleben keine Rolle spielt. Das stimmt jedoch nur zum Teil. Aus wirtschaftlicher Sicht ist es unwichtig, dass Herr Bookisch mit seinem schönen Schachspiel glücklicher ist als mit dem Trainingsrad und Herr Fitness, genau andersherum, sich über das Rad freut. Und doch sind sie beide durch den Tausch buchstäblich reicher geworden: Beide haben mehr gewonnen als gezahlt.

Im Wirtschaftsleben geht es im Allgemeinen nicht um neue materielle Güter, sondern um Gewinne (oder Nutzen) und Kosten. Und ähnlich wie die Naturwissenschaft sieht die Wirtschaftswissenschaft ein Thema allgemeiner und abstrakter als das Alltagsleben. Die Wirtschaft sieht all das als Nutzen, was mindestens ein Mensch für sich selbst nützlich findet und für dessen Erwerb er bereit ist, ein anderes nützliches Ding aufzugeben. In diesem Sinn ist der Erwerb eines Autos oder einer Flasche Bier genauso ein Nutzen wie Gesundheit, ein Kinobesuch oder eine Stunde sonnenbaden. Der Begriff Kosten umfasst all jene Nutzen, die wir opfern, um einen Gewinn zu erzielen – und wieder meinen wir nicht allein materiellen Gewinn.

Außerdem geht es im Wirtschaftsleben nicht um neue Sachgüter, denn es kann schwierig sein, zu definieren, was mit «neuen Sachen» gemeint ist. In einer Schuhfabrik entsteht kein einziges Atom. Die Aktivität der Firma, die wir als Produktion bezeichnen, bringt vielmehr vorhandene Atome in eine neue, nützlichere Form; durch Verwendung von Tierfellen, Tannin und vielen anderen Mitteln stellt sie Schuhe her. Fast alle Produktion erzeugt Nutzen, indem sie existierende Materialien in nützlicherer Form anordnet.

Genau das geschah bei dem Tauschhandel der Herren Bookisch und Fitness. Er führte zu einer nützlicheren Anordnung von vorher existierenden Materialien, und er vermehrte auch den Wert für die Gesellschaft, deren Gesamtreichtum. Bei dem Handel entstand kein neues Produkt, weder Fahrrad noch Schachspiel, das Neue war die Tatsache, dass nach dem Tausch beide Objekte einen Platz hatten, an dem ihr Nutzen größer war als zuvor. Dieses neue Produkt hat wirklichen Wert oder Nutzen, deshalb vermehrte der Tausch den Wohlstand der Gesellschaft.

Es ist ein verbreiteter Irrtum, dass ein Tauschhandel dann korrekt ist, wenn gleichwertige Güter ausgetauscht werden.

Handel ist nie der Austausch von Gleichwertigem, denn dann wäre er sinnlos. Handel ist nur dann sinnvoll, wenn beide Parteien für etwas, das für sie weniger Wert hat, etwas für sie Wertvolleres erhalten. Als Bäcker gebe ich meinem Nachbarn Schuhmacher gern Brot im Tausch für Schuhe. Brot ist für mich keineswegs wertlos; es hat für mich einen Wert, weil ich für seine Herstellung etwas opfern muss. Selbst wenn ich Mehl und die anderen Zutaten auf der Straße finde, opfere ich doch eine Stunde Fernsehen oder Sonnenbaden, um das Brot zu backen.

Das Trainingsrad oder das Schachspiel waren für ihre Erstbesitzer ebenfalls nicht vollkommen nutzlos, sonst hätten sie sich schon lange von diesen Staubfängern getrennt – irgendwer hätte sie sicher gern für wenig Geld entsorgt. Aber beide fanden erst jetzt eine Gelegenheit, diese Dinge gegen etwas für sie Wertvolleres zu tauschen.

Herr Bookisch hätte das Rad nämlich nicht an einen Händler verkauft, auch nicht um einen Preis, der zum Erwerb des gleichen Schachspiels ausgereicht hätte, das er von Herrn Fitness bekam; es war das Geschenk einer Tante gewesen, die ihn zwar falsch einschätzte, ihm aber trotzdem lieb war. Ähnlich war die Lage bei Herrn Fitness mit seinem Schachspiel. Damit der Handel zustande kommen konnte, mussten die Tauschpartner all dies erörtern, und dabei eröffnete sich die psychologische Möglichkeit für den Tausch: Der Tausch betraf nicht nur zwei Gegenstände, sondern auch die beiden mit den Geschenken verknüpften Geschichten. Nach dem Gespräch konnten beide die kognitive Dissonanz beheben, dass sie ein liebes Geschenk loswerden wollten. Wir ahnen schon, wie gut es möglich ist, dass Herr Bookisch seinen Enkeln Jahre später die Geschichte von dem schönen Schachspiel erzählt als: «Wisst ihr, dies ist das, was ich von Tante Maria bekam ...»

Das informelle Gespräch zwischen Herrn Bookisch und

Herrn Fitness schuf realen ökonomischen Wert. Ähnlich haben die Veränderungen einen wirtschaftlichen Wert, die Lehrer im Kopf von Schülern bewirken oder Ärzte im Körper von Patienten, und auch die psychologischen Veränderungen, die eine wirtschaftliche Möglichkeit realisierbar machen, sind wirtschaftlich wertvoll. Die Unterhaltung zwischen Herrn Bookisch und Herrn Fitness hat den Wohlstand der Gesellschaft vermehrt, sogar unabhängig davon, ob der Tausch zustande kommt, denn die psychologische Veränderung fand statt. Wenn wir erst einmal lernen, auf solche Dinge zu achten, finden wir in der Wirtschaft leicht viele Beispiele für die wertschaffende Rolle informeller menschlicher Beziehungen und für viele andere psychologische Mechanismen.

Das Prinzip der komparativen Vorteile

Stellen wir uns eine abstrakte, aber lehrreiche Minigesellschaft vor, die nur drei Produzenten hat, A, B und C, die nur zwei Produkte erzeugen, nämlich Nahrung (deren Einheit ist 1 N) und Kleidung (die Einheit ist 1 K). In dieser Minigesellschaft lässt sich jede Nahrungseinheit durch jede andere ersetzen, und mit der Kleidung ist es ebenso. Allerdings sind die Kapazitäten der drei Produzenten unterschiedlich:

Produzent	Nahrung, die der Produzent pro Tag erzeugt	Kleidung, die der Produzent pro Tag erzeugt	Beispiele für mögliche tägliche Produktion
A	4N	8K	4N, 8K, 1N + 6K etc.
B	3N	3K	3N, 3K, 1N + 2K etc.
C	2N	1K	2N, 1K, 1N + 0,5K etc.

Das dritte Beispiel der letzten Spalte wurde so berechnet: A verbringt ein Viertel seiner Zeit mit der Herstellung einer Nahrungseinheit und drei Viertel mit der Herstellung einer Kleidungseinheit, B verbringt ein Drittel seiner Zeit mit der Herstellung einer Nahrungseinheit und zwei Drittel mit der Herstellung einer Kleidungseinheit, und C verwendet so viel Zeit auf die Herstellung einer Kleidungseinheit wie auf die von zwei Nahrungseinheiten. Der Einfachheit halber setzen wir die Kosten für den Übergang von einer Aufgabe auf die andere (beispielsweise den Zeitverbrauch) gleich null. Jeder kann sich aussuchen, was er herstellt, aber die Gesamtproduktivität liegt fest.

Jetzt stellt sich uns eine Frage: Stellen wir uns vor, die Produzenten seien nicht frei, weil es in dieser Gesellschaft einen Diktator D gibt, der nichts herstellt, sondern nur diktiert. D bestimmt, dass die ganze Gesellschaft jeden Tag die Nahrungsmenge 1N bekommt, damit alle satt werden, aber die Kleidungsmenge kann beliebig sein, wobei die Leute umso glücklicher sind, je mehr sie anzuziehen haben. D möchte sein Volk so glücklich wie möglich sehen. Wem sollte er die Herstellung der einen Nahrungseinheit befehlen?

Der gesunde Menschenverstand legt nahe, A den Auftrag zu erteilen, denn A kann die nötige Nahrung rasch (in einem viertel Tag) erzeugen und sich danach ganz auf die Kleidungsherstellung konzentrieren. Jeder andere braucht mehr Zeit zur Erzeugung von 1N, weil ja A besonders effizient scheint. Aber rechnen wir einmal nach.

Wenn A 1N erzeugt, kann er in den restlichen drei Vierteln seiner Zeit noch $^3/_4$ 8K = 6K erzeugen, während B und C nur Kleidung herstellen, nämlich 3K + 1K.

Wenn B 1N erzeugt, kann er außerdem noch 2K herstellen und zusammen mit den 8K + 1K von A und C erzeugten Kleidung beläuft sich die Gesamtproduktion an Kleidung auf 11K.

Wenn C 1N erzeugt, kann er außerdem noch $^1/_2$ N herstellen, was zusammen mit den von A und B erzeugten Kleidungseinheiten 11,5K ergibt.

Deshalb entscheidet D weise, wenn er C befiehlt, die nötige Nahrung herzustellen, obwohl C dazu den ganzen Tag braucht. Wenn Sie intuitiv genau diese Antwort gegeben haben, dann haben Sie entweder ein sehr gutes Gefühl für Mathematik, oder Sie sind schon hinreichend vom wirtschaftlichen Denken geimpft.

Beim wirtschaftlichen Denken geht es nicht um die Frage, wer was und wie rasch produziert, sondern darum, welche Opfer der Prozess erfordert, wie hoch die Produktionskosten sind. Produzent A opfert die Produktion von zwei Kleidungseinheiten für die Produktion von einer Nahrungseinheit, B dagegen opfert eine Kleidungseinheit für nur eine Nahrungseinheit und C sogar nur für eine halbe. So wird unmittelbar klar, dass C die Nahrungseinheit am billigsten (also mit dem geringsten Opfer) herstellen kann. Wenn wir uns einmal in die Gedankenwelt des Wirtschaftslebens versetzt haben, ist dies nicht das Ergebnis obskurer Rechnungen, sondern eine Selbstverständlichkeit.

Der schwerfällige kleine C, der am langsamsten produziert, wird plötzlich der effizienteste Nahrungsmittelhersteller. Dazu hat ihn nicht etwa D bestimmt, sondern er war es immer – nicht im absoluten Sinn, sondern in dem Sinn, dass er der Nahrungserzeugung am wenigsten opfern muss. Dieses Beispiel illustriert das *Prinzip des komparativen Vorteils. Wenn es darum geht, zu bestimmen, was von wem erzeugt werden sollte, zählt nicht der absolute Vorteil, sondern die relative Effizienz.*

Der internationale Handel wird vom Prinzip des komparativen Kostenvorteils bestimmt. Deutschland könnte nach einer Investition in ein riesiges Treibhausprojekt Kaffeebohnen billiger erzeugen als Brasilien, aber das ist kein Industriezweig, der hohe Präzision erfordert oder in dem Deutschland sonst einen komparativen Vorteil hätte. Selbst falls Deutschland genug Geld dafür hätte, würde es in andere Unternehmen investieren.

In unserem Beispiel hatte A bei der Herstellung aller Produkte einen absoluten Vorteil, war aber gegenüber B und C bei der Nahrungserzeugung im Nachteil, denn A muss für die Nahrungserzeugung einen größeren Teil der Kleidungserzeugung opfern als B und C. Gleichzeitig hat A bei der Kleidungsherstellung nicht nur einen absoluten, sondern auch einen komparativen Vorteil. Auch das muss nicht immer so sein: Es kann sogar passieren, dass viele Menschen vor den Weltbesten einen komparativen Vorteil haben.

Denken wir uns einen Rechtsanwalt, dessen Steckenpferd das Schreibmaschineschreiben ist und der es darin sogar zum Weltmeister gebracht hat. Sollte er seine Schriftsätze dann selber schreiben? Die Antwort ist: Nicht unbedingt, es kommt darauf an, wie gut er als Rechtsanwalt ist. Wenn es nur 99 bessere Rechtsanwälte gibt als ihn, dann verliert er sicher, wenn er seine Schriftsätze selber schreibt. Unabhängig davon, wie gern er schreibt, wird sein Chef ihm sagen, er solle das Schreiben daheim als Hobby betreiben und nicht im Büro, wo er das Gehalt eines erstklassigen Rechtsanwalts erhält.

Es überrascht nicht, dass dieser Rechtsanwalt sein Geld lieber als Rechtanwalt verdient denn als Sekretär. Unter Rechtsanwälten hat er einen komparativen Vorteil, auch wenn er dort erst an hundertster Stelle ist, während er als Schreibkraft wahrhaft erstklassig wäre. Er wird zudem die Konkurrenz durch andere Rechtsanwälte weniger bedrängend finden als die der Sekretärinnen. Wenn ihm drei Rechtsanwälte Platz 100 streitig machen, bleibt er doch Nummer 103, und das macht für sein Leben keinen Unterschied. Natürlich bedeutet das nicht, dass er sich als Rechtsanwalt zurücklehnen kann. Wenn er nicht leistet, was von ihm als Rechtsanwalt an 100. Stelle erwartet wird, erhält er früher oder später nur noch das Gehalt eines Rechtsanwalts an 1000. Stelle, und dann stört es seinen Chef nicht, wenn er seine Dokumente mit Blitzgeschwindigkeit selber schreibt. Und wenn er als Rechtsanwalt noch weiter absackt, kann er für den Lohn einer erstklassigen Schreibkraft anderen die Schriftsätze tippen. Dann hat er wieder einen komparativen Vorteil.

Wir brauchen nicht irgendwo besonders gut zu sein. Nur *ein* Mensch kann der Beste sein, und wir sind viele. Außerdem ist es möglich, dass auch der Beste nicht das tut, in dem er der Beste ist, weil er gegenüber anderen bei etwas anderem einen komparativen Vorteil hat. Das ist in einer Gesellschaft, in der mehr als zwei Tätigkeiten möglich sind, nicht einfach. Es ist es trotzdem wert, weil wir auf diese Weise nicht nur zu unserem eigenen Wohl, sondern auch zu dem der Gesellschaft beitragen können.

Das Prinzip des komparativen Vorteils ist nicht zuletzt auch ein psychologisches Prinzip. In einer psychologischen Fassung lautet es: Menschen berücksichtigen bei ihren Entscheidungen eher die vergleichsweisen als die absoluten Vorteile, auch wenn ihnen das gewöhnlich nicht bewusst ist. Als der große ungarische Schauspieler Miklós Gábor starb, schrieb Tamás Révbíró zu seinem Gedächtnis: «Mädchen, in die wir verliebt waren, waren in ihn verliebt. Sie waren Realisten, deshalb wurden sie schließlich unsere Ehefrauen, aber er besetzte in ihren Herzen den ersten Platz. Und das war in Ordnung. Wir waren mit dem zweiten Platz zufrieden, weil wir das alles wussten, also wussten, dass wir nicht nur unmöglich mit ihm rivalisieren konnten, sondern dass das auch nicht nötig war.» Seien wir weniger erhaben: Wir alle hatten vor Miklós Gábor einen komparativen Vorteil, und das, ohne besonders darum zu kämpfen.[40]

Es gibt nicht viele Miklós Gábors. Auch wir sind selten, wenn auch nicht so selten wie Miklós Gábor, aber wegen unseres komparativen Vorteils (etwas da, etwas hier) sind wir in manchen Dingen sogar relativ noch seltener. Wenn wir daraus das Beste machen können, brauchen Mädchen keinen schmerzlichen Realismus zu üben, unsere komparativen Vorteile werden auch so für uns entscheiden. Das Prinzip der komparativen Vorteile bewährt sich oft als ausgezeichnetes psychologisches Erklärungsmodell. Die Macht der Gedankenwelt der Wirtschaft zeigt sich in der Tatsache, dass dieses weitreichende Prinzip indessen nicht von Psychologen entdeckt wurde, sondern 1817 von dem britischen Volkswirt und Börsenmakler David Ricardo.[41]

Das Problem der Börsenkurse

Die Beförderung von C zum effizientesten Nahrungshersteller wurde nicht von einer Diktatur befohlen, sondern von den Gesetzen des Wirtschaftslebens bestimmt. Man stelle sich jetzt eine ganz andere Gesellschaft vor, eine Art von Kommunismus, die keinen Diktator braucht, in der vielmehr die Menschen als gute Kommunisten ihre eigenen Bedürfnisse richtig erkennen. Nehmen wir an, die Bedürfnisse seien so verteilt:

A benötigt täglich 4N und 1K (er ist so gefräßig)
B benötigt täglich 2N und 2K (er ist ein ausgeglichener Mensch)
C braucht täglich nur 1N und 1K (er ist eben bescheiden)

Wir sehen sofort, dass keiner von ihnen genug erzeugen kann, um die eigenen Bedürfnisse zu stillen. Die Gesellschaft insgesamt jedoch kann die Bedürfnisse eines jeden befriedigen: A erzeugt die nötigen 4 Kleidungseinheiten in einem halben Tag, und in der anderen Tageshälfte noch 2N. B und C erzeugen 3N bzw. 2N, deshalb kann der Gesamtbedarf von 7N und 4K erfüllt werden. Zuerst gilt «Jeder nach seinen Fähigkeiten», und dann kann die gesamte Produktion nach der Devise «Jedem nach seinen Bedürfnissen» verteilt werden.

Wenn Bedürfnisse und Fähigkeiten immer im Gleichgewicht wären, hätte der Kommunismus vielleicht funktioniert. Wenn aber die Lage nur etwas anders ist, muss jemand auf einen Teil seines Bedarfs verzichten – was wahrscheinlich zu endlosen Debatten oder eher noch zum Aufkommen eines Diktators führt. Es gibt einen alten osteuropäischen Witz: Wer hat den Kommunismus erfunden, die Ökonomen oder die Biologen? Die Antwort: Natürlich die Ökonomen, die Biologen hätten ihn zuerst an Ratten getestet.

In der Marktwirtschaft wird die Verteilung der Güter nicht zentral bestimmt, sondern aufgrund von Tauschkursen. In unserem Beispiel kann der Kurs zwischen Kleidung und Nahrung zwischen 1N = 0,5K und 1N = 2K schwanken. Die Kursraten bleiben in diesem Bereich, denn sonst ginge es allen schlechter. Wenn beispielsweise 1N unter 0,5K fiele, würde der effizienteste Nahrungshersteller mit der Produktion von Kleidung beginnen, und niemand würde mehr Nahrung herstellen. Im anderen Fall würde es sich selbst für A, den effizientesten Kleidungshersteller, nicht mehr lohnen, Kleidung zu fabrizieren, und deshalb würde gar keine hergestellt. All das geht B nichts an, weil er einfach das erzeugt, was höher im Kurs steht, denn dabei hat er seinen komparativen Vorteil. Für B ist es am besten, wenn der Kurs wesentlich von 1:1 abweicht. C ist am besten dran, wenn der Wert der Nahrung hoch ist, und es liegt im Interesse von A, dass Kleidung möglichst hoch im Kurs steht, aber sowohl A als auch C sind gut dran, wenn der Kurs bei 1:1 steht.

Wir sehen da drei radikal unterschiedliche Interessen am Werk, und wir können nicht den goldenen Mittelweg wählen, denn der ist nachteilig für B. Wenn sich diese drei Produzenten einigen könnten, wäre die von B bevorzugte Partei am besten dran. Wenn jedoch A und C sich verbünden und einem 1:1 zustimmten, hätte B den Kürzeren gezogen.

Hier zeigt sich eine unangenehme mathematische Tatsache: *Es gibt keinen Wechselkurs*, der es A, B und C erlaubt, alles zu kaufen, was sie brauchen, nachdem sie ihre eigenen Güter produziert haben. Vergeblich erzeugen A, B und C zusammen ihren Gesamtbedarf, unter den Marktbedingungen ist immer jemand unbefriedigt, und immer hat jemand mehr, als er braucht! Besagt dann also die Mathematik, dass es keinen anderen Weg gibt als den Kommunismus, und dass der Markt dem Tod geweiht ist, weil er den Bedarf selbst dann nicht befriedigen kann, wenn hinreichend viel produziert wird? Wir verschieben die Antwort auf später: Ein starkes Argument braucht feste gedankliche Grundlagen.

Die Idee der Nachfrage

Glücklicherweise ist menschliches Denken viel flexibler, als wir es oben beschrieben haben. Wir lernen schon als Kinder, dass auf die Frage «Was möchtest du haben, ein Spielzeugauto oder ein Stück Schokolade?» die Antwort «Beides» unzulässig ist, auch wenn wir meinen, beides haben zu dürfen. Es ist ein Ausgangspunkt der Wirtschaftswissenschaften, dass alle Güter knapp sind, aber mehr oder weniger durch andere ersetzbar. Wenn ein Kind lernt, dass es nicht «Beides» antworten soll, lernt es auch die Grundlagen der Wirtschaftswissenschaften. Es muss überlegen, welche Option es durch etwas anderes ersetzen kann, etwa durch ein anderes Spielzeug, oder ob es den Wunsch aufschieben soll.

In einer Marktwirtschaft legt der Preis der Güter ihren Tauschwert fest. Und der Preis, den wir für eine Ware zu zahlen bereit sind, wird dadurch bestimmt, welche Möglichkeiten wir sehen, sie durch etwas anderes zu ersetzen. Das kann sehr vom Einzelnen abhängen: Für einige Menschen mag eine Putenbrust einen guten Ersatz für ein Lendensteak darstellen, für andere ist das keineswegs der Fall. Allerdings würden wir im Geschäft nicht gefragt, womit wir die Produkte in den Regalen ersetzen würden. Wir erfahren lediglich den Preis und kaufen das Produkt oder nicht. Je höher der Preis ist, desto mehr Menschen werden einen geeigneten Ersatz finden, und desto weniger Menschen werden das gegebene Produkt kaufen.

Bevor wir weitergehen, müssen wir zwei Begriffe deutlich unterscheiden: die nachgefragte Menge und die Nachfrage selbst. Nicht nur die Alltagssprache, auch Wirtschaftler verwenden diese Wörter oft nachlässig und sprechen einfach von Nachfrage, wenn sie die benötigte Menge meinen.

Mit *nachgefragter Menge* meinen wir die Gesamtmenge eines Produkts, das die Verbraucher *für einen bestimmten Preis* zu kaufen bereit sind. Gewöhnlich besteht eine reziproke Beziehung zwischen Preis und nachgefragter Menge: Je höher der Preis, umso geringer die Nachfrage – mit wenigen Ausnahmen. So verkaufen sich Luxusartikel gelegentlich besser, wenn sie auch wirklich teuer sind.

Die nachgefragte Menge hängt vom Preis ab. Die *Nachfrage* ist nichts anderes als dieses Verhältnis. Anders gesagt: *Das Einzige, was die Nachfrage nicht beeinflusst, ist der Preis des Produkts.* Wenn die Nachfrage (oder genauer die Beziehung zwischen Menge und Preis) sich nicht ändert, führt eine Veränderung des Warenpreises auf der Nachfragekurve einzig zu einer Verschiebung des aktuellen Verbrauchs in eine andere Richtung.

Trotzdem kann auch die Nachfrage sich im Lauf der Zeit ändern, und bei den meisten Waren tut sie das auch früher oder später. Das geschieht, wenn ein Produkt mehr oder weniger beliebt wird, oder wenn andere Produkte es ersetzen. Als das Video aufkam, nahm die Nachfrage nach Kinokarten ab. Unabhängig vom Preis wurden weniger Karten verkauft. Die gesamte Nachfragekurve sank ab.

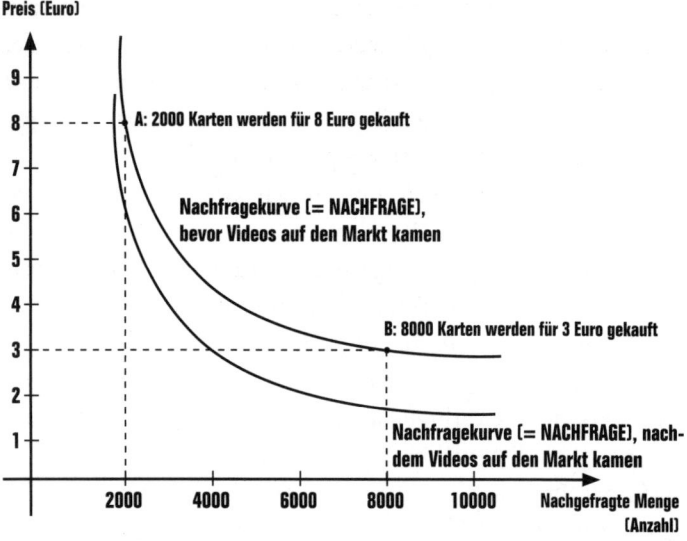

Das Marktgleichgewicht

Was wir weiter oben über die Nachfrage sagten, können wir auch über das Angebot sagen. Je höher der Preis eines Produkts ist, umso eher sind Hersteller bereit, diese Ware herzustellen und nicht eine andere. Wir können also die angebotene Menge vom Angebot unterscheiden und Angebot und Nachfrage in einer einzigen Abbildung darstellen, denn die Achsen sind dieselben: eine zeigt den Preis, die andere die Menge von Angebot und Nachfrage.

Wenn die beiden Kurven sich nicht schneiden, heißt das,

dass niemand bereit ist, das Gut zu einem Preis zu produzieren, für den sich Käufer finden. Normalerweise jedoch gibt es einen Schnittpunkt, und der an dem Schnittpunkt abgelesene Preis ist für die Wirtschaft bedeutsam. Zu diesem Preis sind die Produzenten bereit, genau die Warenmenge zu erzeugen, die die Käufer abzunehmen bereit sind. Es kann sich also ein Marktgleichgewicht ausbilden: Jedes Produkt findet einen Käufer, und jeder Käufer, der das Produkt bei diesem Preis nicht durch ein anderes ersetzen will, kann es kaufen. Anders gesagt: Auf dem Markt herrscht weder Mangel noch Überfluss.

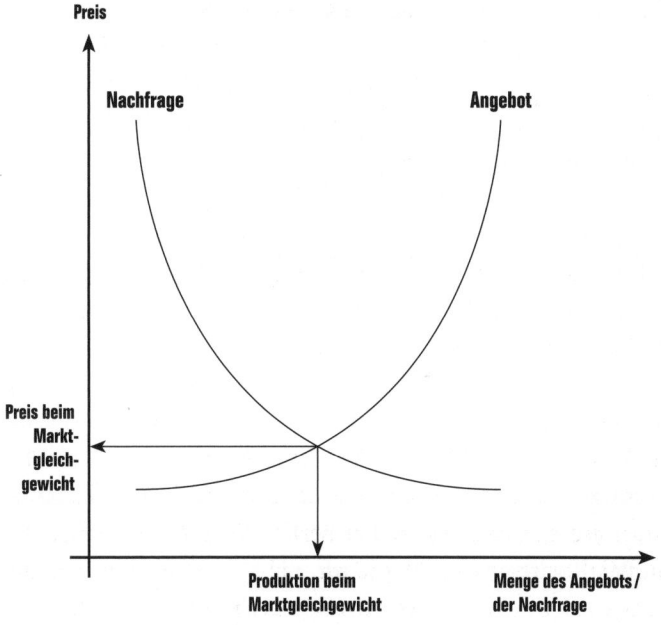

Es ist eine mathematische Tatsache, dass sich der Markt von selbst auf den Gleichgewichtszustand einpendelt, wenn die

Hersteller sich frei entscheiden können. Diese Aussage trifft allerdings nur dann zu, wenn mehrere Hersteller am Markt beteiligt sind und sich nicht auf einen Preis einigen (wir lassen hier andere, weniger wichtige Bedingungen unberücksichtigt).

Die kluge Definition von Angebot und Nachfrage und diese mathematische Tatsache beantworten unsere frühere Frage zur Entstehung der Tauschwerte. Das Problem war ja, dass in unserem Modell einer Minigesellschaft die Interessen der drei Hersteller A, B und C in starkem Konflikt waren. Jeweils zwei der drei konnten eine Koalition bilden, die für sie nützlich, für den Dritten jedoch verheerend war. Marktpreise entwickeln sich nicht auf der Grundlage solcher Übereinkünfte, vielmehr werden sie sowohl vom Angebot als auch von der Nachfrage bestimmt – ganz von selbst, ohne Absprache. Nie bestimmt allein das Angebot oder allein die Nachfrage den Preis, immer sind es beide gemeinsam. Man fragt ja auch nicht, welche Klinge einer Schere den Stoff schneidet. Die beiden Klingen können nicht für sich schneiden, sondern nur gemeinsam.

Im freien Wettbewerb passt sich der Markt von selbst an die Tatsache an, dass weder menschliches Denken noch menschliche Bedürfnisse einem «Alles-oder-nichts-Prinzip» gehorchen. In einer Marktwirtschaft kann jeder seine eigene Entscheidung fällen und beschließen, welche seiner Bedürfnisse er befriedigen kann und wie er das tun will. Ähnlich können die Hersteller aufgrund ihrer Fähigkeiten und ihrer Maschinen und Geräte selbst entscheiden, was sie herstellen wollen und was nicht. Die Marktwirtschaft bietet jedem die Möglichkeit, persönlich zu bestimmen, welche Bedürfnisse er ersetzen will, und falls nötig, wodurch. Niemand braucht sich mit einem anderen abzustimmen. In der Marktwirtschaft hat niemand ein Interesse daran, seine Bedürfnisse als stärker darzustellen, als sie es für ihn sind.

Der freie Wettbewerb ist ein Automatismus, in dem jeder, Hersteller wie Verbraucher, gelassen seine eigenen egoistischen Bedürfnisse befriedigen kann, und das Gesamtergebnis ist immer noch eine effektiv funktionierende Wirtschaft. Dies gilt für den großen Teil der Produktion, aber keineswegs für die gesamte. Es gibt Waren, die niemandem die Herstellung wert sind, und doch ist es in jedermanns Interesse, dass es sie gibt. Samuelson und Nordhaus geben das eindrückliche Beispiel des Leuchtturms. Leuchttürme retten Schiffe und Menschenleben, indem sie vor Untiefen warnen, aber von den Nutzern lässt sich keine Benutzungsgebühr verlangen, weil die Benutzer sie aufgrund ihrer Beschaffenheit möglichst vermeiden. Solche Güter werden nicht aufgrund der Marktlage erzeugt. Deshalb gibt es selbst in der reinsten Marktwirtschaft immer ein Segment, für das die Gesetze des Marktes nicht gelten. Dieses Segment ist im Allgemeinen gar nicht klein, denn zu ihm gehören gewöhnlich öffentliche Einrichtungen wie Schulen und Polizei.

Produzenten- und Konsumentenrente

Es folgt aus der Logik des freien Wettbewerbs, dass praktisch jeder praktisch alles billiger erhalten kann, als es ihm wert sein würde. Das gilt auch für die Hersteller: Die meisten Erzeuger erhalten einen höheren Preis für ihre Produkte, als es sie kostet, dieses bestimmte Produkt und nicht ein anderes herzustellen. Das mag nach einer weit hergeholten Utopie klingen, trifft aber voll zu.

Wenn Produkte knapp sind (und das sind alle Produkte), müssen Gewinne geopfert werden, um sie zu erwerben; und wer das größte Opfer bringt, bekommt das Produkt. Wenn es mehr als ein Produkt gibt, lohnt sich für das erste noch kein großes Opfer. Es genügt, das letzte zu bekommen. Das gilt jedoch für alle Rivalen, die dieses Produkt begehren. Also bekommt jeder das Produkt für denselben Preis, selbst wenn er persönlich auch mehr bezahlt hätte. Fast alle Waren bringen also größeren Gewinn und größere Verbraucherzufriedenheit, als das für sie gezahlte Geld wert ist. Wie gesagt, die Mehrzahl der Verbraucher kann sich über einen Überschuss freuen.

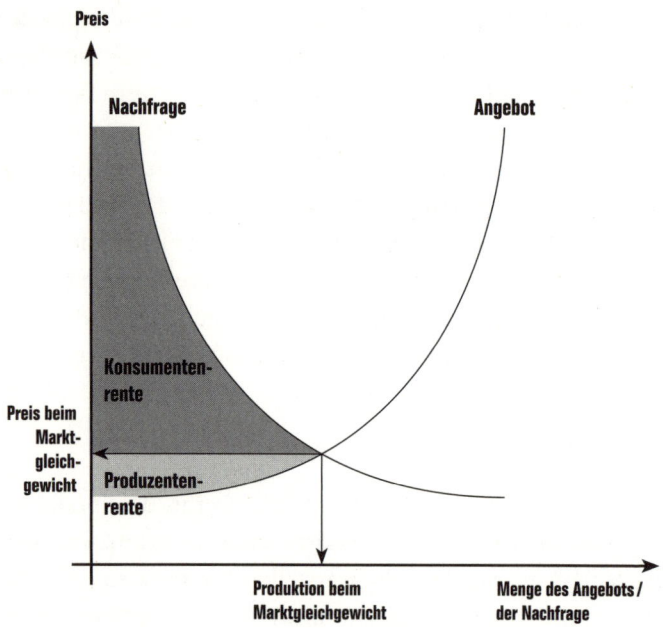

Diese sogenannte Konsumentenrente ist eine Folge aus der Tatsache, dass jeder etwas anderes findet, das seine Bedürfnisse stillen könnte. In der Wüste kann der erste Becher Wasser Leben retten, der zweite Kraft zum Weitermachen geben, der dritte kann morgen Leben retten, der zehnte kann zum Reinigen dienen und selbst der zwanzigste erfrischt angenehm, wenn wir ihn uns in den Nacken gießen. Der erste Becher Wasser ist unersetzlich, der zwanzigste jedoch sehr wohl ersetzbar. Manche meinen, schon der zehnte Becher Wasser lasse sich gut ersetzen, denn auch ein Eimer gesiebter Sand kann reinigen helfen. Der Ursprung der Konsumentenrente ist unsere Unterschiedlichkeit.

Dem Konzept der Konsumentenrente entspricht aufseiten des Verbrauchers die Produzentenrente: Ebenso wenig wie der Preis auf der einen Seite vom Gebrauchsnutzwert bestimmt wird, wird er auf der anderen Seite durch die Erzeugerkosten bestimmt. Wenn ich ein Produkt für einen Preis herstellen kann, der unter dem Marktpreis liegt, kann ich es doch für den Marktpreis (den Gleichgewichtspreis) verkaufen. Die Mehrzahl der Produkte werden für weniger als den Marktpreis erzeugt, da der Marktpreis Ausdruck der Kosten jenes Erzeugers ist, für den es sich gerade noch lohnt, das Produkt zu diesen Kosten herzustellen. Wer ein Produkt billiger herstellen kann, erhält mehr für sein Produkt, als die Herstellung kostete. Dieser Erzeuger erzielt einen Überschuss.

Diese Produzentenrente beruht also auf der Verschiedenheit der Menschen; jeder Mensch hat bei der Produktion andere komparative Vorteile, und jeder kann in anderen Produktionsbereichen Innovationen einführen. Die Vielfalt ermöglicht das Leben, und sie ist auch die Grundlage für die Entwicklung der Wirtschaft. Wirtschaftlicher Wert beruht auf der Vielfalt der Menschen.

Autokatalyse in der Wirtschaft

Der dem Verbraucher erwachsene Überschuss dient dem Wohlbefinden der Menschen, und niemand könnte ihn für anderes ausgeben, selbst wenn er es wollte. Wir sind jedoch frei in der

Entscheidung, wofür wir den Überschuss ausgeben, der uns als Hersteller zuwächst. Wie das Beispiel von Richson in Kapitel 1 zeigte, ist es oft von Wert, es der Verbesserung unseres Wohlbefindens morgen zu widmen und nicht gleich heute auszugeben.

Es scheint, dass hier eine Art autokatalytischer Prozess vorliegt, sehr ähnlich zum Fall der Chemotonen in Kapitel 2. Bei den Chemotonen war es die Autokatalyse, die es den in Membranen «verpackten» kleinen Einheiten ermöglichte, aus einfachen Nährstoffen die für ihre Reproduktion nötigen Stoffe herzustellen, die immer in der richtigen Menge vorhanden waren. Irgendwie muss es in allen lebenden Systemen Autokatalyse geben – und in der Wirtschaft gibt es sie auch.

Wenn sich aus irgendeinem Grund das Mem (oder die Mem-Menge) ausbreitet und die damit verbundene «Produzentenrente» zu einem Teil nicht für das sofortige Wohlbefinden ausgegeben wird, kann sie als Kapital dienen. Wir haben den Begriff des Kapitals schon in Kapitel 1 umrissen. Jetzt sind die wirtschaftlichen Mechanismen, die zum Kapitalzuwachs führen, klarer zu sehen. Kapital ermöglicht die Entwicklung von Instrumenten, die spätere Produktion effizienter machen. Wenn das passiert, sinkt die Angebotskurve, und deshalb steigt die Kurve der Konsumentenrente, ohne dass die Produzentenrente abnimmt. Weil die Konsumentenrente steigt, führt dieser Prozess zu einem besseren Wohlbefinden der Menschen. Und während die Produzentenrente anhaltend steigt, setzt sich dieser Prozess immer weiter fort.

Die Entwicklung eines Gleichgewichts in autokatalytischen Prozessen ist eine Bedingung des Lebens, in dem sich fortwährend kontrollierte (also nicht in plötzlichen Schüben auftretende) autokatalytische Prozesse abspielen. Dieses Gleichgewicht hat sich in der Biologie durch die Organisation der Zellen

und in der Wirtschaft durch den freien Wettbewerb einge-
spielt.

In diesem Kapitel haben wir einen ähnlichen Punkt erreicht
wie in Kapitel 2, in dem wir die autokatalytischen chemischen
Prozesse kennenlernten. Dort sahen wir, dass der Weg bis zum
Auftreten von Replikatoren noch lang war; es bedurfte dazu
einer besonderen Konstellation chemischer und physikalischer
Vorgänge. In der Wirtschaft ist die Lage ähnlich. Erst als viele
weitere ökonomische und psychologische Merkmale in Harmo-
nie waren, konnte ein neuer Replikator entstehen, der sich entsprechend seinem eigenen Evolutionsplan ausbilden kann.[42]

*Bei seiner Gründung ist jedes Unternehmen
mehr oder weniger ein Bluff.*

Kehren wir für einen Augenblick zurück zu Robinsons und Richsons Inseln. Dort hat sich viel verändert: Die Inseln sind bewohnt, die Wirtschaft blüht. Immer noch ist der Stockfisch das Hauptnahrungsmittel, aber man fängt die Fische nicht mehr mit der Keule, sondern mit Netzen, und es fischen nur jene, die davon einen komparativen Vorteil haben. Das Leben dreht sich nicht mehr allein um die Nahrungsbeschaffung. Fast alle Bewohner verfügen monatlich über mindestens 400 bis 500 Fische oder deren Gegenwert, brauchen jedoch zum Lebensunterhalt nur 150. Es genügt also, wenn sich nur ein Drittel der Inselbewohner am Nahrungserwerb beteiligt, und die anderen können sich in Industrie und Handel betätigen. Richson beispielsweise hat eine Geschäftsbank eröffnet und beschäftigt sich ausschließlich mit der Anlage seines Fischvermögens. Er ist nicht der Einzige, denn zwei weitere Banken bieten den Insulanern ihre Dienste an, wenn sie für die Umsetzung einer Idee Geld benötigen.

Robinsons neuer Traum

Robinson findet es jetzt an der Zeit, seinen alten Traum vom Fischerboot zu verwirklichen. Nachdem der Vertrag mit Richson unter Dach und Fach war, hatte er weiterhin fünf bis sechs Tage in der Woche gefischt (obwohl nach Erhalt des Darlehens zur

Befriedigung des wöchentlichen Eigenbedarfs vier Tagesproduktionen genügt hätten), und deshalb verfügt er jetzt über einen gewaltigen Fischvorrat. Davon gab er einen großen Teil für Kleidung, CDs und andere schöne und nützliche Dinge aus, und sein Vorrat erlaubt ihm noch einen Monat Urlaub. Diese Zeit möchte er der gründlichen Planung des Fischerboots widmen.

Gleich am ersten Ferientag erkannte Robinson, dass die wenigen hundert ersparten Trockenfische nicht zum Bau des Bootes ausreichten, er sich also an eine Kreditbank wenden müsse. Deshalb besuchte er am zweiten Ferientag seinen alten Geschäftspartner Richson, bereit, die Einzelheiten des Schiffbaus zu erörtern, aber zu seiner großen Überraschung nahm die Unterhaltung eine andere Wendung. Richson erkannte sofort die Kompetenz, die Robinson auf dem Gebiet des Schiffbaus hatte, und zeigte nicht das geringste Interesse an den Einzelheiten des Baus. Ihm war auch sofort klar, dass Robinson für die Umsetzung seines Plans ein Kapital von einigen tausend Fischen brauchte.

Wirklich interessiert war Richson an zahlreichen anderen Fragen: Wie viel Mann Besatzung brauchte das Boot? Kannte Robinson schon Matrosen und Fischer, die anheuern wollten? Würde Robinson selbst als Kapitän die Verantwortung übernehmen? Und, wenn nicht, oder wenn er im Krankheitsfall ausfiele, wie würde er einen anderen finden? Und würde Robinson das Boot auf der Insel lassen, wenn ein britisches Schiff käme? Wie hochseetauglich sollte das Schiff sein? Wie lange würde ein Turn dauern? Wie viele Fische könnten jeweils gefangen werden? Ließ sich der Betrieb des Bootes an die Bedürfnisse des Marktes anpassen? Wie hoch war die mittlere Lebensdauer des Fischerboots? Wie viel Wartung erforderte es? Welche Wetterlagen könnten dem Boot gefährlich werden? Welche unvorhergesehenen Probleme könnten sich nach Meinung Robinsons ergeben? Gab es möglicherweise auf anderen Inseln Schiffbauer? Hatte vielleicht schon jemand mit dem Bau begonnen? Sollte man nicht zwei oder drei Boote gleichzeitig zu bauen? Dann brauchte man nur einmal Schiffbauer zu finden und konnte die Arbeit besser planen – aber wie viele Boote konnte der Markt überhaupt verkraften?

Robinson dankte Richson für das Gespräch und ging enttäuscht heim. Er hatte gehofft, Richson mit seinen genialen Ideen zum Schiffbau zu beeindrucken, aber die hatte Richson als selbstverständlich genommen und ihm, statt darauf einzugehen, eine Menge lästiger Fragen gestellt. Am nächsten Tag ging Robinson zu einer der konkurrierenden Kreditbanken. Anfangs fand er offene Ohren für seine Ausführungen über die Geheimnisse des Schiffbaus, aber ziemlich bald musste er enttäuscht dieselben Fragen beantworten, die ihm Richson gestellt hatte. Da begriff er, dass die Bankiers sich überhaupt nicht für den Schiffbau interessierten und ihm nur aufmerksam zugehört hatten, um ihn kennenzulernen und herauszufinden, ob es sich lohne, sich mit ihm abzugeben. Richson dagegen hatte seinen Fähigkeiten als Schiffbauer von vornherein vertraut.

Robinson begriff, dass er die Fragen der Banker beantworten musste, wenn er sein Schiff bauen wollte, weil sie ihm sonst keinen einzigen Cent leihen würden; und niemand außer ihm konnte die Antworten finden. So verbrachte er den Rest seiner Ferien damit, über Richsons Fragen nachzudenken. Das war ein wenig demoralisierend, denn er hätte im Urlaub gern über die noch unklaren Einzelheiten der Schiffskonstruktion nachgedacht, aber er sah ein, dass sich technische Fragen auch während der Arbeit an dem Schiff lösen ließen. Ohne befriedigende Antworten auf Richsons Fragen jedoch konnte er nicht einmal mit der Arbeit beginnen.

Richsons Fragen mochten teilweise berechtigt sein, aber niemand auf Erden hätte sie beantworten können. Robinson fand nur mit großer Mühe mehr oder weniger glaubhafte Antworten. Er musste einsehen, dass die technischen Probleme des Schiffbaus im Augenblick wirklich zweitrangig waren, denn auf dem Gebiet kannte er sich aus. So erfuhr Robinson am eigenen Leibe, dass ein Unternehmen bei seiner Gründung mehr oder weniger ein Bluff ist.

Firmengründung

Robinson rechnete aus, dass er sein Boot bauen könnte, wenn er 4000 Fische hätte. Vor seinem erneuten Besuch bei Richson dachte er lange darüber nach, wie viel Zinsen er sich für ein Darlehen in Höhe von 4000 Fischen leisten könnte. Nach seinen Schätzungen würde er, wenn er in jedem Monat 20 Tage auf dem Meer zubrachte, täglich mühelos 300 Fische, monatlich also 6000 Fische fangen. Der Unterhalt der Besatzung würde pro Monat 2000 Fische erfordern, und die Provision der Handelspartner belief sich auf 1200 Fische. Der Manager, der die Route festlegte und die Kontakte mit den Handelspartnern aufrechterhielt, forderte monatlich 800 Fische. Die restlichen 2000 Fische stellten den Gewinn dar. Richson würde sicherlich zufrieden sein, wenn Robinson ihm zwei Jahre lang die Hälfte des Gewinns zahlte. In dem Fall würde er für die 4000 zur Verfügung gestellten Fische 24 000 zurückerhalten, also das Sechsfache seines Darlehens.

Wiederum jedoch sorgte Richson für eine Überraschung: So lasse er nicht mit sich reden. Eine Rechnung dieser Art sei absolut unangebracht, so habe man damals gerechnet, als es um das Darlehen für das Fischernetz ging. Seitdem habe man die Verfahren der Finanzierung wesentlich besser durchdacht. Außerdem träume Robinson jetzt einen viel grandioseren Traum, und der verdiene eine ernsthafte Realisierung.

Robinson sage also, ihm genügten 4000 Fische zum Bootsbau? Nun, er, Richson, sage, mit 4000 Fischen lasse sich höchstens ein Schiff bauen, das vor der Küste von Robinsons Insel festliegt. Nicht einmal dafür würden 4000 Fische genügen: Ob Robinson den Bau etwa umsonst leiten wolle? Daran brauche man gar nicht zu denken, weil Robinson in der Zwischenzeit, auch wenn er nicht vor Hunger stürbe, seine Vorräte aufgebraucht hätte. Für diese lange, schwierige und verantwortungsvolle Arbeit müsse Robinson mindestens 1500 Fische pro Monat erhalten. Niemand täte es für weniger. Wenn dann das Schiff seetüchtig sei, müssten die Matrosen und die Fischer vom ersten Moment an entlohnt werden, während die Fischgroßhändler vermutlich erst nach Wochen zahlten. Wenn der Anfangsvorrat an Stockfisch nicht ausreichte, um den Betrieb des Bootes einen Monat lang zu sichern, lohne sich das Anfangen gar nicht. Der Betrieb wiederum erfordere nach Robinsons Rechnung 4000 Fische monatlich, ohne die Heuer des Kapitäns, die mit 1200 Fischen anzusetzen sei.

Robinson protestierte nach Leibeskräften, er wolle ja selbst der Kapitän sein, aber Richson blieb fest. Das Gehalt des Kapitäns müsse mitgerechnet werden, unabhängig davon, wer die Aufgabe übernehme. Dies sei nun einmal ein Kostenpunkt in der Monatsrechnung, auch wenn Robinson die Rolle unentgeltlich übernehmen wolle in der Hoffnung, dass der Nutzen des Unternehmens ihn angemessen entschädigen werde. Richson vertrat diese Position, weil das Unternehmen seiner Meinung nach auch dann funktionieren müsse, wenn Robinson beschließen sollte, mit einem britischen Schiff in seine Heimat zurückzukehren. Wer immer der Kapitän sei, er müsse so viel Geld bekommen, dass man dafür auch Ersatz anheuern könne. Im Übrigen habe Richson nichts dagegen, dass Robinson der erste Kapitän werde, weil er sich am besten auskenne.

Wenn Robinson sofort 10 700 Fische zur Verfügung hätte, (4000 zum Bau des Schiffes, 1500 für die Bauleitung, 4000 für die Ausgaben im ersten Monat und 1200 für sein erstes Kapitänsgehalt), so wären diese nach einem Monat bis zur letzten Schuppe ausgegeben. Robinson wäre gezwungen, seine Partner auf Knien zu bitten, pünktlich zu zahlen, weil ihn sonst die Fischer verlassen würden, die Matrosen schlecht über ihn reden könnten und er mit seinem großartigen Schiff dastünde wie ein Fisch auf dem Trockenen. Wahrscheinlich würden ja die Geschäftspartner pünktlich zahlen, aber es genügten wenige Verzögerungen, und Robinson stünde am Rand des Konkurses. Außerdem könnten unvorhergesehene Ausgaben auf ihn zukommen, beispielsweise Reparaturen, falls das Schiff beschädigt würde. Richson empfiehlt deshalb, 12 000 Fische (das sogenannte Startkapital) anzusetzen, um die Betriebsfähigkeit zu garantieren.

Das Unternehmen beginnt dann also mit einem Betriebskapital von 12 000 Fischen, aber dieses Kapital wird noch vor den ersten Einnahmen wesentlich reduziert und muss zur Sicherung des störungsfreien Ablaufs fortwährend ergänzt werden. Das ist die wichtigste Bedingung, die Richson Robinson vor Vertragsabschluss stellt: *Alle Einnahmen müssen zunächst zum Auffüllen des Betriebskapitals verwendet werden.* Erst wenn das getan ist, können, zum Beispiel für Robinson selbst oder auch für Richson, Gewinne entnommen werden. Richson rechtfertigt seine Bedingung, indem er sagt, dass sonst das Unterfangen früher oder später auf dieselben Schwierigkeiten stoßen würde, die sein Schicksal schon am Anfang entschieden hätten, wäre die Kapitaldecke zu dünn gewesen.

Mit dieser Bedingung hat Richson das Grundgesetz der kapitalistischen Gesellschaftsordnung formuliert: Eigentümer können erst dann den Nutzen ihrer Investitionen genießen, wenn sie das Kapital wieder aufgestockt haben. Heute schreiben die Gesetze der modernen kapitalistischen Gesellschaft die Rückführung des Kapitals zwingend vor, aber auf Robinsons Insel steckt der Kapitalismus noch in den Kinderschuhen. Die europäischen Nationen haben für die Einsicht in die Notwendigkeit dieser Regelung den Preis bitterer Erfahrungen gezahlt. So geht beispielsweise der Verfall von Venedig im 16. Jahrhundert auf den Mangel an Holz zurück, der für den Schiffbau nötig war, weil alle Wälder weit und breit abgeholzt worden waren. Wahrscheinlich aufgrund dieser Erfahrung erließ der Schwede Gustav Wasa einige Jahrzehnte später ein Gesetz, das für jeden geschlagenen Baum eine Neupflanzung anordnete.

Robinson stellen sich nun zwei ernsthafte Fragen. Die erste betrifft seinen Lebensunterhalt: Wovon soll er leben, wenn die Gewinne zum Auffüllen des Betriebskapitals verwendet werden? Das könnte viele Monate so gehen, und in der Zwischenzeit bliebe ihm nichts. Die andere Frage bezieht sich auf die 4000 Fische, die für den Schiffbau ausgegeben werden. Warum sollen sie ergänzt werden? Das Schiff braucht doch auch nicht jeden Monat ersetzt zu werden!

Auf die erste Frage antwortet Richson, Robinsons Phantasie sei der Wirklichkeit voraus, denn noch seien sie ja zu keiner Einigung gekommen. Wenn Robinson beispielsweise zustimme, für 1200 Fische monatlich Kapitän zu sein, hätte er keine wirtschaftlichen Probleme. Die Tatsache, dass Robinson keinen Gewinnanteil erhält, solange nicht das Kapital ergänzt ist, beträfe nur Robinson als Eigentümer. Robinson als Kapitän erhielte wie alle Angestellten ein Monatsgehalt. Natürlich brauche Robinson die Kapitänsrolle nicht zu übernehmen, und falls er das nicht täte, sei es seine Sache, wie er die Zeit bis zum Auffüllen des Kapitals und zur Gewinnausschüttung überbrückt. Im Moment jedoch könne sich Richson auch ein ganz anderes Szenarium vorstellen. Beispielsweise könne er Robinson die Idee vom Schiffbau einfach abkaufen, also gegen einen Berg von Fischen tauschen, und ihn für die Oberaufsicht beim Bau bezahlen. Danach habe Robinson dann nichts mehr mit dem Boot zu tun. Die Verhandlungen darüber könnten erst geführt werden, sagte Richson, wenn die Spielregeln festliegen.

Die Antwort auf die zweite Frage findet sich leicht. Die Fische, die für den Bau des Schiffes draufgehen, werden durch das Boot selbst kompensiert, da braucht jetzt nichts ersetzt zu werden. Das Schiff jedoch nutzt sich im Lauf der Zeit ab, und früher oder später ist ein neues Boot nötig, damit der Betrieb weitergeht. Die 5500 für den Bau des Bootes nötigen Fische müssen also ersetzt worden sein, bevor das Schiff abgewrackt wird. Die kleinen und großen Reparaturen jedoch sind nicht Teil dieser Kosten, weil sie in die Kategorie der gewöhnlichen Ausgaben gehören, die zuerst ersetzt werden, wohl aber fallen die Kosten für das Ersetzen des Bootes in diese Kategorie. Deshalb müsse das Betriebskapital immer den Gegenwert eines vollständigen Schiffes enthalten – mal in Form eines nagelneuen Bootes, mal in Form eines halb abgenutzten Bootes und 5500 : 2 = 2750 Fischen, oder in Form von 5500 Fischen, falls das Boot vollständig nutzlos geworden ist. Dies sind nur Einzelheiten, wichtig ist das Grundprinzip: Alle Einnahmen dienen zunächst dem Ersetzen des zum Bau und Betrieb verbrauchten Kapitals. In diesem Punkt ist Richson unnachgiebig.

Wenn das Unternehmen auf der Basis von Richsons Bedingungen zustande kommt, kann es theoretisch bis zum Ende aller Zeiten bestehen, weil in jedem Augenblick die nötigen Betriebsmittel zur Verfügung stehen. Die heute investierten 12 000 Fische sind für alle Zeit Teil des Firmenkapitals. Deshalb sind sie eine Investition ins Kapital und nicht nur in den Bau des Bootes. Investitionen in Bauten werden, unabhängig von ihrer Höhe, früher oder später verbraucht, und wenn sie aufgebraucht sind, sind sie weg. Das Betriebskapital dagegen hat auf unbestimmte Zeit Bestand, jedenfalls hoffen das die Investoren. Für die Entscheidung der Investoren zählt nur der im Lauf des Jahres erzeugte Überschuss über die täglichen Ausgaben, also nach dem Auffüllen des Kapitals. Mit anderen Worten: Es zählt nur der Profit – und natürlich der Grad seiner Unsicherheit, also das Risiko.

Wenn wir bisher von 12 000 Fischen sprachen, nahmen wir für sie immer denselben Wert an; wir haben also nicht die Inflation berücksichtigt. Das werden wir auch in der Folge nicht tun, weil die Inflation unseren Gedankengang nicht verändert; schlimmstenfalls kompliziert sie die konkreten Berechnungen und verändert alljährlich die Zahlen.

Robinsons Idee hat einen Wert

Robinson steht damit vor einer wichtigen Entscheidung. Es ist ihm gelungen, Richson von der Nützlichkeit des Schiffbaus zu überzeugen. Aber Richson hat auch klargemacht, dass das Unternehmenskapital im Besitz des Eigners ist, oder genauer der Firma, die das Boot besitzt und betreibt und das Kapital zur Verfügung stellt. Zuerst gehörte Richson das Geld, jetzt gehört ihm die Firma, denn er hat sie mit seinem Geld gekauft. Natürlich hätte Richson nichts dagegen, dass Robinson eine gewisse Anzahl, sagen wir 600, Stockfische in das Kapital investiert und damit Eigentümer von 5 Prozent der Firma wird, aber das fände Robinson nicht gerecht. Er meint, er habe aufgrund seiner Idee und seiner Professionalität ein Anrecht auf eine größere Quote. Auch Richson findet das Quotenverhältnis von 95 Prozent zu 5 Prozent ungerecht, und er sieht auch, dass Robinson mit seiner Investition von 600 Fischen ein viel größeres Risiko eingeht als er mit seinem Einsatz von 11 400 Fischen. Aber was zählt, ist eben das Geld. Wenn das Anfangskapital einmal in diesem Verhältnis aufgeteilt ist, sollten die Anteile entsprechend verteilt sein und auch die Dividende – wenn es denn eine gibt.

Robinson wendet ein, dass seine Idee Geld wert ist. Er hat monatelang an dem Projekt gearbeitet und seine ganze Lebenserfahrung hineingesteckt. Das hat einen Wert, aber welchen? Richson wird es ihm bald sagen.

Es ist wichtig zu wissen, dass Richson zunächst noch keinerlei Entscheidung getroffen hatte und das auch erst tun wollte, wenn ihm Risikoabschätzungen und Gewinnerwartung gute Gründe lieferten. Richson hat aus Erfahrung gelernt, was wir in diesem Kapitel weiter unten als eine Lektion in Volkswirtschaft darlegen werden: Wenn es um Entscheidungen über langfristige Investitionen geht, zählen nur Gewinn und Risiko. In solchen Situationen wird jedwede Information unter diesen Gesichtspunkten ausgewertet, und die endgültige Entscheidung wird nur aufgrund der gleichzeitigen Abschätzung von Gewinn und Risiko getroffen.

Richson hat sich also zunächst einmal einen raschen Überblick über das gesamte Projekt verschafft, um zu sehen, ob es überhaupt die Beschäftigung lohnt. Ein auf Robinsons Idee beruhendes Unternehmen erzeugt Stockfisch sicher viel effizienter als ein Fischer mit einem Netz, denn ein einzelner Fischer fängt mit seinem Netz im Monat etwa 500 Fische, Robinsons Unternehmen jedoch mit etwa drei bis vier Personen monatlich 6000 Fische. Das könnte, wie wir im vorigen Kapitel sahen, beim Hersteller zu einem großen Überschuss führen. Die Investition könnte also eine ausgezeichnete Rendite bringen.

Dann dachte Richson über die Risiken des Unterfangens nach und kam zu dem Schluss, dass diese Risiken einen Erwartungswert von einer jährlichen Rendite von 40 Prozent rechtfertigen. Wir sehen im nächsten Kapitel, wie Richson diese Zahl fand. Hier gehen wir von der Annahme aus, dass Richson sich für die Investition entscheiden wird, wenn das investierte Kapital ihn einen Gewinn von mindestens 40 Prozent erhoffen lässt.

Berechnen wir also die jährliche Rendite der Firma. Wir brauchen noch keine Probleme zu berücksichtigen, die mit der Säumigkeit der Schuldner zu tun haben, denn die lassen sich dank des Gesellschaftskapitals beheben. Die Tagesproduktion des Bootes beläuft sich auf 300 Fische, und das Boot verbringt monatlich zwanzig Tage auf dem Wasser; also beträgt die monatliche Einnahme 6000 Fische. Damit entstehen monatlich die folgenden Kosten:

Gehalt der Mannschaft und der Fischer	2000
Händlerkommission	1200
Gehalt des Managers	800
Gehalt des Kapitäns	1200
Sonderausgaben (zum Beispiel Reparaturen)	200
Summe	5400

Die monatliche Rendite der Firma ist 6000 − 5400 = 600 Fische, die jährliche somit 12 × 600 = 7200 Fische. Für Richson lohnt sich die Investition, wenn diese 7200 Fische 40 Prozent des Einlagekapitals ausmachen. Er investiert also nur dann in dieses Unternehmen, wenn das nötige Kapital 18 000 Fische nicht übersteigt (denn 40 Prozent von 18 000 sind ja 7200).

Auf diese Weise berechnete Richson auch den Wert von Robinsons Idee: Robinsons Fachwissen ist in diesem Fall genau 6000 Fische wert. Wenn Richson für Robinsons Idee diesen Wert ansetzt, kann die Firma mit einem Kapital von 12 000 + 6000 = 18 000 Fischen beginnen, wobei sich Richsons

Quote auf 12 000 beläuft und Robinsons Know-how auf 6000 Fische. In diesem Fall erhielte Richson für seine 12 000 Fische eine jährliche Rendite von genau 40 Prozent, also so viel, dass sich seiner Meinung nach eine Investition lohnt.

Wenn Robinson darauf bestünde, für seine Idee einen höheren Wert als 6000 Fische anzusetzen, würde Richson es vorziehen, nicht in dieses, sondern in ein anderes Unternehmen zu investieren, denn das von ihm investierte Kapital würde ihm nicht die bei diesem Risiko erwartete Rendite bringen, die er jedoch anderswo realisieren könnte. In diesem Fall geriete Robinsons Idee auf die große Halde der nie verwirklichten Ideen, denn aus demselben Grund würde auch niemand sonst investieren. Wenn jedoch Richson nur einen deutlich niedrigeren Wert für Robinsons Idee anzubieten versuchte, könnte der wiederum sein Glück bei einem anderen Investor versuchen, und Richson müsste auf ein gutes Geschäft verzichten.

Robinson als Angestellter und als Eigentümer

Die Zahlen könnten auch andere sein. Wenn beispielsweise bei denselben Kosten die jährliche Fischproduktion nicht 7200, sondern nur 4800 betrüge (also genau 40 Prozent von 12 000), hätte Richson für Robinsons Idee und sein Know-how keinen Heller übrig. Denn wenn Richson für Robinsons Idee auch nur einen einzigen Fisch gibt, kann er bei dieser Fangmenge die geplante Rendite von 40 Prozent nicht verwirklichen, Robinsons Idee und Know-how sind unter solchen Umständen nicht nur keine 6000 Fische wert, sondern keinen einzigen Cent. Andererseits könnte diese Situation recht leicht Wirklichkeit werden. Wenn wir wie vorher rechnen, aber als Tagesproduktion nur 290 Fische statt 300 annehmen, sinkt die Jahresproduktion auf 4800 Fische! Wir wundern uns also nicht, wenn

Richson die Gültigkeit der so verdächtig runden Anzahl von 300 Fischen am Tag kritisch beäugt. Tatsächlich hätte er jede runde Angabe kritisch geprüft.

Bei noch niedrigeren Anzahlen hätte Richson sich glatt geweigert, Robinsons Know-how in das Gesellschaftskapital einzubeziehen. Richson hätte gesagt, die zu erwartenden Einkünfte rechtfertigten höchstens ein Kapital von 12 000 Fischen, und genauso viel erfordert allein der reibungslose Ablauf. Das Unternehmen kann nur in Gang kommen, wenn Robinson auf Eigentümeranteile verzichtet, andernfalls geschieht nichts.

Vielleicht hätte Robinson auch unter diesen Bedingungen der Gründung eines auf seinen Ideen beruhenden Unternehmens zugestimmt. Dann wäre er zwar nicht Miteigentümer und hätte in Zukunft keinen Cent Gewinn machen können, aber doch für ein Monatsgehalt von 1200 Fischen den Posten des Kapitäns gehabt. Falls Robinson dann eines Tages das Kommando aufgeben sollte (weil es ihn langweilt, er sich alt fühlt oder endlich das britische Schiff kommt), müsste sich der Eigentümer die Mühe machen, einen Ersatz zu suchen. Aber genau deshalb war das Gehalt des Kapitäns so hoch angesetzt: Es sollte sich leicht ein Ersatz finden lassen. In Wirklichkeit wird Robinsons Gehalt vom Markt geregelt, auch wenn diese Arbeitsstelle ohne Robinsons Idee nicht entstanden wäre und Robinson nirgendwo sonst als Kapitän anheuern könnte. Aus Robinsons Sicht ist die Lage so: Er konnte zwar nicht Miteigentümer werden, fand aber dank seiner Idee doch eine gut bezahlte Anstellung.

Das Verhältnis von Gewinn und Risiko erwies sich jedoch für Robinson als so günstig, dass er Teilhaber der zu gründenden Firma werden konnte. Unabhängig davon kann er für ein Monatsgehalt von 1200 Fischen in der Firma auch die Aufgaben des Kapitäns übernehmen, wenn er will (er will das gern, zumal er bisher immer viel weniger verdiente). Auch für Richson ist es vorteilhaft, wenn Robinson das Schiff führt. Richson kennt ihn seit langem und vertraut ihm, und als Mitinhaber der Firma ist er mehr als jeder andere dazu motiviert, dass die Arbeit gut vorangeht. Der vorsichtige Richson nimmt jedoch in die Statuten der Gesellschaft auf, dass das Kapitänsgehalt eine strategische Entscheidung ist, die die Zustimmung aller Eigner erfordert. Das Leben ist voller Überraschungen, so könnte Robinson eines Tages die Mehrheit der Anteile besitzen, deshalb ist es besser, wenn er auch dann nicht in Versuchung gerät.

Eigentlich war es nicht Richson, der Robinsons Idee mit 6000 Fischen bewertete. Der Wert wird nicht von der Genialität oder Originalität des Gedankens bestimmt, sondern vom Markt. Die konkurrierenden Kreditbanken wären genauso vorgegangen: In Anbetracht der Risiken hätten auch sie eine Rendite von etwa 40 Prozent für ihre Investitionen gefordert und auch alles andere gleich berechnet. Vielleicht hätten sie das Risiko höher eingeschätzt, weil sie Robinson nicht schon jahrelang kannten und eine etwas höhere Rendite, sagen wir 45 Prozent, gefordert. In dem Fall beliefe sich der Wert von Robinsons Know-how auf nur 4000 Fische. Von dieser Einstellung aber wollte Richson nicht profitieren, denn für ihn machten wenige Prozent mehr Eigenanteil keinen Unterschied. Warum sollte er, wenn er doch mit dem erwarteten Gewinn zufrieden war, das Risiko eingehen, dass andere Investoren Robinson kennenlernen und in seine verheißungsvolle Idee investieren?

Richson bietet schließlich an, 12 000 Fische in die Gesellschaft zu investieren, sie also zu 66,67 Prozent zu besitzen. Robinson, der dem Betrieb seine Idee, sein Fachwissen und seine Mithilfe beim Bootsbau zur Verfügung stellt (dafür erhält er 1500 Fische), besitzt damit 33,33 Prozent der Firma, die über ein Gesellschaftskapital von 18 000 Fischen verfügt.

Robinson wird Mehrheitseigner

Der Verstand sagt Robinson, dass Richsons Angebot vernünftig ist, aber sein Gefühl rebelliert. Es scheint ihm ungerecht, dass ihm ein auf seiner Idee beruhendes Unternehmen, bei dem er jedes Detail durchdacht und ausgeführt hat und bei dem nur er über die Kompetenz verfügt, die Arbeit voranzubringen, nur zu einem kleineren Teil gehört. Ursprünglich hatte er sich den Profit des Unternehmens (damals noch des Schiffes, weil er ja zunächst nicht an eine Firma gedacht hatte) mit Richson teilen wollen, und zwar keineswegs auf Dauer, sondern zwei Jahre lang. Mittlerweile hat er begriffen, dass seine ursprüngliche Idee nicht tragfähig war, weil er nicht an das Betriebskapital gedacht hatte. Trotzdem meint er weiterhin, ihm stünde mindestens ein Anteil von 50 Prozent zu.

Eine unerwartete Wendung: Richson hört Robinsons Klage aufmerksam an und nickt zustimmend. Er nämlich hatte bemerkt, dass er bei der Berechnung der Risiken stillschweigend Robinsons jahrelange Mitarbeit vorausgesetzt hatte. Wenn der jedoch beispielsweise übermorgen mit einem britischen Schiff in die Heimat segelte, bliebe er dennoch Teilhaber. Die Möglichkeit, dass Robinson die Firma verlassen könne, vergrößert Richsons Risiko beträchtlich, und für diesen Fall hätte Richson eine viel höhere Rendite in Rechnung stellen müssen, als er zuvor berechnet hatte. Deshalb liegt es in Richsons Interesse, wenn Robinson möglichst fest an die Firma gebunden ist und er in der Aufbauzeit möglichst viel Arbeit hineinsteckt. Diese Arbeit wäre natürlich ein von Robinson produzierter Teil des Unternehmens. Anders gesagt: Die Investition bestünde also nicht in Richsons Geld, sondern in Robinsons Beitrag, aber das spielt für die Lebensfähigkeit des Unternehmens überhaupt keine Rolle.

Richson schlägt Robinson deshalb vor, den Bau des Bootes ohne Bezahlung zu leiten, wie sich Robinson das in seiner Naivität anfangs sowieso gedacht hatte. Richson könnte dann die Oberaufsicht der Arbeit durch Robinson als Investition in Rechnung setzen, womit Robinsons Anteil von 6000 auf 7500 Fische anstiege, während sich Richsons von zuvor 12 000 auf lediglich 10 500 Fische reduzierte.

Robinson stimmt zu, obwohl es den Einsatz der eigenen Reserven bedeutet, was aber nichts ausmacht, denn das Kapital soll ja seinem Traumschiff zugutekommen. Robinson merkt auch sofort, dass sich die von ihm angesparten 600 Fische, die ihm das Überleben während der Bauphase sichern, als Schiffskapital 1500 Fische wert sein werden. Robinson ist gern zu dem Opfer bereit, seine Lebenshaltungskosten während des Schiffbaus einzuschränken, aber zufrieden ist er immer noch nicht, weil er nicht Mehrheitseigner wird.

Richson macht einen weiteren Vorschlag. Wenn Robinson bereit sei, die Aufgaben des Kapitäns in den ersten drei Monaten für das halbe Gehalt zu erfüllen, könnte Robinsons Anteil am Grundkapital um weitere 1800 Fische (die Hälfte von drei Kapitänsmonatsgehältern) aufgestockt werden. Diese Lösung ist auf Dauer nicht praktikabel, weil das Gehalt schon nach dem ersten Vierteljahr mit frisch gefangenen Fischen bezahlt werden soll und nicht mit dem Kapital, aber sie könnte sich bei den ersten 2 bis 3 Monatsgehältern bewähren. Auf diese Weise genügt es, wenn Richson nur 8700 Fische investiert (10 500 – 1800 = 8700), während Robinsons Einsatz einen Gegenwert von 9300 (7500 + 1800 = 9300) Fischen hat, wobei 1800 erst drei Monate nach der Fertigstellung des Schiffes deponiert würden. Richson nimmt diesen kleinen Aufschub in Kauf. Auf diese Weise beläuft sich Robinsons Anteil auf 51,67 Prozent, Richsons auf 48,33 Prozent. Das ist für Richson in Ordnung, denn er will ja bei den Entscheidungen der Firma gar nicht den Ausschlag geben: Er sieht seinen komparativen Vorteil anderswo.

Vor dem Abschluss des Handels stellt Richson zwei weitere Bedingungen. Zum einen soll Robinson die Möglichkeit ausschließen, dass er in den ersten drei Monaten nach Fertigstellung des Bootes mit einem britischen Schiff in die Heimat zurückkehrt. Robinson sieht ein, dass diese Bitte vernünftig ist, und stimmt zu. Zum Zweiten soll sich Robinson für den Fall, dass die Firma längere Zeit nicht den erwarteten Profit bringt, seinerseits verpflichten, mindestens 2 Prozent seiner Anteile für denselben Preis zu verkaufen, für den Richson seine verkauft, falls Richson seinen Anteil an Dritte zu veräußern gedenkt. Anders gesagt: Wenn das Unternehmen nicht den erhofften Erfolg hat und Richson sich aus ihm zurückziehen will, will er Robinson dazu verpflichten dürfen, seine Mehrheit aufzugeben und sich mit 49,67 Prozent zufriedenzugeben. Nach einigem Zögern stimmt Robinson auch hier zu, denn er erkennt, dass er in diesem Fall Mitverantwortung trägt, insofern er unfähig war, in dem Unternehmen die festgesetzten Ziele zu erreichen. In Wirklichkeit war ihm die Möglichkeit, das Unternehmen könnte erfolglos sein, gar nicht in den Kopf gekommen; er hatte mit der Zustimmung nur gezögert, weil schon der Gedanke an diese Möglichkeit ihn kränkte.

Das Unternehmen nimmt den Betrieb auf

Robinsons Gerechtigkeitssinn ist befriedigt, und die beiden besiegeln ihre Übereinstimmung mit Handschlag. Damit ist das Unternehmen geboren, Robinson ist mit 51,67 Prozent Mehrheitseigner. Von diesem Moment an hängt es nur von Poseidon ab (und natürlich von dem von Angebot und Nachfrage bestimmten allmächtigen Markt), ob die berechneten Bedingungen eintreten. Wenn die beiden Gesellschafter, Robinson und Richson, Glück haben, können ihre Investitionen noch ihren Urenkeln Gewinn bringen.

Im Verlauf der Verhandlungen erhielt Richson auf praktisch all seine Fragen Antworten. Natürlich wusste Richson sehr wohl, dass Robinsons Antworten zum Teil Bluff waren, und er berücksichtigte das auch bei seinen Berechnungen und der Abschätzung der Risiken, als er entschied, welchen Nutzen er von seiner Investition erwarten sollte. Richson zwang Robinson nicht deshalb zum Bluffen, weil er den Kopf in den Sand stecken wollte. Ganz im Gegenteil. Er wusste aus Erfahrung, dass es ein Risiko bedeutet, Fragen, auf die es keine Antworten gibt, nicht einmal zu bedenken.

Die einzige Frage, die Richson und Robinson bei ihren Verhandlungen nicht erörterten, war die Anzahl der zu bauenden Schiffe. Richson wusste, dass der gleichzeitige Bau von zwei bis drei Schiffen Robinson überfordern würde, und hatte nicht darauf bestanden. Er sah den Gedanken jedoch als zukünftige Möglichkeit; auch wenn er keine Kosten-Nutzen-Rechnung aufstellte, behielt er sie im Sinn. Das Unternehmen hatte viel Potenzial und konnte sich, je nach den Umständen und der Marktlage, vielversprechend entwickeln.

Richson mischt sich überhaupt nicht in das Alltagsleben des Unternehmens ein. Er vertraut Robinson, und die beide treffen sich nur monatlich einmal, um wichtige Fragen zu besprechen und langfristige strategische Entscheidungen gemeinsam zu treffen. Trotzdem verfolgt Richson die Zukunft seiner Investition und die Aussichten auf spätere Gewinne. Falls sich die Gewinnaussichten wesentlich verschlechtern, kann er das in das Unternehmen investierte Kapital von einem Augenblick zum nächsten entziehen und in eine verheißungsvollere Firma stecken. Dabei nimmt er auch einen gewissen Verlust in Kauf, wenn er meint, die Gewinnaussichten würden sich fortwährend verschlechtern.

Nicht das Unternehmen bringt den Gewinn

Wenn Richson bemerkt, dass er heute für seine Investition von 8700 Fischen 6000 Fische bekommen kann, morgen jedoch nur 5000, wird er schon heute verkaufen. Er nimmt gelassen hin, dass seine Risikoabschätzungen gerechtfertigt waren und er 2700 Fische verloren hat. Es rührt Richson wenig, wenn Robinson sich nun nach den Launen eines neuen Gesellschafters richten muss. Natürlich würde Richson seine Anteile an Robinson verkaufen, wenn es dem gelänge, 6000 Fische aufzutreiben und ihn auszuzahlen, aber Robinson hat keine 6000 Fische.

Wer aber wollte 6000 Fische in etwas investieren, das übermorgen nur noch 5000 wert ist? So jemand, nennen wir ihn Beachson, braucht nicht unbedingt dumm zu sein, wenn er die Zukunft der Firma anders einschätzt als Richson. Er meint vielleicht, eine Abänderung der Betriebsform und eine Änderung des Firmenprofils könne die Effizienz des Fischereibetriebs wesentlich steigern. Beachson hat beispielsweise bemerkt, wie gern die Mannschaft in den Fischernetzen ein Sonnenbad nimmt, wenn Robinson ihnen den Rücken zudreht. Und ihm ist die Idee gekommen, mit dem Schiff Ausflugsfahrten zu veranstalten, bei denen die Passagiere sich damit vergnügen, die Fische für ihr Mittagessen zu fangen.

Wie wir im nächsten Kapitel sehen werden, könnte Beachson auch ganz andere Gründe haben, in das Unternehmen zu investieren, aber jetzt beschäftigen wir uns einmal mit der Idee der Ausflugsfahrten. Beachson berechnet Gewinn und Risiko im Fall dieser Veränderung und schließt, sie lohne den Einsatz von 6000 Fischen, aber auch nicht einen mehr. Wenn es ihm nicht gelingt, mit dieser Menge an Fischen das Mehrheitspaket zu erhalten, wird er woanders investieren, der Wert der Firma wird weiter sinken, und übermorgen ist sie dann wirklich nur noch 5000 Fische wert – und das nicht wegen des erbrachten Gewinns, sondern aufgrund ihrer Beschaffenheit und der ihr innewohnenden Möglichkeiten.

Wahrscheinlich wird Robinson sich gegen diese Profiländerung sträuben, aber er hat keine Alternative: Aufgrund seiner Übereinkunft mit Richson muss er Beachson 2 Prozent seiner Anteile verkaufen und deshalb die Entscheidungsgewalt aufgeben. Wenn Robinson sich nicht als Kapitän eines Ausflugsschiffs sehen will, kann er als Kapitän kündigen, seine Fischinvestition aber kann weiterhin Ertrag bringen (falls Beachson recht hat und das Ausflugsschiff prosperiert). Robinson jedoch wird es sich zweimal überlegen, ob er auf seinen sicheren und gut bezahlten Posten verzichtet.

Auch wenn sich Richsons Sorgen wegen der Risiken als unbegründet erweisen und das Unternehmen alljährlich gute Gewinne abwirft, stammt der Gewinn aus Richsons Sicht nicht aus der Fischerei. Der Gewinn ist den 18 000 in die Firma investierten (und immer vorhandenen) Fischen zu verdanken – genauer den 8700 von Richson investierten Fischen. Seit auch Robinson Kapitalist geworden ist, gilt all dies auch für Robinson und die von ihm so unterschiedlich investierten 9300 Fische. Schließlich sind Robinson und Richson beide Eigentümer ihres Joint Venture. Jeder von ihnen kann seinen Anteil an Dritte verkaufen und den Erlös an Fischen in ein anderes Unternehmen investieren oder einfach aufessen.

Trotzdem ist die Wahrscheinlichkeit groß, dass sich eher Richson als Robinson auf andere Investitionen einlässt, wenn diese bei denselben Risiken höhere Gewinne versprechen. Robinson ist nur deswegen Eigentümer geworden, weil ihn die Logik der Ökonomie dazu zwang, denn ihm lag ursprünglich nur daran, vom Netzbesitzer zum Schiffseigner zu werden. Richson dagegen ist von Berufs wegen Investor, und ihm ist es gleich, ob seine Gewinne von einer Fischerei oder einer Schneiderei stammen. Er hat seinen Fisch/sein Geld in diese Firma investiert, weil ihm das Verhältnis von Risiko und Gewinn im Vergleich mit anderen angemessen erschien. Auch eine Investition in eine andere Firma hätte ihm Gewinn in Form von Fisch/Geld gebracht – eigentlich in Form von Kapital – und nicht das konkrete Unternehmen.

Verbraucher- und Investorenentscheidungen

Anfangs hatte Robinson nicht von einem Fischereibetrieb geträumt, sondern nur von einem Fischerboot. Er hatte keinen Gedanken darauf verwendet, wie dieses Boot auf Dauer zum Einsatz kommen würde. Bei seinem ersten Geschäftsabschluss mit Richson war es nur um die Investition in ein Fischernetz gegangen, nichts sonst. Es war klar, dass er, Robinson, das Netz benutzen würde, um damit Fische zu fangen und mit ihnen die Kosten für das Netz zu decken und eventuell einen Gewinn zu erwirtschaften. Das Boot dagegen erbringt nicht schon deshalb einen Gewinn, weil Robinson es in Betrieb genommen hat. Wie wir sahen, wäre die Firma rasch in Konkurs gegangen, wenn nicht eine Kapitaldecke bestanden hätte, die mindestens das Doppelte des Wertes des Schiffes ausmachte. Damit das Schiff Gewinn bringen konnte, musste eine Firma gegründet werden. Im Fall des Fischerbootes genügte eine einfache Kosten-Nutzen-Rechnung nicht mehr, vielmehr war eine ökonomische Entscheidung ganz anderer Art nötig. Die wirtschaftliche Lage erforderte eine Investorenentscheidung.

Dies ist der Gesichtspunkt, den Richson zu Robinsons Idee

beitrug. Tatsächlich brachte Richson mehr als das Kapital ein, das Robinson fehlte, denn er zwang ihn auch, nicht nur an sein Traumschiff zu denken, sondern ein lebensfähiges Unternehmen auf die Beine zu stellen. Natürlich verwirklicht dieses Unternehmen Robinsons Traum, und es gründet sich vor allem auf sein Fachwissen.

Tatsächlich war es nicht Richson, der Robinson gezwungen hat, die Unternehmensform für die Verwirklichung seines Traums zu wählen, sondern die Logik des Wirtschaftslebens. Im Lauf der Jahre hat diese Logik in Richsons Denken tiefe Wurzeln geschlagen. Für Richson war klar, dass das Fischerboot auf Dauer nur in Form einer Firma funktionieren konnte. Und eine Firma kann nur dann erfolgreich arbeiten, wenn das Kapital ausreicht, den fortwährenden Betrieb zu garantieren, und alle Einkünfte zunächst zum Auffüllen des Betriebskapitals dienen.

Richson hatte keine Kosten-Nutzen-Rechnung aufgestellt, sondern die Wahrscheinlichkeit der jährlichen Rendite abgeschätzt und die Risiken erwogen, die diese Wahrscheinlichkeit ganz oder teilweise durchkreuzen könnten. Richson folgte damit genau der modernen Wirtschaftstheorie. Diese Theorie unterscheidet scharf zwischen den Entscheidungen der Verbraucher (und der Hersteller) und denen der Investoren. Bei den Entscheidungen der Verbraucher und der Hersteller geht es um die Sicherung der Lebenshaltung, während es bei den Entscheidungen der Investoren darum geht, den Grund für zukünftige Entwicklungen zu legen – oder aus Sicht dieses Buchs: darum, dass das Kapital immer neue wirtschaftliche Entitäten erschafft.

Wenn jemand beschließt, eine Firma zu gründen, trifft er eine für Investoren typische Entscheidung. Wenn er dagegen beschließt, welches Produkt die Firma morgen herstellen soll, trifft er eine Entscheidung, wie sie für Verbraucher (oder Hersteller, was auf dasselbe hinausläuft) typisch ist. Auch wenn sich eine Person zum Studium entschließt, fällt sie eine typische Investorenentscheidung, denn sie will damit den Grund für zukünftige Möglichkeiten schaffen. Ein Gebildeter bleibt gebildet, auch wenn die konkreten Lerninhalte aus der Schulzeit obsolet sind. Wenn dieselbe Person jedoch beschließt, einen bestimmten Abend lieber dem Studium zu widmen als ins Kino zu gehen, fällt sie wiederum eine typische Verbraucherentscheidung.

Zu Beginn dieses Kapitels, als wir zu Robinson zurückkehrten, sahen wir, wie Robinson versuchte, die Entscheidung über den Bootsbau als Verbraucherentscheidung zu treffen. Er war nur an der Kosten-Nutzen-Rechnung interessiert. Davon wollte Richson hingegen nichts hören. Er hatte sofort begriffen, dass Robinson ihm eine Frage vorlegte, die eine Investorenentscheidung erforderte. In Robinsons Archipel hat das ökonomische Denken seit dem Fischernetzhandel von Robinson und Richson große Fortschritte gemacht.[43]

Risiko und Gewinn, nichts sonst

Eine Investition bringt im günstigsten Fall Gewinn auf unabsehbare Zeit. Deshalb machen Kosten-Nutzen-Rechnungen aus der Sicht von Investorenentscheidungen keinen Sinn, denn beide können, über die Jahre summiert, sehr hohe Zahlen ergeben. Nur die jährliche Rendite zählt. Dies zeigt sofort den Unterschied zwischen den Entscheidungen von Verbrauchern und von Investoren. Das trifft auch zu, wenn jemand schon vorher weiß, dass er seine Anteile an einem Unternehmen nur einen Monat lang behalten will, um sie dann weiterzuverkaufen. In diesem Fall berechnet man den Gewinn für einen Monat (genauer: ein Zwölftel der jährlichen Rendite), und spielt die Rolle des Miteigners nur diesen Monat lang; dasselbe machen jene, die vorher Unternehmensanteile hatten, und die späteren Eigentümer auch. Aus Sicht der Investition oder des Unternehmens ist all das völlig unwichtig. Wichtig ist, dass es in jedem Moment einen Investor gibt.

Im Moment der Firmengründung jedoch können wir nur von der *Hoffnung* auf eine Rendite sprechen. Eine Investition trägt erst nach einiger Zeit Früchte. In der Zwischenzeit kann sich vieles ändern. Vielleicht verhindern Konstruktionsfehler, Naturkatastrophen oder andere Hindernisse jeden Gewinn. Es kann auch sein, dass das hergestellte Produkt dann, wenn die Investition endlich Frucht trägt, einen geringeren Wert hat als zu der Zeit, in der seine Herstellung beschlossen wurde.

All diese Ungewissheiten stecken im ökonomischen Begriff des *Risikos*: Im Lauf der Zeit ändert sich alles, schneller oder langsamer, mehr oder weniger, nichts hat Bestand, und wir können schon zu Beginn Fehler begangen haben. Nichts ist risikolos. Die Investitionen, die unterschiedliche Gewinne zeitigen, mögen mit unterschiedlichen Risiken verknüpft sein, aber keins von ihnen ist null. Aus diesem Grund muss der Investor bei seiner Entscheidung nicht nur die Rendite, sondern auch das Risiko bedenken. Wichtig ist jedoch, dass vom ökonomischen Standpunkt ausschließlich diese beiden Faktoren, nichts sonst, berechnet werden müssen. Im Fall der Konsumenten-Entscheidungen braucht man nur an Kosten und Nutzen zu denken, bei Investorenentscheidungen kommt es nur auf Rendite und Risiko an.

Die Entscheidungen des Verbrauchers sind im Wesentlichen eindimensional, weil Kosten nichts anderes sind als für einen Nutzen geopferter Gewinn. Investorenentscheidungen dagegen sind nicht eindimensional, weil Rendite und Risiko keinen gemeinsamen Nenner haben. Die Wirtschaftswissenschaft verwendet beide Modelle zur Beschreibung des ökonomischen Entscheidungsmechanismus.

Theoretisch sind Konsumentenentscheidungen viel einfacher, deshalb versucht man möglichst, Entscheidungen als solche zu sehen. Richson lenkt Robinsons Augenmerk genau auf die Tatsache, dass die Konstruktion des Fischerboots nicht für eine schlichte Konsumentenentscheidung gehalten werden darf – jedenfalls nicht unter den hier gegebenen wirtschaftlichen Bedingungen. Es könnte eine sein, wenn die Firma schon über hundert Boote verfügt und noch mehr zu bauen plant.

Richsons Hund

Berufsmäßige Investoren treffen ihre Entscheidungen allein aufgrund ihrer Analyse von Rendite und Risiken. Bei der praktischen Anwendung können sie sich auf zahlreiche Regeln und Verhaltensweisen verlassen. In diesem Kapitel haben wir einige von ihnen kennengelernt, so beispielsweise, als Richson überschlug, ob ein Fischerboot je einen bedeutenden Überschuss erzielen würde, oder auch als er Robinson Fragen stellte, auf die es keine Antworten gab, und ihn damit zum Bluffen zwang.

Berufsmäßige Investoren kommen gewöhnlich gar nicht auf die Idee, dass das Geld, mit dem sie arbeiten, ebensolches Geld ist wie das, was sie im Alltag oder auch für Luxus ausgeben. Auch sie bezahlen ihre Einkäufe von ihrem Gehalt, wie jeder andere. Dazu dient aber das als *Kapital* angesammelte Geld nicht, auch nicht, wenn es ihr eigenes ist und sie es nach Belieben verwenden können. Auch ihr Hund ist ihr Eigentum, aber es käme ihnen nie in den Sinn, ihn zu verzehren – dem Zweck dient er nicht.

Bei beiden Arten wirtschaftlicher Entscheidungen geht es

um Geld, aber um völlig unterschiedliche Aspekte von Geld. Bei Konsumentenentscheidungen (auch bei denen des Herstellers) herrscht gewöhnlich die Bedeutung des «Tauschmittels» Geld vor, selbst wenn es bei solchen Entscheidungen um komplexe finanzielle Strukturen wie beispielsweise Kredite geht. Bei Investorenentscheidungen spielt Geld als Kapital eine Rolle. In Anbetracht des Themas unseres Buches, also der Evolution des Geldes, müssen wir die wirtschaftlichen und psychologischen Mechanismen besser kennenlernen, die die Entscheidungen der Investoren beeinflussen. Richson steht unserem Thema näher als Robinson, auch wenn sie offensichtlich untrennbar voneinander abhängen. Ohne Robinsons gibt es keine Richsons, und die Entwicklung der Robinsons wäre ohne die Richsons dieser Welt sehr schwierig.[44]

Es ist sehr vernünftig, die eigene Unvernunft
in Rechnung zu stellen.

Den Nobelpreis für Wirtschaftswissenschaften erhielt 2002 Daniel Kahneman. Sein gleich verdienstvoller Freund und langjähriger Kollege Amos Tversky konnte ihn nicht mit ihm teilen, denn der war einige Jahre zuvor verstorben. Kahneman und Tversky (oder Tversky und Kahneman – die Hälfte ihrer Arbeiten trägt ihre Namen in dieser Reihenfolge, die andere in der anderen) sind Psychologen. Beide dienten in den 50er Jahren in der israelischen Armee, wo Kahneman einen heute noch verwendeten psychologischen Eignungstest für Rekruten entwickelte, während Tversky, ein Fallschirmjägerhauptmann, für seine Tapferkeit ausgezeichnet wurde. Beide wanderten in den 60er Jahren in die USA aus; dort erforschten sie als Kognitionspsychologen Denkvorgänge bei Menschen. Die Bedeutung ihrer Forschung für die Wirtschaftswissenschaften blieb lange unerkannt.

Das Nobelpreiskomitee begründete seine Entscheidung damit, dass Kahneman die aus psychologischer Forschung gewonnenen Einsichten in die Wirtschaftswissenschaften integrierte, «besonders solche, die menschliche Urteils- und Entscheidungsfindung in Situationen der Unsicherheit betreffen». Wir sahen im vorangehenden Kapitel, warum diese Art Forschung für die Wirtschaftswissenschaften wichtig sein kann. Wenn Risikoabschätzungen die Entscheidungen von Investoren grundlegend beeinflussen, kann Wissen darüber nützlich sein, wie Menschen Risiken wahrnehmen.

Diversifizierung

Bleiben wir noch einen Moment in Robinsons Archipel, und stellen wir uns vor, wir dächten über die besten Anlagemöglichkeiten für unsere Ersparnisse nach und wären schon an einen Punkt gelangt, an dem wir uns zwischen zwei günstigen Anlagemöglichkeiten entscheiden müssen. Eine Möglichkeit bietet Beachsons Ausflugsschiff, das er sicher realisieren wird – wenn nicht mit Robinsons Boot, dann mit einem anderen, aber das ist für uns unwichtig –; die andere eine Regenschirmfabrik. Wir halten das Verhältnis von Rendite zu Risiko bei diesen beiden Unternehmen für günstiger als bei allen anderen. Damit wir uns entscheiden können, müssten wir jedoch das Wetter in den nächsten Jahren kennen.

Wenn es im nächsten Jahr viel regnet, würde Beachsons Boot wenig Ertrag bringen, während es der Regenschirmfabrik gutginge. In diesem Fall schätzen wir die Rendite der Regenschirmfabrik auf 40 Prozent, die von Beachsons Boot auf einen Verlust von 10 Prozent. Würde nun das Jahr sonnenreich, kehrte sich die Lage um. Dann bringt das Ausflugsschiff eine Rendite von 40 Prozent und die Regenschirmherstellung einen Verlust von 10 Prozent. Im Moment interessieren uns keine Mittellagen.

Wenn die Chancen für gutes und schlechtes Wetter gleich sind, bringen beide Geldanlagen mit einer Wahrscheinlichkeit von 50 Prozent eine Rendite von 40 oder einen Verlust von 10 Prozent. Beide Anlagen gemeinsam bringen einen Ertrag von 15 Prozent (die Hälfte von + 40 und – 10). Eine jährliche Rendite von 15 Prozent wäre sehr befriedigend, das Problem ist jedoch, dass weder das Ausflugsschiff allein noch die Regenschirmfabrik allein sie garantieren kann. Beide Unternehmen können viel besser und auch viel schlechter laufen, aber im Mittel, auf lange Sicht, könnte dies das Ergebnis sein.

Der berühmte englische Wirtschaftswissenschaftler John Maynard Keynes kommentierte eine Verheißung dieser Art mit der Aussage: «Auf lange Sicht sind wir alle tot.» Eine Rendite von 15 Prozent ist auf Dauer sehr angenehm, aber wer weiß, ob wir sie je erhalten? Welche Geldanlage wir auch wählen, im Falle einiger schlechter Jahre stehen wir mittellos da, und es tröstet uns dann wenig, wenn Menschen, die danach in diese Aktien investieren, Gewinne machen. Beide Anlagen sind riskant, deshalb beträgt die Rendite 15 Prozent. Richsons Bank zahlt nur 5 Prozent Zinsen für unser Geld, und selbst das birgt ein Risiko, denn auch Banken können pleitegehen.

In dieser besonderen Situation können wir risikolos 15 Prozent Rendite machen, wenn wir unser Kapital zur Hälfte in das Ausflugschiff und zur anderen Hälfte in die Regenschirmfabrik stecken. Dann bringt uns die eine Hälfte unseres Geldes wetterunabhängig 40 Prozent, die andere einen Verlust von 10 Prozent, und damit eine Rendite von insgesamt 15 Prozent. Indem wir unser Geld in mehrere Unternehmen stecken, also unser Risiko streuen, *diversifizieren*, halten wir es so niedrig wie möglich (in diesem Fall ist es null).

Wenn sich uns Anlagemöglichkeiten wie das Ausflugschiff und die Regenschirmfabrik bieten, sollten wir ohne Zögern zugreifen. Also gehen wir auf dem Weg zur Börse an Richsons Bank vorbei, um das Geld abzuheben, mit dem wir die Anlagenanteile bezahlen wollen. Dort statten wir Richson rasch einen Besuch ab und erzählen ihm stolz von unserer Idee, weil wir uns an seiner Verblüffung darüber freuen wollen, wie risikolos wir 15 Prozent Gewinn machen werden, anstatt unser Geld für mickrige 5 Prozent Zinsen in seiner Bank zu lassen. Richson jedoch rät uns zur Eile, damit wir noch rechtzeitig zur Börse kommen, denn wenn er uns jetzt mit einer Antwort aufhalten würde, könnten wir viel Geld verlieren.

Tatsächlich sehen wir, als wir zur Börse kommen, dass sowohl der Wert der Aktien des Ausflugsschiffs als auch der Regenschirmfabrik um ein Drittel gestiegen sind, und damit ist die Renditeerwartung der gemischten Geldanlage auf 5 Prozent gesunken. Auch andere Anleger hatten die gute Chance gesehen, und die plötzlich vergrößerte Nachfrage hatte den Wert beider Unternehmen steigen lassen, und zwar genau so hoch, wie der niedrige Wert des gemeinsamen Risikos es rechtfertigte.

Richson hatte nicht die Verantwortung für den Verlust des Geschäfts übernehmen wollen, die Vorgänge in der Eile aber auch nicht erklären können. Hätte er sich die Zeit genommen, hätte er ungefähr gesagt, dass keine solche Kopplung je risikolos ist. Beispielsweise könnte ein Gewittersturm das Schiff beschädigen, und es könnte ein Blitz die Regenschirmfabrik zerstören. Anscheinend berücksichtigt der Markt diese Risiken ähnlich wie den möglichen Konkurs der Bank. Deshalb bringen beide Investitionen (die Diversifizierung von Aktienkauf und die Geldanlage bei der Bank) dieselbe Rendite von 5 Prozent.

Der Wert der Aktien des Ausflugsschiffs und der Regenschirmfabrik war nicht gestiegen, weil sich ihre wirtschaftliche Lage plötzlich verbessert hatte, sondern weil sie sich so glücklich ergänzten. Vielleicht hatte Beachson mit seinem ausgezeichneten Gefühl für wirtschaftliche Fragen eben dies gespürt, als ihm die Idee mit dem Ausflugsschiff kam. In dem Fall hätte er es verdient, dass sich der Wert seiner Aktien plötzlich verdreifachte. Und wenn das so war, hätte Beachson wahrscheinlich – im Lauf der Zeit – so viele Aktien der Regenschirmfabrik erworben, wie er erhalten konnte, ohne den Preis nach oben zu treiben.

Falls es so war, hat – wie wir später sehen werden – das Geld als Replikator diesmal seinen Weg zur Replikation durch Beachson gefunden und sich dazu eines Ausflugsschiffs bedient. Aber greifen wir nicht allzu weit vor. Es könnte auch anders gewesen sein, und Beachson hat einfach Glück gehabt – das gibt es. Für die Regenschirmfabrik und für das Ausflugsschiff könnte der Anstieg ihres Aktienwertes auch ein unerwartetes Geschenk der Glücksgöttin Fortuna gewesen sein.

Der Betafaktor

In der Praxis sind Komplexe wie das Ausflugsschiff und die Regenschirmfabrik ziemlich selten. Trotzdem kann die Risikostreuung vorteilhaft sein, selbst wenn die Beziehung weniger eng ist. Auch braucht der Misserfolg der einen Investition nicht an den Erfolg der anderen gekoppelt zu sein, vielmehr genügt es, Investitionen zu finden, die auf äußere Einflüsse unterschiedlich reagieren.

Je unterschiedlicher die äußeren Einflüsse auf die Investitionen wirken, umso besser lassen sich die Risiken eingrenzen. Wenn es uns gelingt, etwa zwanzig solcher Anlagemöglichkeiten zu kombinieren, ist das Risiko unbeträchtlich – vergleichbar mit dem Risiko eines Bankrotts. Eine Diversifizierung in zwanzig verschiedene Investitionen (ein sogenanntes *Portfolio*) ist also theoretisch risikofrei, allerdings nur, wenn der Einfluss äußerer Umstände auf eine Aktie des Portfolios nicht mit den Auswirkungen gekoppelt ist, die dieselben Umstände auf eine andere Aktie des Portfolios haben. Natürlich ist eine deutlich negative Beziehung viel besser, aber wir könnten schon zufrieden sein, wenn die Aktien des Portfolios untereinander keine Verbindung haben.

Leider ist es fast unmöglich, zwanzig – oder auch weniger – Anlagemöglichkeiten mit diesen Merkmalen zu finden. Auf lange Sicht laufen fast alle Investitionen mehr oder weniger synchron mit der Gesamtwirtschaft. Wenn also die Wirtschaft ein gutes Jahr hat, ist das Jahr auch für eine bestimmte Geldanlage besser als sonst, und wenn die Wirtschaft insgesamt stagniert, bringt dieselbe Geldanlage keinen Ertrag oder sogar Verlust. Alljährlich gibt es Ausnahmen von dieser Regel, aber auf Dauer sind das nur sehr wenige. Und wenn eine Investition es schafft, auf Dauer eine Ausnahme zu machen, bringt sie auf lange Sicht nicht mehr, als die Bank an Zinsen zahlt.

Der Erfolg der meisten Investitionen geht also mehr oder weniger mit dem Wirtschaftsleben einher. Folglich beeinflussen jedenfalls im Großen und Ganzen die äußeren Bedingungen alle Investitionen ähnlich. Deshalb kann auch Streuung nicht jene Risiken vermeiden, die von den Fluktuationen des Wirtschaftslebens herrühren. Das ist nur in Glücksfällen wie dem des Portfolios mit Ausflugsschiff und Regenschirmfabrik möglich.

Der Anteil an den Risiken eines Investments, der sich durch Diversifizierung vermeiden lässt, darf nicht wirklich als Risiko betrachtet werden. Man nennt ihn *unsystematisches Risiko*. Der Markt sieht ihn nicht als wirkliches Risiko und honoriert ihn nicht mit besonderem Profit. Genauer sollten wir sagen: Es ist nicht so, dass der Markt «honoriert» oder «nicht honoriert», er bestätigt nur das Gesetz von Angebot und Nachfrage auch im Fall der Investitionen. Die Allzweckwaffe der Ökonomen, nämlich die Analyse der Angebots- und Nachfragekurve, kann auch auf sie angewendet werden. Wenn es einem Investor gelingt, ein gewisses Risiko auszuschließen (beispielsweise durch Diversifizierung), sinkt die Angebotskurve, weil der Investor auch mit einer niedrigeren Rendite befriedigt werden kann. In diesem Fall unterliegt die Nachfrage keinen Schwankungen, der Preis (in unserem Fall die erwartete Rendite) sinkt. Im Lauf der Zeit bildet sich ein Gleichgewichtszustand heraus, bei dem das unsystematische Risiko die erwartete Rendite nicht länger beeinflusst.

Insofern macht es also keinen Unterschied, ob eine Investition auf äußere Umstände positiv oder negativ reagiert, wichtig ist nur, dass sie anders reagiert als die anderen. Das scheint ungerecht zu sein, weil eine anfällige Investition risikoreicher ist und wir deshalb eine höhere Rendite erwarten würden. Richson beispielsweise zog im ersten Kapitel Robinsons körperliche Kondition in Betracht, weil er meinte, das Risiko, das Darlehen und die Zinsen zu verlieren, sei geringer, wenn Robinson gut in Form ist. In Bezug auf das Darlehen hatte er recht, aber wenn Richson über Investitionen nachdenkt, ist es anders. Ein Robinson, der häufig krank ist, bringt weniger Rendite, weil er krankheitsbedingt arbeitsunfähig ist. Dann ist er weniger Investition wert. Das Risiko wird noch größer, wenn Robinson zur selben Zeit erkrankt wie die anderen «Investments». Der Teil des Risikos, bei dem mehrere Robinsons unabhängig voneinander erkranken, lässt sich dank Risikostreuung reduzieren.

Risiken, die auch bei Diversifizierung unvermeidbar sind, werden als *systematische Risiken* bezeichnet. Sie haben damit zu tun, dass der Erfolg einer bestimmten Investition mehr oder weniger auf den Erfolg der gesamten Wirtschaft bezogen ist; kurz: sie sind das eigentliche Marktrisiko (das mit den unsystematischen Risiken ein Gesamtrisiko bildet). Für dieses Risiko haben Ökonomen im Rahmen einer Theorie, auf die wir noch kommen werden, einen Maßstab entwickelt, der, vereinfacht gesagt, die Schwankungen der allgemeinen Marktbewegungen mit denen einer – geplanten oder getätigten – Geldanlage vergleicht. Dieser mit Kennzahlen ausgestattete Maßstab heißt *Betafaktor* und ist dazu da, das Risiko einer Investition, also einer Aktie oder eines Portfolios, auf das gesamte Marktgeschehen zu bewerten. Je höher der Betafaktor einer Investition ist, desto besser die Aussicht auf Rendite, desto höher aber auch das Risiko.

Per definitionem hat der Betafaktor den Wert 1, wenn die Schwankung eines Aktienkurses mit den Marktbewegungen im Einklang steht, also dem Marktdurchschnitt entspricht. Der Betafaktor ist kleiner als 1, wenn die Schwankungen der Aktie geringer sind als auf dem Markt; er ist desto größer als 1, je größer die Schwankungen der Aktie im Verhältnis zum Markt-Mittel sind.

Im Betafaktor fassen Investoren also alle Informationen über die Risiken der fraglichen Investition zusammen.[45] Als Richson im vorigen Kapitel die Risiken des Fischfangunternehmens analysierte, verschwendete er nicht viele Gedanken auf die Gefahren der Seefahrt. Diese Gefahren stellen sehr wohl wirkliche Risiken dar, aber es sind keine systematischen Risiken. Richson hat das unwahrscheinliche, aber existierende Risiko einer Havarie berücksichtigt, indem er die Rendite etwas herabsetzte. Dieses Ereignis betrifft jedoch nicht den Betafaktor, denn die Wahrscheinlichkeit eines Unfalls ist unabhängig von der jeweiligen Wirtschaftslage.

Der Betafaktor wird jedoch durch die Tatsache beeinflusst, dass die Firma sich mit der Herstellung eines Grundnahrungsmittels befasst (zugegeben, es gibt im Archipel kein anderes). Richson sah darin einen reduzierenden Faktor, denn Menschen müssen auch bei schlechter Wirtschaftslage essen. Deshalb leidet die Nachfrage nach Fischen nur wenig unter einer etwaigen allgemeinen wirtschaftlichen Rezession; Menschen essen allerdings auch nicht wesentlich mehr als sonst, wenn es der Wirtschaft gutgeht. So gesehen ist der Betafaktor dieses Unternehmens niedrig. Andererseits hängt die Schätzung des Einkommens sehr stark von geringen Schwankungen der Fangbeträge ab. Es macht einen Unterschied, ob 290 oder 300 Fische täglich gefangen werden. Dies beeinflusst den Betafaktor, denn es kann mit dem allgemeinen Verlauf der Wirtschaft einhergehen. Wenn das Wetter gut ist, geht alles besser, und das Fischerboot produziert merklich mehr. Wenn das Wetter schlecht ist, geht alles schlecht, aber die Fischerei merkt das, weil auch ein Fehlertrag von zehn Fischen für sie zu Buche schlägt.

Wir haben eine Komponente betrachtet, die den Betafaktor des Fischfangunternehmens erhöht, und eine andere, die ihn mindert. Richson fasste beide Faktoren (und viele andere) zusammen, als er zu dem Schluss kam, die Gesamtheit der Risiken für das Unternehmen sei ziemlich hoch, und den Betafaktor auf 3,7 schätzte.

CAPM (Capital Asset Pricing Model) – das Preismodell für Kapitalgüter

Im vorigen Kapitel haben wir nichts dazu gesagt, wie Richson aufgrund seiner Risikoabschätzung (also seiner Festsetzung eines Betafaktors von 3,7) auf eine Gewinnerwartung von 40 Prozent schloss. Richson verwendete das CAPM (Capital Asset Pricing Model), die Grundlage der in der Finanzwelt wohl meistverwendeten mathematischen Formel. Dieses Preismodell für Kapitalgüter stellt einen Zusammenhang zwischen Betafaktor (Risiko) und zu erwartendem Profit her. Es geht darum, das Risiko zu bestimmen, mit dem einzelne Investitionen im Rahmen des allgemeinen Marktgeschehens behaftet sind.

Diese Herleitung ist ziemlich kompliziert. Im Wesentlichen ähnelt sie aber Beachsons Gedankengang (falls er aufgrund von Überlegungen vorging und nicht lediglich Glück hatte). CAPM nimmt für ein gegebenes Unternehmen ein effizientes, am Marktdurchschnitt ausgerichtetes Portfolio an, das auch die betrachtete Anlage enthält. Der von diesem optimalen Portfolio geforderte Ertrag gibt an, welchen Wert ein Investor von diesem Investment erwarten kann. Auf diese Weise berücksichtigt das Modell, dass der Teil des Risikos, der diversifizierbar ist, keine höhere Rendite erwarten lässt.

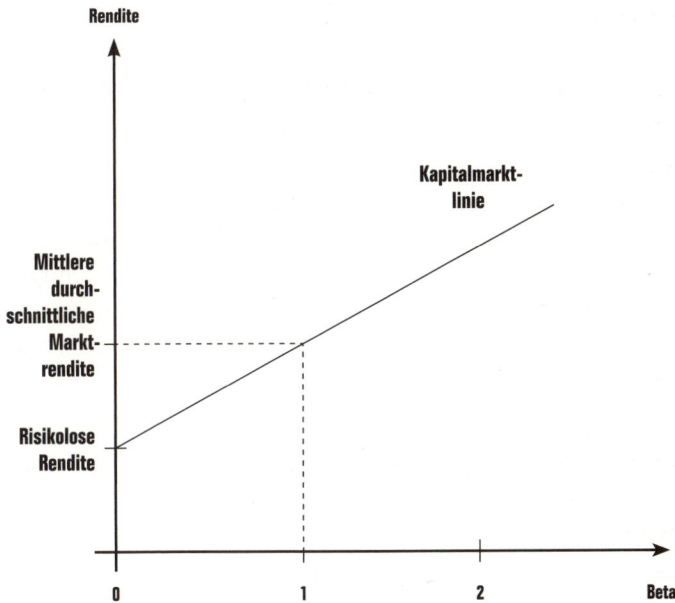

Die Herleitung der Formel mag kompliziert sein, aber das Ergebnis ist erfreulich einfach. Auf dem folgenden Diagramm können wir ablesen, dass die Beziehung zwischen Betafaktor und der erwarteten Rendite linear ist. Eine Gerade wird durch zwei Punkte festgelegt – in unserem Fall sind die beiden Punkte der Wert der Rendite ohne Risiko (oder mit einem sehr kleinen Risiko) und der durchschnittlichen Rendite des Marktes. Der erste Wert entspricht dem Betafaktor 0, der zweite dem Betafaktor 1. Wenn wir also das Beta einer bestimmten Investition kennen, gibt das Diagramm die Rendite an. Daraus lässt sich das Risiko der Investition berechnen, wie es Richson im vorherigen Kapitel getan hat. Ihr Preis berücksichtigt alle Informationen, die es gibt, besonders die Entwicklung in der Vergangenheit, soweit es eine gibt.

Die Bestimmung der Kapitalmarktlinie ist nur ein Nebenprodukt des Modells, stellt aber den für die Anwendung wichtigsten Teil dar. Die theoretische Bedeutung des CAPM liegt vor allem in dem Nachweis, dass sich auch bei Investitionen ein Marktgleichgewicht realisieren lässt. Dieses Gleichgewichtsprinzip hat Ähnlichkeit mit dem in Kapitel 6 dargelegten Mechanismus, der das Gleichgewicht zwischen Angebot und Nachfrage regelt. Das Marktgleichgewicht befreit die Wirtschaft von unerfreulich großen und hysterischen Marktschwankungen – jedenfalls theoretisch.

Wie alle Modelle kann auch CAPM die Wirklichkeit nicht genau erfassen. Die Gültigkeit des Modells ist leicht zu verifizieren: Man braucht nur in die Vergangenheit zu gehen und nachzuprüfen, welche Investition sich zu einem gegebenen Zeitpunkt angeboten hätte. Durch Vergleich mit dem tatsächlichen Verlauf kann man die Zuverlässigkeit einer auf CAPM gründenden Entscheidung überprüfen. Obwohl diese Kontrollen zeigten, dass die Genauigkeit des Modells in der Praxis viele Wünsche offen lässt, erwies es sich als sehr schwierig, das Modell zu verbessern.

Die Grundprinzipien dieses Modells hatten allergrößten Einfluss auf das Denken der Wirtschaftswissenschaftler. In den 70er Jahren frönte die Wall Street einem wahren Beta-Kult. Wie jede Mode war auch diese vergänglich, aber der Begriff des Betafaktors ist weit verbreitet und viel umfassender als im CAPM. Theoretisch lässt sich das Beta nur für Unternehmen mit einer langen Geschichte zuverlässig berechnen, bei der die Beziehung zwischen ihrer eigenen *Performance* und der Entwicklung auf dem Markt klar ist. In der Praxis wird der Betafaktor (und CAPM) zur Bewertung aller Anlagemöglichkeiten benutzt, selbst bei Neugründungen, wie Richson es tat. In diesen Fällen hängt die Ungenauigkeit des CAPM damit zusammen, dass es unmöglich ist, den Betafaktor genau zu bestimmen.

Es wundert nicht, dass man auf viele Weisen versucht hat, ein möglichst genaues CAPM zu erstellen. Die rein mathematischen und ökonomischen Modelle zur Risikoeinschätzung haben jedoch eher dürftige Ergebnisse gebracht. Zum ersten Mal in der Geschichte der Wirtschaftswissenschaften führt der verheißungsvollste Weg über die Anwendung der Ergebnisse der psychologischen Forschung.[46]

Risikobereitschaft, Risikovermeidung

Die Behauptung, der Betafaktor stelle gewissermaßen das Gedächtnis des Kapitals dar, ist kaum übertrieben, denn in dieser einen Zahl fassen Investoren alle Risikofaktoren zusammen, die sich ihrerseits auf Erfahrungen der Vergangenheit gründen. Wir sahen jedoch im fünften Kapitel, dass das menschliche Gedächtnis seiner Natur nach im Wesentlichen rekonstruktiv arbeitet. Dieses wissenschaftlich bewiesene psychologische Phänomen beeinflusst ein sehr wichtiges Kennzeichen der Informationsgesellschaft, die Stabilität der Fakten. Für die Perspektive unseres Buches ist in diesem Zusammenhang wichtig, dass sich Erinnerungen unter dem Einfluss von Information von außen beachtlich verändern können.

In einem Experiment sahen Versuchspersonen die Videoaufnahme eines Autounfalls. Nachdem sie sich für eine Weile mit anderen Dingen beschäftigt hatten, sollten sie den Unfallhergang schildern. Dazu wurde eine Gruppe über das Video zu dem «Zusammenstoß zweier Autos» befragt, die andere jedoch über den «Frontalzusammenstoß». Die Erinnerungen unterschieden sich deutlich. Diejenigen, die nur an einen Zusammenstoß erinnert wurden, schätzten die Geschwindigkeit der Autos viel niedriger als diejenigen, die schätzen sollten, wie schnell die Autos beim Frontalzusammenstoß fuhren. Außerdem verneinten die meisten der ersten Gruppe die Frage, ob sie Glasscherben gesehen hätten, während die meisten der zweiten Gruppe sie bejahte (dabei waren im Film keine Glasscherben zu sehen).

Neue Bezugspunkte beeinflussen nicht nur unsere Erinnerung, sondern auch unsere Vorlieben. So wurden beispielsweise die Teilnehmer einer Umfrage gebeten, sich entweder für eine Politik mit hoher Beschäftigungsquote und hoher Inflationsrate oder eine mit niedriger Beschäftigungsquote und niedriger Inflationsrate zu entscheiden. Solange es darum ging, ob die Arbeitslosenquote bei 10 Prozent oder bei 5 Prozent liegen sollte, war eine große Mehrheit bereit, die höhere Inflation in Kauf zu nehmen. Als die Teilnehmer aber aufgefordert wurden, zwischen den Beschäftigungsquoten von 90 Prozent und 95 Prozent zu wählen, schien ihnen eine niedrige Inflation wichtiger als eine Anhebung der Beschäftigungsquote um 5 Prozent.

In einem anderen Experiment stellten Kahneman und Tversky ihre Versuchspersonen vor eine unangenehme Entscheidung. Sie sollten sich vorstellen, dass in einem Dorf alle 600 Bewohner an einer seltenen tödlichen Krankheit erkrankt sind. Es stehen zwei Medikamente zur Verfügung, die einander leider ausschließen. Einer Hälfte der Versuchspersonen wurde die Situation so beschrieben:

1. Mit Medikament A werden wahrscheinlich 200 Personen gerettet.

2. Mit Medikament B beträgt die Wahrscheinlichkeit, dass alle 600 Einwohner überleben, $1/3$ und die Wahrscheinlichkeit, dass niemand überlebt, $2/3$.

72 Prozent wählten die erste Alternative und 28 Prozent die zweite. Der anderen Hälfte dagegen wurde die folgende Version vorgelegt:

3. Mit Medikament A sterben wahrscheinlich 400 Personen.
4. Mit Medikament B beträgt die Wahrscheinlichkeit, dass niemand stirbt , $1/3$, und die Wahrscheinlichkeit, dass alle 600 sterben, $2/3$.

In diesem Fall wählten 78 Prozent der Versuchspersonen die zweite Alternative und 22 Prozent die erste. Beiden Gruppen wurde also dieselbe Situation geschildert, wenn auch unterschiedlich eingekleidet, und dadurch änderte sich das Verhältnis radikal. Im ersten Fall war die Rede von Überleben – dort herrschte Risikovermeidung vor. Im zweiten Fall war von Verlusten die Rede: hier dominierte die Risikobereitschaft.

Das folgende Experiment zeigte dasselbe Phänomen unter viel abstrakteren Bedingungen. Eine Hälfte der Versuchspersonen musste zwischen diesen beiden Möglichkeiten wählen:

1. Sie gewinnen mit 80 Prozent Wahrscheinlichkeit 4000 Dollar und gehen mit 20 Prozent Wahrscheinlichkeit leer aus.
2. Sie bekommen mit Sicherheit 3000 Dollar.

In diesem Fall wählten 80 Prozent die zweite Möglichkeit. Die anderen Versuchspersonen mussten zwischen diesen beiden Möglichkeiten wählen:

3. Sie verlieren mit 80 Prozent Wahrscheinlichkeit 4000 Dollar und mit 20 Prozent Wahrscheinlichkeit nichts.
4. Sie verlieren mit Sicherheit 3000 Dollar.

In diesem Fall wählten mehr als 90 Prozent Option 3. Wenn es ums Gewinnen geht, hat Risikovermeidung Vorrang, während wir uns dann, wenn es um Verlust geht, risikofreundlich verhalten.

Das scheint im Gegensatz zur Beliebtheit von Lotterien zu stehen. Tatsächlich haben weitere Versuche das obige Bild verfeinert. Kurz zusammengefasst zeigen sie:

1. Wenn die Gewinnwahrscheinlichkeit relativ hoch ist, verhalten wir uns risikofeindlich.
2. Wenn die Verlustwahrscheinlichkeit relativ hoch ist, verhalten wir uns risikofreundlich.
3. Wenn die Gewinnwahrscheinlichkeit sehr gering ist, verhalten wir uns risikofreundlich.
4. Wenn die Verlustwahrscheinlichkeit sehr gering ist, verhalten wir uns risikofeindlich.

Hier stellt sich zu Recht die Frage, wie wir aus Antworten auf so abstrakte und hypothetische Fragen derart weitreichende Schlüsse herleiten können. In konkreten Situationen verhalten sich Menschen oft anders als in erdachten. Aber bei Fragen dieser Art gibt es viele Signale dafür, dass die in hypothetischen Situationen gegebenen Antworten gar nicht so weit von der Wirklichkeit entfernt sind. Man hat ähnliche Versuche durchgeführt, bei denen es Geld zu gewinnen oder zu verlieren gab (die Summen waren sehr gering), und fand nur kleine Unterschiede zwischen dem vermuteten und dem tatsächlichen Verhalten: Die Richtung der Unterschiede war recht konsistent: das reale Verhalten ist gewöhnlich eine nur wenig veränderte Variante des vorgestellten.

Man hat alle möglichen ähnliche Versuche durchgeführt, und aus ihnen lassen sich Hinweise über das mutmaßliche Verhalten von Menschen bei riskanten Entscheidungen herleiten. Kahneman und Tversky fassten die Ergebnisse in einer Erwartungstheorie zusammen, die sie Prospect Theory nannten, im Deutschen auch Neue Erwartungstheorie genannt.

Prospect Theory

Als wir zu Beginn dieses Kapitels über die von Regenschirmfabrik und Ausflugsschiff zu erwartenden Renditen nachdachten, berechneten wir den Mittelwert von + 40 und – 10 ganz gelassen als + 15 Prozent. Das schien ganz vernünftig. Mittlerweile wissen wir jedoch, dass Menschen diese beiden Möglichkeiten unterschiedlich bewerten. So zog es beispielsweise die Mehrheit der Versuchspersonen vor, 3000 Dollar sicher zu haben als 4000 Dollar mit 80 Prozent Wahrscheinlichkeit, obwohl diese Möglichkeit auf 3200 Dollar hinausläuft («auf lange Sicht», könnten wir sagen, wenn nicht Lord Keynes im Jenseits verächtlich grinste).

Wenn wir ausschließlich Portfolios betrachten, müssen wir Mittelwerte bilden, auch wenn wir dabei inzwischen ein unbehagliches Gefühl bekommen haben. Aber unser Portfolio bringt einen Gesamtgewinn, und wie zufrieden wir damit sind, hängt nur von unseren irrationalen Gefühlen ab. Tatsächlich wird der Börsenwert des Portfolios von der Börse selbst bestimmt, also von der Gesamtheit der Urteile von Einzelpersonen am Geldmarkt. Die Bewertung der vom Portfolio zu erwartenden Rendite wäre vielleicht realistischer, wenn man bei der Bestimmung des Endwertes psychologische Aspekte berücksichtigte. Dazu reichen die Beispiele der vorhergehenden Experimente und eine qualitative Herleitung nicht aus. Nötig sind vielmehr klare Aussagen darüber, wie Menschen die Ergebnisse von unsicheren und risikoreichen Entscheidungen bewerten.

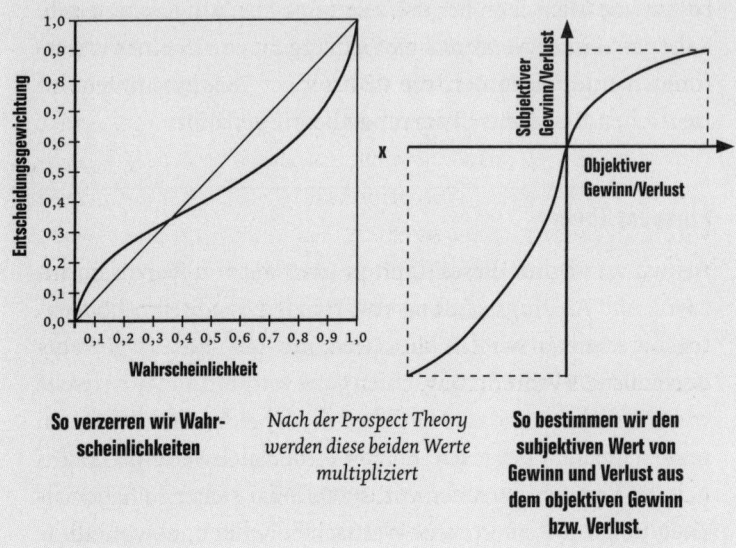

So verzerren wir Wahr-scheinlichkeiten

Nach der Prospect Theory werden diese beiden Werte multipliziert

So bestimmen wir den subjektiven Wert von Gewinn und Verlust aus dem objektiven Gewinn bzw. Verlust.

Rein mathematische Modelle wie CAPM gehen von der Annahme aus, dass alle möglichen Ergebnisse für uns einen subjektiven Wert haben. Dieser subjektive Wert kann natürlich bei jedem Menschen ein anderer sein, ist aber eine Funktion eines objektiven, für alle gleichen Wertes. Die psychologischen Versuchsergebnisse zeigen jedoch, dass die logischen Annahmen in mathematischen Verfahren oft weit von dem entfernt sind, wie wir im wirklichen Leben konkrete Entscheidungen treffen. Gegenüber logisch-rationalen Ableitungen ist unsere Wahrnehmung, wie die Beispiele zeigen, in unsicheren Situationen verzerrt, je nach dem, wie äußere Einflüsse auf uns wirken.

Kahneman und Tversky meinten aber, es müsse sich lohnen, nach einem Modell zu suchen, das möglichst viel von dem bewährten mathematischen Verfahren bewahrt und auch die eigenen Untersuchungen darstellbar macht, und fanden nach Auswertung zahlreicher experimenteller Daten eine Möglichkeit, sowohl die Wahrnehmungsverzerrung als auch das individuelle Verhalten bei der Bewertung möglicher Gewinne oder Verluste (im Verhältnis zur objektiven Wahrscheinlichkeit) in Diagrammen auszudrücken. Aus dem Produkt beider Funktionen ergibt sich der Wert, der einer unsicheren und riskanten Möglichkeit in einer gegebenen Situation wahrscheinlich beigemessen wird. Allgemein gesagt neigen wir dazu, Ausnahmesituationen zu hoch und durchschnittlich gute Chancen zu niedrig einzuschätzen. Die Vermeidung von Verlusten ist uns im Zweifel wichtiger als das Erzielen von Gewinnen, der Erhalt des Status quo näher als Veränderung.

Man sollte jedoch bedenken, dass diese Kurven nur allgemein gelten. Menschen gehen mit Risiken gelegentlich sehr individuell um, auch wenn es viele Anzeichen gibt, dass das allgemeine Prinzip der Erwartungstheorie für jeden Einzelnen gilt – schlimmstenfalls verzerrt jeder die Kurven nach Belieben. Die Erwartungstheorie ist nicht das Ergebnis einer mathematischen Herleitung, sondern die mathematische Modellwiedergabe von empirischen Beobachtungen und Experimenten.[47]

Die Beziehung zwischen CAPM und Prospect Theory

Das CAPM ließ sich gut mit der Prospect Theory verbinden. Die Herleitung für die Kapitalmarktgerade bleibt gültig, auch wenn die Gerade etwas verschoben ist. Diese kleine Abänderung beeinflusst die Praxis von Investoren kaum, und ihre Arbeit ist deshalb nicht komplizierter oder schwieriger geworden. Vielleicht stieß die praktische Anwendung der Neuen Erwartungstheorie deshalb auf so wenig Widerstand.

Wirtschaftswissenschaftler dagegen konnten sich für diese Änderung nicht begeistern, denn sie gibt das in CAPM von der Theorie garantierte Marktgleichgewicht preis. Wenn die Erwartungstheorie berücksichtigt wird, ist vorstellbar, dass die Wirtschaft nicht nur deshalb fortwährend Schwankungen unterliegt, weil die Menschen die Wirtschaftswissenschaft nicht beherrschen, sondern weil es aufgrund ihrer psychischen Beschaffenheit kein Gleichgewicht gibt. Neuerdings weiß man, dass die Erwartungstheorie zwar nicht die Existenz eines Gleichgewichts garantiert, aber doch Zustände impliziert, die nahe am Gleichgewicht liegen und nur kleine Fluktuationen aufweisen. Insofern können Wirtschaftswissenschaftler die Theorie leichter akzeptieren, und das ermöglicht es, die Unvernunft menschlicher Entscheidungen in unseren Wirtschaftsmodellen vernünftig zu berücksichtigen.

Die Erwartungstheorie sieht Menschen keineswegs als vernünftige Wesen. Die traditionellen Schulen der Ökonomie gehen dagegen von der Annahme aus, dass das Überleben der Menschen vernünftiges Verhalten voraussetzt. Ihrer Logik nach müssen in einer wettbewerbsorientierten Umwelt alle nicht rein rationalen Verfahren ins Chaos führen, also nicht mehr zu handhaben sein. Tversky und Kahneman hielten dagegen: «Vielleicht ist es wichtiger zu wissen, dass, wie die Praxis zeigt, menschliche Entscheidungen auf Regeln beruhen, auch wenn sie im herkömmlichen Sinn des Wortes nicht immer rational sind.» Die Regelhaftigkeit, also die Tatsache, dass unsere Entscheidungen überwiegend vorhersehbar und im Prinzip berechenbar sind, kann das Wirtschaftsleben vor Chaos bewahren. Damit ist nicht gesagt, dass rationales Verhalten besonders erfolgsträchtig ist, solange wir nicht für seine Umsetzung die angemessenen intellektuellen und psychologischen Instrumente einsetzen.

Das Menschenbild der Erwartungstheorie ist keineswegs pessimistisch. Es ist sogar vernünftig, mit der eigenen Unvernunft zu rechnen. Das bedeutet einerseits, die eigenen intellektuellen Grenzen zu erkennen, die einen zwingen, auf sein Gefühl zu achten, denn man kann unmöglich schon zu Beginn alle Konsequenzen rational abwägen. Andererseits bedingt die Unvernunft des Menschen auch kognitive Dissonanz, seine ihm selbst unbekannten Begierden und vieles mehr, wovon im nächsten Kapitel die Rede sein wird. Dort werden wir sehen, dass viele irrationale Elemente im menschlichen Denken nur aus ökonomischer Sicht irrational sind, nicht aus psychologischer.

Aus Sicht des Geldes, das die Form von Kapital annimmt, ist es völlig gleichgültig, ob sich Menschen in Finanzfragen vernünftig verhalten. Für das Kapital als Replikator kennzeichnet all dies lediglich die Umweltbedingungen, die sein Funktionieren bestimmen, und je besser es sich daran anpasst, umso größer ist seine Chance, überlebensfähige «ökonomische Lebewesen» hervorzubringen.

9. DIE MOTIVATIONSWIRKUNG DES GELDES

Vielleicht macht Geld nicht glücklich,
aber sicherlich macht langer und großer
Geldmangel unglücklich.

Im Abschnitt über kognitive Dissonanz veranschaulichten wir im vierten Kapitel die Macht des Geldes anhand einiger Experimente. Geld kann Versuchspersonen dazu bringen, anderen etwas vorzulügen oder eine andere Meinung zu vertreten als die eigene oder rasch die Meinung zu ändern, und Geld brachte sie dazu, etwas zu tun, was sie aus eigenem Antrieb nicht getan hätten. Anders gesagt: Geld kann *motivieren*.

Die Motivationswirkung des Geldes ist sehr komplex. Geld motiviert nicht nur, sondern bewirkt auch andere psychologische Veränderungen in uns. Bei den obigen Experimenten beispielsweise führte paradoxerweise wenig Geld zu großen Meinungsänderungen, während viel Geld nicht dieselbe Wirkung hatte. Auch zwischen der Qualität der Essays, die die Studenten zur Verteidigung der Polizei schrieben, und dem für das Schreiben gezahlten Geldbetrag bestand keine Beziehung. Die Aufsätze, für die es wenig Geld gab, waren im Mittel ebenso gut wie die besser bezahlten. Im Mittel gab es auch keinen Unterschied zwischen den Arbeiten, die im Rahmen eines Seminars abgeliefert wurden, und jenen, für die es im Rahmen des Experiments Geld gab.

Natürlich lassen sich die aus solchen Experimenten gezogenen Schlüsse nicht beliebig verallgemeinern. Ein Seminar an einer Universität ist etwas ganz anderes als eine entlohnte Beschäftigung. Die Studien lassen jedoch erkennen, dass die

Qualität einer Arbeit überhaupt nicht von dem dafür bezahlten Geld abhängt.

Extrinsische und intrinsische Motivation

Psychologen unterscheiden zwischen inneren und äußeren Beweggründen. Bei der intrinsischen Motivation liegt die Belohnung im Tun, darin, dass die Sache Spaß macht. Extrinsische Motivation dagegen ist leicht manipulierbar, denn es genügt, das motivierende Element (Belohnung, Strafe, Lob, Tadel, Geld etc.) entsprechend zu dosieren. Die richtige Dosis ist jedoch im Allgemeinen nicht leicht zu bestimmen, weil jeder Mensch anders reagiert. Das Problem wird noch größer dadurch, dass die äußere Motivation die innere Motivation beeinflusst.

All dies gilt nicht nur für Menschen. Auch Affen spielen lange mit Bausteinen und konstruieren alle möglichen Gebilde. Als man sie in entsprechenden Versuchen dafür jedoch mit einer Banane belohnte, hörten sie viel eher mit dem Spielen auf. Die externe Belohnung schwächte ihre intrinsische Motivation zum Spiel mit den Blöcken. Aber das Ergebnis ist nicht eindeutig. Wenn die Affen nämlich nur eine kleine Belohnung erhielten, beispielsweise eine hinter Bausteinen versteckte Rosine, verbrachten sie mehr Zeit mit dem Spiel.

Wir erhalten im Alltagsleben oft Geld für etwas, das wir auch ohne Bezahlung, aus eigenem Antrieb, getan hätten. Der ungarische Schriftsteller István Örkény schrieb einmal, er sei bereit, dafür zu zahlen, dass er schreiben dürfe – welch Glück, dass es umgekehrt war! Deshalb lohnt es sich, die Beziehung zwischen äußeren und inneren Beweggründen nicht nur für die psychologische Theorie, sondern auch für die tägliche Praxis aufzudecken. Untersuchungen dazu laufen seit mehr als einem halben Jahrhundert, aber wir können noch keine klaren

Schlüsse ziehen. In Bezug auf die menschliche Motivation ist die Lage noch komplizierter und vielfältiger als bei Affen. Die individuellen Unterschiede sind gewaltig, es kommt darauf an, um welche Art innerer oder äußerer Motivation es geht, und selbst Geschlecht und Alter der Versuchspersonen spielen eine Rolle. Wir betrachten trotzdem ein typisches Beispiel.

Der hervorragende Motivationsforscher Edward Deci sagt am Ende seiner Beschreibung einer seiner komplizierten Untersuchungen: «Es gibt Menschen, die behaupten, wir würden nie etwas Neues entdecken, sondern immer nur etwas wiederentdecken. Obwohl die in diesem Kapitel dargelegte Forschung ein neues Licht auf die Wirkungen wirft, die externe Belohnung auf die intrinsische Motivation hat, legt die folgende Geschichte nahe, dass wir gar nicht so viel neue Information haben, wie wir denken.» [48] Und dann erzählt er einen Vorfall aus den Jahren um 1940:

In einer Kleinstadt im Süden der USA, durch die mal wieder der Clan ritt, besaß ein jüdischer Schneider die Tollkühnheit, in der Hauptstraße einen kleinen Laden zu eröffnen. Um ihn aus der Stadt zu vertreiben, gab der Kleagle des Clans einem Haufen von Gassenbuben den Auftrag, ihn zu ärgern. Tag für Tag standen sie vor der Ladentür und schrien: «Jude! Jude!» Die Situation war für den Schneider bedrohlich, und er nahm sich die Sache sehr zu Herzen und dachte nächtelang darüber nach. Verzweifelt fasste er schließlich einen Plan. Als die kleinen Straßenjungs am nächsten Tag kamen, ging er an die Tür und sagte ihnen: «Von heute an gebe ich jedem Jungen, der mich Jude nennt, einen Zehner.» Dann steckte er die Hand in die Tasche und gab jedem Jungen einen Zehner. Als die erfreuten Buben am nächsten Tag wiederkamen und schrien, kam der Schneider lächelnd an die Tür und gab jedem der Jungen einen Fünfer, wobei er sagte: «Ein

Zehner ist zu viel – heute kann ich mir nur einen Fünfer leisten.»
Die Jungen gingen befriedigt weg, denn auch Fünfer sind Geld.
Als sie jedoch am nächsten Tag wiederkamen und brüllten, gab
ihnen der Schneider nur je einen Cent. «Warum bekommen wir
heute nur einen Cent?», fragten sie. «Mehr kann ich mir heute
nicht leisten!» – «Aber vor zwei Tagen haben wir einen Zehner
bekommen und gestern einen Fünfer. Das ist nicht fair.» – «Ihr
braucht es nicht zu nehmen, mehr gebe ich nicht!» – «Sollen
wir Sie etwa für einen lausigen Cent als Jude beschimpfen?» –
«Dann lasst es sein!» Und damit war Schluss.

Wann hat man genug Geld?

Die meisten Menschen reagieren spontan: «Nie.» Je mehr Geld,
umso besser. In den Wirtschaftswissenschaften jedoch sagt
man sehr oft: «Alles hat seinen Preis.» Nichts ist umsonst, für
nichts gibt es nichts. Wenn es doch etwas gibt, dann ist es kein
wirtschaftliches Gut. Es stellt sich also die Frage, wie viel man
zu zahlen bereit ist – mit Arbeit, Freundlichkeit oder auch Glück
(da auch Glück ein, wenn auch sehr seltenes, Gut ist).

Als man die Lebensläufe von Lotteriegewinnern verglich,
fand man nur wenige, deren Leben die riesigen Geldbeträge auf
Dauer radikal verändert hatten. Viele Hauptgewinner jedoch
standen zwanzig oder dreißig Jahre nach dem Zeitpunkt, an
dem sie das große Los gezogen hatten, finanziell schlechter da
als vorher.

Im Jahr 2003 konnte die ungarische Lotterie viele Wochen
lang den größten Lotteriegewinn ganz Europas verheißen. Der
Glückstopf enthielt damals für den Volltreffer (5 Zahlen aus 90)
mehr als 5 Milliarden Forint (damals etwa 23 000 000 Euro). Man
befragte damals Menschen, was sie mit dem Geld anfangen würden.
Fast 20 Prozent wählten die Antwort: «Es ist besser, nicht

so viel Geld zu gewinnen.» Vielleicht meinten sie, sie möchten die ihnen vertrauten Sorgen lieber nicht durch andere, unbekannte ersetzen. So viel Geld lässt sich ja auch wirklich nicht vernünftig ausgeben.[49]

In Antal Szerbs Roman «Reise ins Mondlicht» sagt ein Geschichtsprofessor zu der Hauptfigur: «Die Dinge, für die es sich wirklich zu leben lohnt, kosten nie etwas. Es kostet dich keinen Kreuzer, ... wenn du einer Frau gefällst und sie mit dir ins Bett geht. Es kostet dich keinen Kreuzer, hin und wieder glücklich zu sein. Geld kostet nur das, was darum herum ist, um das Glück herum, all die dummen, langweiligen Requisiten. Es kostet kein Geld, in Italien zu sein, aber es kostet etwas, hierher zu reisen und ein Dach über dem Kopf zu haben. Es kostet kein Geld, dass die Frau deine Geliebte ist, sondern nur, dass sie zuweilen essen und trinken und sich anziehen muss, damit sie sich wieder ausziehen kann.»[50] Die allermeisten Menschen denken genauso, auch wenn sie es nicht so poetisch ausdrücken können.

Forschungsergebnisse zeigen, dass Menschen nur in bestimmten Fällen und nur in einem gewissen Maß umso mehr leisten, je besser die Bezahlung ist. Für die meisten Menschen gibt es einen Punkt, von dem an die Kurve nicht mehr steigt, sondern zu fallen beginnt. Dieser Punkt kommt im Allgemeinen lange bevor Biologie und Intellekt der Leistungssteigerung Grenzen setzen. Ein typisches Beispiel dafür liefert das Verhalten der Taxifahrer in New York City.[51] An Regentagen sind nachmittags viel weniger Taxis auf den Straßen als an anderen, und oft findet man nur mit Mühe eins. Man sollte denken, dass die Fahrer besonders gern dann arbeiten, wenn sie viele Fahrgäste finden und also viel verdienen können. Die Mehrheit der Taxifahrer jedoch denkt anders. Wegen der großen Nachfrage verdienen sie morgens genug Geld für den Tag und nehmen deshalb den Nachmittag frei.

Entsprechendes gilt wohl kaum für Geschäftsleute und Investoren. Es bleibt die Frage, warum jemand, der einige hundert Millionen besitzt, weitere hundert Millionen begehrt, wenn doch das Vermögen sowieso nicht nur bis zu seinem, sondern auch bis zum Lebensende seiner Urenkel ausreicht. Und doch lässt sich oft beobachten, dass bei Beträgen über einige hundert Millionen jeder Cent zählt.

Ich erwähne hier einen ähnlichen Fall, wobei die Bedeutung erst in Kapitel 14 ganz klar wird. Albert Einstein veröffentlichte 1905, als 25-Jähriger, großartige physikalische Arbeiten, und es war schon wenige Jahre später klar, dass er den Nobelpreis verdiente, obgleich die Entscheidung schwerfiel, welche Leistung mit dem Preis ausgezeichnet werden sollte. Bei all seiner Berühmtheit vertiefte sich Einstein sein Leben lang weiter in physikalische Probleme, und niemand fragte ihn nach dem Grund. Könnte das bei den Geschäftsleuten mit ihren hundert Millionen ähnlich sein?

Wenn wir in Kapitel 14 ankommen, wird klar sein, dass es hier nicht nur um eine Analogie, sondern eine logische Identität geht. Der Wissenschaftler wird motiviert von wissenschaftlichen Problemen, der Geschäftsmann vom Geld. Aber das geben nur wenige Geschäftsleute zu. Nelson Bunker Hunt, ein Ölmilliardär aus Texas, sagte: «Geld hat mir nie etwas bedeutet. Es hat mir lediglich als Maß für die richtige Risikoeinschätzung gedient.» [52] Die meisten erfolgreichen Geschäftsleute und Investoren erklären ihre Motivation komplizierter und sprechen von Innovation, Beschaffung von Arbeitsplätzen, Ankurbelung der Wirtschaft oder dem Erbe, das sie ihren Kindern hinterlassen wollen. Um die Beweggründe für diese Aussagen zu verstehen, müssen wir uns mit einigen psychologischen Mechanismen vertraut machen.

Abwehrmechanismen

Erfolgreiche Geschäftsleute wissen, dass der Wert des Lebens nicht im Reichtum an Geld liegt. Wie wir am Ende des vorigen Kapitels im Abschnitt *Richsons Hund* sahen, entnehmen sie das Geld für das, was ihr Leben lebenswert macht, nicht dem Kapital, sondern bezahlen es von ihrem Gehalt oder den Erträgen ihres Kapitals. Andererseits gehört es zum Wesen ihres Berufs, dass sie für die möglichst rasche Vermehrung ihres Geldes sorgen. Das führt zu einer unvermeidlichen kognitiven Dissonanz.

Wie wir in Kapitel 4 sahen, mögen wir nicht lange mit einer kognitiven Dissonanz leben, weshalb wir uns bemühen, sie rasch aufzulösen. Meistens verändern wir die Tatsachen in uns selbst, für uns selbst. Wenn das auf Schwierigkeiten stößt, ist das nächste schwache Glied in der Kette unsere Meinung, und wenn sich die nicht ändern will, fallen unsere Gefühle und Einstellungen der Verminderung der kognitiven Dissonanz zum Opfer. Gelegentlich hilft auch das nicht – eine Veränderung unserer Gefühle und Einstellungen kann auf ernsthafte, für uns unüberwindliche Hindernisse stoßen. Dann nehmen wir Mittel zu Hilfe, das Psychologen *Abwehrmechanismen* nennen.[53]

Solche Mechanismen wurden zuerst in Sigmund Freuds psychoanalytischer Theorie postuliert. In Freuds Theorie haben die Abwehrmechanismen die Aufgabe, uns am Erkennen jener persönlich wichtigen Momente zu hindern, die unser Selbstwertgefühl beeinträchtigen oder uns Angst machen. Abwehrmechanismen sind unbewusst und zeigen sich gewöhnlich im Handeln (oder seiner Vermeidung).

Freud entwickelte seine Theorie mehr als ein halbes Jahrhundert bevor die Theorie der kognitiven Dissonanz erarbeitet wurde. Der Begriff der kognitiven Dissonanz lässt viele von

Freuds Gedanken in einem neuen Licht erscheinen, und man hat zusätzlich zu den von ihm beschriebenen auch einige neue Abwehrmechanismen entdeckt. Wir betrachten jetzt einige der wichtigsten, deren Existenz nicht nur von theoretischen Überlegungen gefordert, sondern auch von empirischen Untersuchungen bestätigt werden.

Nach Freud ist der wichtigste Abwehrmechanismus die *Verdrängung*. Damit ist gemeint, dass der Mensch unbewusst mit instinkthaften Triebimpulsen verknüpfte Gedanken, Bilder und Erinnerungen aus seinem Bewusstsein tilgt, die ihm zu viel Angst oder Schmerz bereiten würden. Sie führen gewöhnlich zu Verlegenheit, schlechtem Gewissen, Verlust an Selbstachtung oder anderen leidvollen Gefühlen.

Ein typischer Verdrängungsmechanismus führt dazu, dass ein reicher Mensch die Erinnerung an frühere große Armut vergisst oder unterdrückt und Armen kein Mitgefühl zeigt, ihnen aus dem Weg geht oder sie sogar hasst. Er will keine Armut sehen, deshalb meidet er sie. Vielleicht macht er sich sogar glauben, Arme hätten sicherlich genug Geld, wenn sie es nicht verschwenden oder vertrinken würden. So unterdrückt er erfolgreich seine eigene große Angst vor Armut.

Für einen Geschäftsmann hat dieser Abwehrmechanismus auch Vorteile, weil er sich keine Sorgen über mögliche eigene Armut zu machen braucht, wenn er – unbewusst – das ihm bekannte leidvolle Gefühl unterdrückt. Obwohl der Name negativ klingt, ist Verdrängung nicht nur negativ zu sehen. Sie gelingt jedoch nur selten vollkommen. Verdrängte Inhalte attackieren das Bewusstsein und können zu Angstgefühlen oder sogar Krankheit führen, wenn sie nur teilweise an die Oberfläche kommen. Deshalb sind auch andere Mechanismen nötig.

Ein anderer häufiger Abwehrmechanismus ist die *Reaktion*. In diesem Fall verbirgt man die inakzeptablen verdrängten

Wünsche und Impulse vor sich selbst, in dem man eine genau entgegengesetzte Einstellung vertritt. So stellt sich gelegentlich heraus, dass ein Mensch, der vehement Unmoral, Alkohol oder Spielsucht geißelt, früher selbst gefährdet war und sich mit der heftigen Attacke vor allem vor einem Rückfall schützen will.

Dieser Mechanismus kann am Werk sein, wenn ein reicher Geschäftsmann Anfälle übertriebener Großzügigkeit hat und damit zeigt, dass er weder geizig noch neidisch ist. In Wirklichkeit möchte er mehr Geld haben, aber er verkehrt seine Begehrlichkeit ins Gegenteil: Er nutzt den Abwehrmechanismus der Reaktion zum Nutzen seiner eigenen mentalen Gesundheit.

Der Mechanismus der *Projektion* schützt uns vor dem Eingeständnis eigener unsympathischer Wesenszüge oder Begierden, indem er dafür sorgt, dass wir sie anderen zuschreiben. Ein typisches Beispiel ist der eifersüchtige Ehemann, der seine Frau grundlos der Untreue beschuldigt. Dieses Verhalten verbirgt oft die Tatsache, dass er selbst sie gern betrügen würde, diesen Wunsch aber unterdrückt, weil ihn sonst das eigene schlechte Gewissen plagen würde. Wenn die Unterdrückung nicht restlos gelingt, taucht der Wunsch hartnäckig wieder auf, und dann kommt der Mechanismus der Projektion ins Spiel. Die Gewissheit, betrogen zu werden, nimmt zu, der Gedanke geht dem Mann nicht aus dem Kopf – aber die Untreue wird auf die Frau projiziert.

Ein anderes klassisches Beispiel ist das eines reichen Mannes, der sich beklagt, man sei nur auf sein Geld aus und liebe ihn nur wegen seines Reichtums. Er selbst jedoch freundet sich nur mit Menschen an, von denen er sich Nutzen erhofft. Das verbirgt er vor sich selbst und schreibt seine eigenen unterdrückten Wünsche anderen zu.

Ein anderer Abwehrmechanismus ist das *Distanzieren*. In diesem Fall projizieren wir die zu unterdrückenden Inhalte nicht auf andere, sondern führen zwischen uns und das Objekt unserer Begierde einen Mittler ein oder spalten unsere Gefühle und Erkenntnisse ab. So können wir den Schmerz bewältigen, den uns die unerträgliche Nähe zum Wunschobjekt bereiten würde. Falls wir dieses Zwischenglied wahrnehmen, wissen wir doch nicht, warum wir es einführen. Wenn beispielsweise ein verliebtes Mädchen Blütenblätter abzupft: «Er liebt mich, er liebt mich nicht», ... nutzt es die Blume zur Distanzierung.[54]

Typisches Distanzierungsverhalten zeigt auch ein Geschäftsmann, der seine Arbeit sehr effizient erledigt und überhaupt nicht in sein Privatleben einbezieht. Er zahlt sich selbst ein Gehalt, das er mit seinen Partnern – oder sich selbst, wenn er keine hat – aushandelt. Von diesem Gehalt bezahlt er seinen Lebensunterhalt, sein Vermögen jedoch sieht er als völlig unabhängig. So vermeidet er die Versuchung, sich von seinem Wohlstand zu Ausgaben verleiten zu lassen, die ihm unangemessen und unklug erschienen. Vielleicht bahnte ihm dieser Abwehrmechanismus überhaupt den Weg zur Kapitalgewinnung.

Ein sehr verbreiteter Abwehrmechanismus ist die *Rationalisierung*. Schon in Aesops Fabel vom Fuchs, den die unerreichbaren Trauben locken, tröstet sich der Fuchs mit der Behauptung, sie seien zu sauer. Wenn wir rationalisieren, handeln wir nicht rational, sondern versuchen, unsere Handlungen als rational darzustellen. Wir suchen nach einer guten Ausrede für unser Handeln, um uns den wahren Grund nicht eingestehen zu müssen.

Wir begegneten einem typischen Fall von Rationalisieren auf beiden Seiten bei dem Handel zwischen Mr. Bookish und Mr. Fitness in Kapitel 6. Nach ihrem Gespräch konnten sie die Weitergabe des Geschenks lieber Verwandter rationalisieren. Deshalb sagten wir, es seien nicht nur zwei Gegenstände, sondern auch zwei Geschichten ausgetauscht worden. Wir sahen auch, dass das Gespräch zwischen Mr. Bookish und Mr. Fitness einen wirtschaftlichen Mehrwert brachte, indem es zu einem psychologischen Austausch führte, der den für beide vorteilhaften Handel ermöglichte. Abwehrmechanismen führen oft zu wirtschaftlichem Mehrwert, weil sie die psychologischen Bedingungen für die Verwirklichung dieses Wertes schaffen.

Auch ein Geschäftsmann, der sagt, er wolle möglichst reich werden, um seinen Kindern viel vererben zu können, rationalisiert, denn auf diese Weise kann er seinen eigenen Wunsch nach Wohlstand leichter annehmen. Er motiviert sein Handeln also nicht mit dem Wunsch nach Geld, sondern mit der Biologie – und das ist ihm lieber.

Nahe verwandt mit dem Rationalisieren ist das *Intellektualisieren*. In diesem Fall verwehrt man schmerzvollen Inhalten den Zugang zum Bewusstsein, indem man sie in abstrakter, intellektueller Form behandelt. Für einen Arzt beispielsweise wäre es eine unerträgliche Belastung, wenn er sich psychologisch mit dem Leiden eines jeden seiner Patienten identifizierte. Ganz gleich, wie mitfühlend er ist, er muss zwischen seinen eigenen Problemen und denen seiner Patienten eine Grenze ziehen.

Wenn ein Geschäftsmann über Arbeitsplatzschaffung, die Förderung der Wirtschaft und Ähnliches übertrieben emphatisch spricht, ist sein Abwehrmechanismus vermutlich das Intellektualisieren. So verbirgt er vor sich selbst, dass er in Wirklichkeit vom Geld motiviert wird.

Verschiebung, oder, wie Freud sagte, *Sublimierung* ist die annehmbarste Form der Befriedigung gewisser aggressiver oder sexueller Motive. In diesem Fall wird nicht der Trieb selbst verändert, sondern nur sein Objekt. Wir befriedigen unseren Trieb, aber in einer anderen, gesellschaftlich akzeptablen Form, etwa im Kampfsport oder in den schöpferischen Formen von Kunst, Dichtung, Musik – oder auch im Geschäftsleben, das zugleich kämpferisch und schöpferisch ist.

Wenn die Abwehrmechanismen nicht angemessen wirken oder zu stark sind, können sie zu Krankheiten von Körper und Geist führen. Aber sie sind für uns alle wichtig, und wir alle nutzen sie. Freud und seine Anhänger nahmen an, wir wären nur dann mental gesund, wenn wir unser Unbewusstes kennen. Es ist jedoch seither klar geworden, dass Abwehrmechanismen eine im Wesentlichen positive Rolle spielen; heute geht es in Psychotherapien nicht darum, die verdrängten, rationalisierten oder sublimierten Inhalte des Bewusstseins aufzudecken, sondern vielmehr schwache Abwehrmechanismen zu stärken. Wenn etwas im Unbewussten gut verankert ist, lässt man es oft besser ungestört.

Abwehrmechanismen helfen uns, unser seelisches Gleichgewicht zu wahren und damit geistig und körperlich gesund zu bleiben. Aber sie machen uns nicht glücklich. Das Geheimnis des Glücks ließ sich mit völlig anderen Methoden und auf völlig anderen Gebieten finden oder wenigstens erfolgreich untersuchen.

Der *Flow*

Der von ungarischen Siebenbürgern abstammende, an der Universität von Chicago lehrende Psychologe Mihály Csikszentmihályi hat Hunderte erfolgreicher Menschen (Künstler, Sportler, Musiker, Schachspieler, Chirurgen) nach ihren Erfahrungen und ihren Gefühlen bei ihren Erfolgen befragt. Auf der Grundlage dieser Berichte entwickelte er seine Theorie der Psychologie der optimalen Erfahrung (oder, hochtrabender, des Glücks), die auf *Flow* beruht – jenem Zustand der Versenkung, in dem alles nur von selbst geht und alles andere unwichtig zu sein scheint. Diese Erfahrung erweist sich als sehr angenehm, und Menschen bezahlen gern einen hohen Preis, um sie machen zu können.[55] Bei den von Csikszentmihályi befragten Menschen war das wichtigste gemeinsame Kennzeichen das Gefühl der Mühelosigkeit, das sich selbst dann einstellte, wenn Sportler starke Muskelschmerzen hatten und kaum noch Luft bekamen. (Ich möchte betonen, dass der Ausdruck *Flow* hier im psychologischen Sinn verwendet wird. Im Wirtschaftsleben hat er eine ganz andere Bedeutung.)

Inzwischen haben Csikszentmihályi und seine Kollegen zehntausende Menschen in aller Welt interviewt. Wie sich herausstellte, beschreiben Männer und Frauen jeden Alters, jeder Nationalität, Kultur oder Bildung die optimale Erfahrung mit fast identischen Worten. Dabei war die optimale Erfahrung fast immer mit *Flow* gekoppelt.

Im nächsten Schritt führten Csikszentmihályi und seine Kollegen eine einfallsreiche neue Forschungsmethode ein. Die Teilnehmer der Untersuchung wurden eine Woche lang mit einem «Piepser» ausgestattet, der sie zufällig, im Mittel achtmal pro Tag, kontaktierte. Dann mussten die Versuchspersonen auf einem kurzen Fragebogen angeben, was sie gerade taten, an was sie dachten und wie glücklich sie sich fühlten. Im Lauf von zwei Jahrzehnten kamen so mehrere hunderttausend Antworten zusammen.

Auf dieser Grundlage versuchten die Forscher dann die beste Beschreibung für jene Momente zu finden, in denen sich Menschen besonders glücklich fühlten. Wie sich herausstellte, lassen sie sich ziemlich gut durch acht Kennzeichen erfassen. Weder mehr noch weniger Kennzeichen verbesserten die Identifizierung der Momente größten Glücks.

Dies also sind die acht Kennzeichen von *Flow*:

1. *Verschmelzen von Handlung und Bewusstsein.* Im *Flow*-Zustand geht der Mensch in der Aufgabe auf, fühlt sich eins mit der Tätigkeit. Auch wenn das Erreichen des Ziels große körperliche oder geistige Anstrengung erfordert, wird die Anstrengung nicht empfunden. Die Person ist so versunken, dass die Handlungen spontan, fast automatisch sind.

2. *Die zu lösende Aufgabe ist an der Grenze der Leistungsfähigkeit.* Allzu einfache oder schwere Aufgaben führen nicht zum *Flow*. *Flow* kann zwar jederzeit auftreten, bei jeder Tätigkeit, besonders, wenn wir uns einer Herausforderung stellen. Versunkenheit in ein schönes Naturschauspiel oder Musikgenuss können extreme Freude, Ekstase und *Flow* bewirken; *Flow* kommt jedoch am häufigsten bei geregelten und zielgerichteten Handlungen vor.

3. *Klare Zielsetzung.* Wir identifizieren uns vermutlich deshalb so vollkommen mit der *Flow*-Erfahrung, weil wir uns um Art und Ende der Aufgabe nicht zu kümmern brauchen. Bei schöpferischem Tun ist es oft schwer, das Ziel im Voraus zu bestimmen. In diesen Fällen hilft es (und führt zur *Flow*-Erfahrung), wenn es gelingt, das, was man tut, sehr stark zu spüren. Zu Beginn des schöpferischen Prozesses ist das Ziel vielleicht noch nicht sehr klar, aber wenn etwas fertig ist, spürt der Schöpfer genau, ob dies das Werk ist, das er schaffen wollte oder nicht. Solch schöpferisches Tun führt sehr wahrscheinlich gut zum *Flow*.

4. *Sofortige und eindeutige Rückmeldung.* Das ist im Sport offensichtlich, aber bei manchen Tätigkeiten setzt das Verstehen und Entschlüsseln der Rückmeldung Bereitschaft voraus. Chirurgen beispielsweise erkennen sehr bald, ob eine Operation erfolgreich war oder nicht. Deswegen schauen Chirurgen oft auf Internisten herab, deren Erfolge weniger

augenfällig sind. Aber auch Internisten können Zeichen lesen lernen, die anzeigen, ob die Diagnose in die richtige Richtung geht. Sie können *Flow* genauso gut erfahren wie Chirurgen.

5. *Volle Konzentration auf die Aufgabe.* Eines der am häufigsten zitierten Kennzeichen der *Flow*-Erfahrung ist, dass dabei alles andere unwichtig wird. Alle Sorgen sind vergessen, Informationen, die nichts mit der Aufgabe zu tun haben, werden zeitweise aus dem Bewusstsein verstoßen.

6. *Verzicht auf Kontrolle.* Im Zustand des *Flow* hat man keine Angst, man könne die Kontrolle über die Situation verlieren, sondern man konzentriert sich auf die Gegenwart, die Vollkommenheit des Augenblicks. Viele Anzeichen sprechen dafür, dass man den *Flow* nicht erreichen kann, solange man die Kontrolle behalten will. In einem Film über das finnische Nationalepos *Kalevala* sagt ein weiser alter Mönch dem liebeskranken jungen Mann: «Wenn du sie nicht gewollt hättest, hättest du sie bekommen.»

7. *Verlust des Selbstgefühls.* Ein Bergsteiger beschrieb seine Erfahrung so: «Es ist das Zen-Gefühl, wie Meditation und Konzentration. Eines der Ziele, das man anstrebt, ist die Ausrichtung des Geistes. Man kann sein Ego in den verschiedensten Weisen mit dem Klettern in Verbindung bringen, ohne dass die Sache deswegen unbedingt erleuchtend wird. Aber wenn es automatisch zu ‹laufen› beginnt, wird es gleichsam zu einer egolosen Angelegenheit. Irgendwie tut man das Richtige, ohne darüber nachzudenken oder auch nur eine bewusste Anstrengung zu unternehmen. Es geschieht einfach. Und doch ist man dann konzentrierter.» [56] In diesem Zitat finden sich auch mehrere andere Kennzeichen für *Flow*.

8. *Die Ausblendung des Zeitgefühls* ist ebenfalls typisch für

Flow-Erfahrungen. Wir wissen noch nicht, ob dies nur ein zufälliges Nebenergebnis der starken Konzentration ist oder selbst zur Entwicklung von *Flow* führt. Es ist gut vorstellbar, dass die Befreiung von der Sklaverei der Zeit die Freuden der völligen Versenkung vermehrt oder sogar erzeugt.

Schließlich sei ein Kennzeichen von *Flow* erwähnt, das in den Fragebögen nicht direkt nachgewiesen werden konnte, für das es jedoch Anzeichen gibt. Die meisten *Flow*-Erfahrungen waren mit Tätigkeiten verknüpft, die ihren Lohn in sich haben, weil sie den Ausübenden Freude machen. Tätigkeiten, die zu *Flow* führen können, sind selbst motivierend – welche Tätigkeit das ist, kann sich natürlich von einem Menschen zum anderen unterscheiden. Verständnisvolle Kontemplation, etwa das Bewundern eines Naturschauspiels, kann zu *Flow* führen. Für die Psychologie des *Homo informaticus* ist ein wichtiges Merkmal, dass nicht nur die physikalische Umwelt, sondern auch die Welt der Information Genuss bringt.

Geld und Glück

Nehmen wir die Platitude «Geld macht nicht glücklich» aus Sicht der eben erwähnten psychologischen Forschung unter die Lupe. Wenn Glück wirklich mit *Flow* gleichgesetzt werden kann, hat es nichts mit Geld zu tun. Aber erinnern wir uns an die Worte von Antal Szerb: «Geld kostet nur das, was um das Glück herum ist, all die dummen, langweiligen Nebensachen.» Vielleicht macht Geld nicht glücklich, aber sicherlich macht anhaltender und großer Geldmangel unglücklich.

Geld wird im Allgemeinen als externe Motivation gesehen. Wir arbeiten für Geld, damit wir danach tun können, was uns Freude macht. Aber auch Arbeit kann eine Quelle des *Flow* sein – und ist es auch oft, wie die Forschung zeigt. Das ist nur möglich, wenn die Arbeit – in uns selbst – vollkommen von der Tatsache getrennt ist, dass wir dafür ein Gehalt bekommen. Statt mühsame Erklärungen zu versuchen, erzähle ich lieber von mir selbst.

Vor einigen Jahren nahm ich an einer Quizsendung teil, bei der es ein Auto zu gewinnen gab, eine Art *Jeopardy*. Der Wettbewerb selbst war ein sehr rasch ablaufendes Wechselspiel von Frage und Antwort, bei dem man schnell entscheiden muss, ob man die Antwort weiß, und dann sofort einen Knopf drückt. Sonst nämlich drückt jemand anders zuerst den Knopf und darf antworten. Unter solchen Umständen reden natürlich alle, auch die Gewinner, eine Menge Unsinn.

Das Spiel gefiel mir sehr, aber ich wusste nicht, warum. Erst viel später erkannte ich, dass das, was ich aus der Psychologie wusste, auch für mich selbst galt. Ich mochte das, weil es mich in einen *Flow*-Zustand versetzte. Ein Beispiel: Während des Spiels hatte ich kein Gefühl dafür, wie lange wir gespielt hatten. Ich freute mich, wenn meine Antwort richtig war, aber eigentlich kümmerte es mich gar nicht, ob ich richtig oder falsch geantwortet hatte. Ich wollte nur zur nächsten Frage kommen. Meine Antworten waren gegen Ende, als die Fragen mit Blitzgeschwindigkeit gestellt wurden, viel besser als in den vorherigen, mehr themenorientierten Runden. Der Grund dafür wurde mir erst allmählich klar.

Die Antwort liegt in dem sechsten der oben genannten Merkmale für den *Flow*. Nach jeder Antwort musste der Spieler einen Bereich nennen, auf den sich die nächste Frage beziehen sollte. Die Übernahme der Kontrolle, auch wenn es nur wenig und kurzfristig war, brachte mich aus dem *Flow*-Zustand heraus und untergrub meine Leistungsfähigkeit. Dieser Teil des Spiels begünstigte jene, die nicht im *Flow*-Zustand waren. Einige von ihnen wussten zweifellos mehr als ich, aber ich gewann trotzdem – dank *Flow*.

Die schockierendste Erfahrung machte ich in der siebten Runde (von zehn). Da nämlich warf ich einen Seitenblick auf das Auto, zu dessen Gewinn ich schon mehr als den halben Weg geschafft hatte. Dieser Seitenblick hatte sehr seltsame Auswirkungen. Ich wurde langsam, konnte mich an nichts mehr erinnern, und wenn mir was einfiel, stimmte es nicht. Zum Glück für mich hatte ich in dieser Runde die schwächsten Rivalen. Hätte ich in irgendeiner der anderen Runden so gespielt, hätte ich sicherlich verloren. Die äußere Motivation stoppte den *Flow*, und es wurde zu einer Anstrengung. Ich wollte das Auto gewinnen, das ich jedoch nur gewinnen konnte, weil ich es beim Spiel vollständig vergessen hatte – bis auf diesen kleinen Moment. Das Spiel selbst wurde eine innere Motivation. Das Spielen machte mir Spaß.

Geld als äußerer Beweggrund wirkt dem *Flow*, also auch dem Glück, entgegen. Es ist jedoch gleichzeitig eine notwendige Bedingung. Dieses Paradoxon lässt sich nur lösen, wenn wir bei der Arbeit vergessen, dass wir für Geld arbeiten. Wenn uns das gelingt, können wir *Flow* auch bei der Arbeit erleben.

Ich habe von vielen ausgezeichneten Schriftstellern und anderen schöpferischen Menschen gehört, ihre beste Quelle der Inspiration sei ein Auftrag, und die wichtigste Muse der Abgabetermin. Sie mögen recht haben, aber das widerspricht nicht dem oben Gesagten. Viele Schriftsteller können in ihrer Arbeit aufgehen, aber um anzufangen, brauchen sie einen äußeren Anreiz.

Geld motiviert Gelderwerb

Für Unternehmer, Geschäftsleute und Investoren besteht die Arbeit im Gelderwerb. Geld kann jedoch für viele Menschen ein innerer Beweggrund werden, eine intrinsische Motivation. Wenn ich um ein möglichst einfaches Beispiel gebeten würde, das alle acht Kennzeichen des *Flow* hat, würde ich einen Gelderwerb nennen, bei dem es nicht darum geht, es auszugeben, sondern es zu vermehren. Überprüfen wir die acht Merkmale von *Flow* mit Bezug auf den Gelderwerb zur Geldvermehrung:

Man identifiziert sich leicht mit dieser Tätigkeit. Sie stellt größte Ansprüche an das Können. Die Ziele sind klar, die Rückkopplung ist direkt und rasch. Larry Adler, einer der besten Harmonika-Spieler der Welt, sagte einmal in einem Interview: «Der einzige Applaus, den ein Geschäftsmann für seine Leistung erhält, ist das Geld.» [57] Man kann leicht in der Aufgabe aufgehen – obwohl gelegentlich Abwehrmechanismen nötig sind. Es ist unvermeidlich, dass man sich manchmal über Kontrollen hinwegsetzen muss: Menschen, die niemandem trauen, werden ihr Geld niemals vermehren. Wenn wir jemanden gefunden haben, dem wir vertrauen können, und den Rahmen abgesteckt haben, müssen wir die Dinge laufen lassen. Man vergisst fast von selbst alles um sich herum: Geld ist ein Medium, auf das man sich hervorragend konzentrieren kann. Und jeder Geschäftsmann kennt viele Beispiele für das Ausblenden der Zeit, wovon etwa verpasste Flugzeuge zeugen ... Vielleicht meinen Manager deshalb, es lohne sich, sehr teure Flugtickets zu kaufen, denn die lassen sich noch in letzter Minute ändern.

Für die meisten Menschen bieten Kunst, Sex und Sport die realistischsten Möglichkeiten, einen *Flow*-Zustand zu erreichen. Aber wie wir sahen, kann auch Geld zum *Flow* verhelfen. Während des Gesprächs zwischen Robinson und Richson in Kapitel 7 war Richson einem *Flow*-Zustand näher als Robinson. Er konnte sich dabei in seine Tätigkeit versenken, Robinson jedoch gelang das erst, als das Abkommen besiegelt war und er das Boot bauen und mit ihm fahren konnte. Mit dem Glück ist es wie mit allem anderen: Wir Menschen kommen auf unterschiedlichen Wegen dahin.

Es liegt im Wesen der menschlichen Psyche, dass Geld sehr leicht von einem äußeren Beweggrund zu einem inneren werden kann. Dafür sind weder die Menschen noch das Geld verantwortlich – es liegt im Wesen des *Flow* und im Wesen des Geldes. Wenn beides da ist, kann sich ein neuer Replikator entwickeln, und das ist Geld in der Form von Kapital.

TEIL III

DIE LOGIK DES LEBENS

Vieles, was Menschen motiviert, motiviert auch Tiere. Für alle sind Selbsterhaltung und Fortpflanzung Beweggründe, und viele Tiere werden vom Wunsch nach Gemeinschaft, Neugierde oder Erlebnishunger angetrieben. Auch haben viele Tiere einen Hang zum Spiel. Affen und Katzen bewegen lange die Hebel, nur belohnt durch das Spiel mit einem faszinierenden neuen Spielzeug.

Es könnte auch Beweggründe geben, die nur Menschen antreiben, keine Tiere. Dies sind sogenannte spezifisch menschliche Motivationen. Gibt es aber eine Motivation, die ausschließlich Menschen bewegt und nie ein Tier? Das können wir nicht mit Sicherheit wissen. Anfangs unterschieden die Psychologen aufgrund von Versuchsdaten zwischen spezifisch menschlichen Beweggründen und allgemeineren. Für spezifisch menschlich hielten sie, was sie nur bei Menschen und nie bei Tieren beobachtet hatten. Die Forschung hoffte zunächst, die Frage aufgrund von Verhaltensbeobachtung beantworten zu können, folgte also dem klassischen methodischen Ansatz, viele Versuchsdaten zu sammeln, aus denen sich dann Verallgemeinerungen ableiten lassen.[58]

Menschliche Motivation

Ein Affe kann lernen, dass er ein Stück Banane bekommt, wenn er einen Chip in ein Gerät steckt, und danach motiviert der Chip genauso gut wie ein Stück Banane: Für hungrige Affen ist die Motivation des Chips groß, für gesättigte gering. Man hat Affen jedoch nicht lehren können, Chips wie Geld zu behandeln. In einer Untersuchung konnte der Affe für seine Chips alle möglichen nützlichen Dinge erhalten. In diesen Experimenten ließen sich die Affen jedoch weniger von den Chips motivieren als vielmehr von deren Wert, also nur, weil sie dazu dienten, das begehrte Objekt zu erhalten. Geld motiviert Affen bis zu einem bestimmten Grad, aber nicht wirklich als Geld.

Nicht nur die Verwendung von Geld wurde im Tierreich niemals beobachtet, dasselbe gilt für den Tauschhandel. Niemand hat je zwei Hunde Knochen tauschen sehen. Es kommt vor, dass ein Hund, der bei einem anderen Hund eine begehrenswerte Nahrung sieht, seinen eigenen Knochen liegen lässt, den anderen vergrault, der seinen Knochen im Bewusstsein der Unterlegenheit liegen lässt und den des Stärkeren nimmt. Das ist jedoch kein Tausch in unserem Sinn. Auch wechselseitiges Lieblausen kommt vor: Ein Tier säubert ein anderes von Parasiten, das indessen die Feinde des Ersten abwehrt. Auch dies ist kein auf Verständnis und Verstehen beruhender Tausch, wie wir ihn in Kapitel 6 zwischen den Herren Bookish und Fitness beobachteten.

Wie die Forschung gezeigt hat, erweisen sich solche Motivationen als spezifisch menschlich, die beim Lebewesen eine Art Begriff vom *Selbst* voraussetzen. Wir gehen hier nicht auf die Unterschiede zwischen Ich, Selbstbild, Selbst und anderen verwandten Begriffen ein. Das Selbst ist mehr oder weniger das Bewusstsein für das eigene Sein, die Identität, und die Antwort auf Fragen wie «Wer bin ich?», «Was kann ich in der Welt tun?».

So entstand eine Theorie, nach der diejenigen Motivationen spezifisch menschlich sind, die auf das Selbst oder durch das

Selbst wirken. Wenn diese Theorie sich als wahr erweist, kann die Psychologie zu einer Antwort auf die alte Frage beitragen, ob Tiere ein Bewusstsein haben oder nicht. Diese Theorie besagt, dass Tiere – zumindest – kein Selbst haben. Wir gehen darauf nicht genauer ein. Hier genüge die Aussage, dass mit dem menschlichen Denken eine ganz neue Form der Motivation in Bezug auf Lebewesen entstand. Dies ist für uns wichtig, weil, wie wir sehen werden, genau dies die motivierenden Mechanismen im Hintergrund ausmacht, die dem Geld das Wirken als Replikator ermöglichen.

Der Begriff des Selbst setzt für den heutigen Leser keine spezielle Erklärung voraus. Wir alle finden es ganz natürlich, dass Begriffe, mit denen wir das Selbst beschreiben, sinnvoll sind: Gelegentlich denken wir alle darüber nach, wer wir sind und welche Aufgabe wir im Leben haben. Das war nicht immer so klar. Vor einigen tausend Jahren hätten wir nicht vom *Selbst* gesprochen, und sogar das Wort *ich* war tabu. Der Weg zur wissenschaftlichen Psychologie war lang. Einer der wichtigsten ersten Schritte auf diesem Weg war das Rätsel der Sphinx.[59]

Das Rätsel der Sphinx

Die älteste Schriftquelle, *Deipnosophistai* (oder *Gastmahl der Sophisten*) des Athenaeus, erzählt dieses Rätsel so: *Es ist am Morgen vierfüßig, am Mittag zweifüßig, am Abend dreifüßig. Von allen Geschöpfen wechselt es allein in der Zahl seiner Füße; aber eben, wenn es die meisten Füße bewegt, sind Kraft und Schnelligkeit bei ihm am geringsten.*[60]

Heute stellen wir dieses Rätsel meist in folgender Form: «Was geht morgens auf vier, mittags auf zwei und abends auf drei Beinen?»

Als sich die Sphinx auf einem Fels vor den Mauern von Theben niedergelassen hatte, stellte sie den Thebanern diese Frage und sagte, sie würde nur weichen, wenn jemand dieses Rätsel löste. Währenddessen verseuchte sie die Luft mit ihrem abscheulichen Atem und verschlang jeden, der nicht antworten konnte. Andere Quellen berichten, sie hätte in jedem Jahr die fünfzig schönsten Jungfrauen zum Opfer gefordert.

Die Sphinx hat es womöglich nie gegeben, oder sie war einfach nur eine gewaltige dunkle Sturmwolke in geringer Höhe, und die Thebaner empfanden den Sturm lediglich als würgend. Selbst wenn es keine Sphinx gab, gab es doch und gibt es immer noch das Rätsel. Aber die mit dem Rätsel verwobene Erzählung zeigt, dass es seinerzeit große Bedeutung hatte, obwohl es nicht schwer zu lösen ist. Ödipus löste es leicht:

> Du meinst den Menschen, der am Morgen seines Lebens, solange er ein Kind ist, auf zwei Füßen und zwei Händen kriecht. Ist er stark geworden, geht er am Mittag seines Lebens auf zwei Füßen, am Lebensabend, als Greis, bedarf er der Stütze und nimmt den Stab als dritten Fuß zu Hilfe.

Heute verwundert es, wie dieses witzige, aber nicht komplizierte Rätsel sich als so schwierig erweisen konnte. Wieso gab es der Sphinx solche große Macht über Theben? Auch aus jenen Tagen kennen wir viel schwierigere Rätsel. Warum symbolisierte gerade diese Frage die Geisteskraft des Menschen, der die Sphinx besiegt?

Die Frage der Sphinx konnte nur jemand beantworten, der schon über die Frage nachgedacht hatte: «Wer bin ich?», der also für sich schon das alte Tabu gebrochen hatte, indem er in sich *ich* gesagt hatte. Das Tabu schränkte den Rahmen des Denkens anderer so sehr ein, dass sie der richtigen Antwort nicht einmal nahekommen konnten, obwohl die Motivation (wenn auch nicht spezifisch menschlich) sehr stark war. Allein die Tatsache, dass die Sage in dieser Form überlebt hat, mit dem Rätsel der Sphinx im Mittelpunkt, macht es wahrscheinlich, dass genau dies die Zeit war, in der die Menschheit das alte Verbot, *ich* zu sagen, ein für alle Mal auflöste. Dadurch eröffnete sich dem menschlichen Denken die Möglichkeit, über sich selbst nachzudenken und ein komplexes Selbst zu entwickeln.

Aufgrund seiner Struktur war das menschliche Gehirn dazu jedenfalls im Prinzip schon lange vorher in der Lage gewesen. Aber die Entwicklung des Selbst war ein langsamer Prozess, wie die des *Homo informaticus* – dieser Vorgang ist noch nicht abgeschlossen, obwohl schon das Gehirn des Steinzeitmenschen fähig gewesen wäre, eine Informationsgesellschaft zu schaffen.

Homo sapiens gewöhnte sich nur sehr langsam an den Gedanken, dass sein Gehirn mit Fragen über sich selbst umgehen kann. Diese Zurückhaltung könnte auch einen gesunden Selbstschutz enthalten haben. Fragen, die die fragende Person einbeziehen, führen leicht zu unlösbaren Widersprüchen, zu hoffnungslosen Paradoxien. Wie wir im vorigen Kapitel sahen, verwendet auch der moderne Mensch raffinierte Abwehrmechanismen, um sich vor unangenehmen Fragen zu sich selbst zu schützen.

Das Paradoxon des Epimenides

Epimenides lebte im 6. vorchristlichen Jahrhundert auf Kreta; er war Prophet, Dichter und Philosoph. Es wird gesagt, er habe 40 (andere Quellen sagen 57 [61]) Jahre in einer Höhle geschlafen, und als er aufwachte, baten ihn die Athener um Hilfe zur Besserung der Moral. Ihm wird eine der frühen Versionen des «Lügner-Paradoxons» zugeschrieben: «Alle Kreter sind Lügner.» Die Athener gingen auf das Spiel ein und riefen, da sie seine Herkunft kannten: «Du lügst!» Epimenides dagegen: «Aber wenn das, was ich sage, eine Lüge ist, dann sagen alle Kreter die Wahrheit.» Die Athener waren verwirrt. Wenn Epimenides lügt, wenn er sagt, er lüge, ist das, was er sagt, wahr! Aber wenn er wirklich lügt, kann er nicht die Wahrheit sagen. Lügt er oder sagt er die Wahrheit?

Jeder, der etwas in Logik geschult ist, kann sagen, das alles sei Unsinn. Die Negation von «Alle Kreter sind Lügner» ist nicht «Alle Kreter sagen die Wahrheit», sondern «Nicht alle Kreter sind Lügner». Epimenides war ein lügender Kreter, während andere Kreter nicht lügen. Es gibt keinen Widerspruch.

Schon wenn Epimenides nichts anderes erreicht hätte, als die Athener zum systematischen Nachdenken über diese Themen zu bringen, wäre sein Beitrag zur Entwicklung der Logik und damit zur Verbesserung der Qualität menschlichen Denkens gewaltig. Aber Epimenides hielt dieses Paradoxon vermutlich nicht für leicht lösbar und könnte dahinter ein tieferes Problem vermutet haben. Hätte er lediglich gesagt: «Jetzt lüge ich», wäre das Gegenargument unwirksam, das Paradoxon aber geblieben – und seine Behauptung hätte die Athener viel weniger interessiert.

Der Satz «Ich lüge» oder direkter «Dieser Satz ist falsch» kann also wirklich ein Paradoxon sein, ist aber völlig uninteressant. Uninteressant, weil er nur etwas über sich selbst aussagt; aus ihm lassen sich keinerlei interessante Folgerungen ziehen. Es lohnt sich zu wissen, ob Epimenides (oder, sagen wir, eine Freundin) eine Lügnerin ist oder nicht, weil wir uns dann beim nächsten Gespräch darauf einstellen können.

Mehr als fünfhundert Jahre später nimmt die Behauptung des Epimenides im Brief des Apostels Paulus an Titus die folgende Form an: «Es hat einer von ihnen gesagt, ihr eigener Prophet: ‹Die Kreter sind immer Lügner, böse Tiere und faule Bäuche.› Dies Zeugnis ist wahr» (Tit. 1, 12 – 13). Dies ist ein ausgezeichnetes Beispiel für die Verzerrung durch Mem-erzeugte «Gedankenwesen» und zeigt auch, dass die Idee des Epimenides wirklich interessant und informativ sein kann. Aber der Satz «Dieser Satz ist falsch» hat keinerlei wissenswerte Konsequenz. Und wenn ein Satz nichts aussagt, kommt es überhaupt nicht darauf an, ob dieses Nichts wahr oder falsch ist.

Eine Aussage, die nur selbstbezüglich ist, muss jedoch nicht notwendig uninteressant sein. In Gedichten geht es oft nur um den Poeten, und doch sind viele Menschen mit ihm im Einklang, während sie Aussagen wie «Ich lüge» oder «Dieser Satz ist falsch» vollkommen unwichtig finden. Aber wie lässt sich bestimmen, ob ein Satz, dem es formal nur um sich selbst geht, wirklich nur sich selbst meint? – Wenn ein Satz *wirklich* und ausschließlich nur sich selbst betrifft, ist er unabhängig davon, was er besagt, nichtssagend. Wenn der Satz jedoch trotz seiner Erscheinungsform (also der formalen Struktur des Satzes) nicht nur selbstbezüglich ist, kann er interessant sein, aber er ist sicherlich eine Lüge, weil er sich nicht nur auf sich selbst bezieht!

Wie in Kapitel 7 zu sehen war, ist jedes Unternehmen seinem Wesen nach zu Beginn in gewisser Weise ein Bluff – es kann nicht anders arbeiten. Ähnlich ist alle Kunst ihrem Wesen nach in gewissem Maße eine Lüge.

Epimenides' mystische Eingebung hat ein sehr allgemeines Merkmal der Welt erfasst. Sein Paradoxon lässt sich nicht einfach mit logischen Argumenten abtun oder damit, dass es eben ein Paradoxon sei, aber total uninteressant. Die wirkliche Bedeutung des Paradoxons des Epimenides wurde klar, als sich zweieinhalb Jahrtausende später die reine Mathematik sehr ähnlichen Problemen stellen musste.

Gödels Satz

Der in Brünn geborene Mathematiker Kurt Gödel veröffentlichte 1931, als 25-Jähriger, in den *Monatsheften für Mathematik und Physik* eine Arbeit mit dem Titel «Über formal unentscheidbare Sätze der *Principia Mathematica* und verwandter Systeme I.» Behauptung VI lautet:

Zu jeder ω-widerspruchsfreien rekursiven Klasse κ von Formeln *gibt es rekursive* Klassenzeichen *r, so dass weder vGen r noch Neg (vGen r) zu Flg (κ) gehört (wobei v die freie Variable von r ist).*[62]

Diese – auch für die meisten des Deutschen Kundigen wohl zunächst unverständliche – Aussage ist Gödels berühmter Unvollständigkeitssatz! In heutiger Alltagssprache könnte man sagen:

Jedes formale System, das a) zum Ausdruck bringt, dass es unendlich viele Zahlen gibt, b) von einer endlichen Anzahl von Axiomen ausgeht, c) rein formal konstruiert ist und d) widerspruchsfrei ist, enthält Aussagen, die in dem System formuliert, aber in ihm weder bewiesen noch widerlegt werden können.

Weniger exakt, aber verständlicher, heißt das:

In jedem hinreichend mächtigen Axiomensystem gibt es objektiv wahre Aussagen, die sich im Rahmen des gegebenen Systems formulieren lassen und deshalb im Prinzip herleitbar sein sollen, tatsächlich aber in diesem Axiomensystem nicht hergeleitet werden können.

Die römische «I.» im Titel von Gödels Arbeit impliziert, dass Gödel seinen Satz in mehr Einzelheiten ausführen wollte, als es ihm auf 25 Seiten voller Formeln möglich war. Er traute es seinen Zeitgenossen nicht zu, dass sie seine revolutionären Gedanken auf der Grundlage allein dieser Arbeit verstehen und akzeptieren würden. Aber er schrieb keine Folgearbeiten. Es war nicht nötig: Anscheinend war das mathematische Denken nach 1930 scharf und reichte zum Verständnis von Gödels Idee aus. Außerdem war es Gödel gelungen, seinen Beweis in einer Klarheit darzustellen, die selbst in der Mathematik selten ist; deshalb war er für Mathematiker vollkommen überzeugend. Es war ihnen einfach unmöglich, den in der Arbeit behaupteten Satz nicht zu akzeptieren.

Im Jahr 2000 übersetzte der Mathematiker Martin Hirzel Gödels ursprüngliche Arbeit dreimal: aus dem Deutschen ins Englische, aus Gödels seltsamem Symbolsystem in modernere mathematische Symbole und vor allem vom Papier in einen Computer-Hypertext. Inzwischen war völlig klar, dass Gödel bei der Formulierung seines Satzes in reinem Hypertext gedacht hatte, ohne irgendeine Idee zu haben, was Hypertext ist. Dies hat Ähnlichkeit mit dem Fall des *Homo sapiens* im Steinzeitalter, der das Gehirn eines *Homo informaticus* hat, aber keine Ahnung davon, was das ist.

Die Versuchung, sich in die Analyse der vielen überraschenden Folgerungen aus Gödels Satz zu vertiefen, ist zu groß. Ich werde ihr jedoch, so gut ich kann, widerstehen, weil sie uns zu weit vom Thema dieses Buches entfernen würde. Glücklicherweise veröffentlichte Douglas R. Hofstadter 1979 das Buch *Gödel, Escher, Bach*, in dem wir viele weitreichende Aspekte von Gödels Satz und seiner begrifflichen Umwelt finden. Hofstadters Buch, das viele Auflagen erlebte, ist mittlerweile eine Art Bibel der Computerkultur.

Hofstadter selbst schreibt in seinem Vorwort: «In einem gewissen Sinn ist dieses Buch eine Darstellung meiner religiösen Überzeugung.» Seiner Meinung nach sind die Bausteine des menschlichen Denkens die chaotischen Schleifen der in sich zurückkehrenden formalen Systeme. Diese Schleifen haben Ähnlichkeit mit dem Paradoxon des Epimenides und seinen komplexeren Varianten – der Gödel'sche Satz garantiert einen unendlichen Vorrat.

Aus Sicht des vorliegenden Buches kommt es nicht darauf an, ob man sich dieser Meinung anschließt oder nicht. Für uns werden nicht Gödels Satz selbst und die daraus folgenden begrifflichen Welten innerhalb und außerhalb der Mathematik wichtig, sondern die Struktur, die im Verlauf des Beweises von Gödels Satz entdeckt wurde. Diese Struktur beschreibt überraschend gut die Logik, die das Funktionieren der unterschiedlichen Lebensformen – biologisches Leben, von Memen erschaffenes Leben, vom Kapital erschaffenes Leben – bestimmt.

Hofstadter schafft es virtuos, Gödels Satz in Alltagssprache zu formulieren. Das allerdings erforderte selbst ein halbes Buch. Wir deuten die Macht von Gödels Gedanken nur in wenigen einfachen Analogien an.[63]

Gödel in der Rechtsprechung

Ein Rechtsgelehrter erklärt sich bereit, einen begabten und sehr reichen jungen Mann in Jurisprudenz zu unterrichten. Die beiden machen ein Honorar aus und kommen überein, dass der Schüler nur dann zahlen muss, wenn er seinen ersten Rechtsfall gewinnt. Der Professor lehrt ihn wirklich alles, was ein Jurist wissen muss, und hofft, er möge bald seinen ersten Fall gewinnen und dann Geld bekommen. Der junge Mann jedoch nutzt sein Jurawissen nicht. Er genießt es, gebildet zu sein, stellt seine Bildung gern in Gesellschaft unter Beweis, aber da er reich ist, will er gar nicht als Rechtsanwalt arbeiten. Schließlich verliert der Professor die Geduld, erhebt Anklage, und der Fall kommt vor Gericht.

Der Professor sagt dem Gericht: «Wenn Sie mir Recht geben und diesen Fall zu meinen Gunsten entscheiden, bekomme ich die Unterrichtsgebühr. Wenn Sie jedoch zugunsten des jungen Manns entscheiden, hat er seinen ersten Gerichtsfall gewonnen, und er muss aufgrund unserer Abmachung zahlen. Unabhängig vom Richterspruch muss er mir also mein Geld geben.»

Der Schüler jedoch, der viel gelernt hatte, argumentierte: «Euer Ehren! Wenn Sie den Fall zu meinen Gunsten entscheiden, brauche ich nicht zu zahlen. Wenn Sie jedoch nicht zu meinen Gunsten entscheiden, habe ich meinen ersten Rechtsfall verloren, und deshalb brauche ich aufgrund unserer Abmachung nicht zu zahlen.»

Das bereitet dem Richter Kopfschmerzen. Sein Gerechtigkeitssinn sagt ihm, dass der Lehrer das Geld verdient hat, aber wenn er den Fall zu seinen Gunsten entscheidet und der Schüler nicht zahlt, hat der Schüler am Ende recht: Der Lehrer kann das Geld nicht einfordern, weil es jedem klar ist, dass er es noch nicht verdient hat. Zweifellos ist das eine Gödel'sche Situation: Ein Urteil ist nicht herleitbar. Der Richter jedoch fand eine Lösung, die dem Rahmen des Gesetzes entsprach und sein Gerechtigkeitsgefühl befriedigte.

Nach dem Gesetz ist ein Wiederaufnahmeverfahren eine neue Verhandlung. Sie ist im Prinzip erst möglich, wenn nach dem ersten Urteil neue Tatsachen bekannt werden, die den früheren Urteilsspruch wesentlich verändern könnten. In Kenntnis dieser Vorschrift hörte der Richter auf seine Vernunft und entschied den Fall entgegen seinem Gewissen zugunsten des Schülers.

Der Lehrer nahm das Urteil an, und der Schüler hatte keinen Grund, das Urteil anzufechten. Ein paar Tage später jedoch forderte der Lehrer die Neuaufnahme des Verfahrens. Die neue Tatsachenlage, die den Grund für ein Wiederaufnahmeverfahren lieferte, war das erste Urteil selbst. Danach hatte der junge Mann ja seinen ersten Fall gewonnen. Und dies ist eine neue Verhandlung. Also muss der Schüler zahlen, weil die Bedingungen ihrer Übereinkunft erfüllt sind. Der Richter kann in der neuen Verhandlung die neue Sachlage berücksichtigen, und das Urteil wird sicherlich zugunsten des Professors ausfallen.

Der Richter der ersten Verhandlung hatte Glück, weil er, wenn auch auf Umwegen, den Fall so lösen konnte, dass er mit seinem Gewissen in Einklang war. Er hatte zu Recht angenommen, dass der Lehrer genau wissen würde, was zu tun war. Gödels Satz jedoch garantiert, dass jederzeit eine Situation entstehen kann, in der der Richter keine vernünftige Wahl hat (natürlich unter der Annahme, dass das Recht ein rein formales logisches Problem ist – was für die auf dem römischen Recht beruhenden Systeme im Prinzip auch gilt). Vielleicht hat ja eine ähnlich unangenehme Situation eines früheren Richters zu Vorschriften über Wiederaufnahmeverfahren geführt, die so beschaffen sind, dass sie noch heute funktionieren. Gödels Satz ist kein Grund, unser formales System nicht immer weiter zu verbessern, auch wenn wir wissen, dass es immer noch mehr zu verbessern geben wird.

Gödel in Babylon

In der Kurzgeschichte *Die Lotterie in Babylon* stellt uns Jorge Luis Borges vor ein noch seltsameres Problem der Rechtsdeutung. Im Babylon der Geschichte werden Lose gezogen, die Gutes, aber auch Schlechtes bringen können. «Ein Sklave stahl ein scharlachrotes Los, das ihm bei der Ziehung Anspruch darauf gab, die Zunge verbrannt zu bekommen. Eben dies wurde dann als Strafmaß für Losdiebstahl im Gesetz verankert. Es gab Babylonier, die die Ansicht vertraten, er hätte in seiner Eigenschaft als Dieb das weißglühende Eisen verdient; andere wollten aus Großmut dem Henker die Vollstreckung überlassen, weil es der Zufall so gefügt hatte.» [64] Diese Kurzgeschichte verweist auf einen noch viel schwierigeren Punkt als die vorigen Beispiele. Der Sklave hat nicht gewonnen, dass seine Zunge *nicht* verbrannt wird, deshalb ergibt sich kein unmittelbarer Widerspruch. Wohl jedoch liegt ein klares Problem vor, das keine herleitbare Lösung hat, also ein Gödel-Problem.

Ein formales System lässt sich immer so korrigieren, dass es ein konkretes Gödel-Problem zu lösen ermöglicht. Das einfachste Verfahren besteht darin, dass die betreffende Gödel-Aussage (oder ihre Negation) als Axiom gesetzt wird. Das System wird dadurch noch nicht widersprüchlich, wenn es das nicht schon vorher war.

Wenn beispielsweise die Babylonier gesetzlich verankern, dass das Ergebnis der Lotterie Vorrang hat vor dem Gesetz (oder umgekehrt), ist das Problem gelöst. Aber Gödels Satz garantiert auch, dass wir bei weiterem Nachdenken über die babylonische Situation früher oder später auf ein anderes, ähnliches Paradoxon stoßen werden – und wenn nicht wir, dann das Leben. Bevor wir uns jedoch damit beschäftigen, wie das Leben ähnliche Phänomene erzeugt, schauen wir uns an, wie die Mathematik nach dem von Gödels Satz verursachten Schock weiterging und welche abstrakte Struktur Gödel beim Beweis seines Satzes entdeckte.

11. DIE GÖDEL-STRUKTUR

*Die Macht der Mathematik zeigt sich darin,
dass sie gelegentlich ihre eigenen Grenzen
beweisen kann.*

Obwohl Gödels Satz zweifellos eine wahre mathematische Aussage formuliert, gibt es Hoffnung für all jene, die weiterhin der Macht der Mathematik so vertrauen möchten, wie es vor Gödels Entdeckung möglich war. Die von Gödel zum Beweis seines Satzes benutzte Aussage ist im Wesentlichen dieselbe wie die des Paradoxons von Epimenides im vorigen Kapitel. Die Formel besagte: «Ich kann im gegebenen System nicht bewiesen werden.» Der Hoffnungsschimmer ist also, dass Gödels Satz nur mit Hilfe von solchen Formeln bewiesen werden kann, die etwas über sich selbst aussagen. Dann bedeutet Gödels Satz für jene, die die außerhalb der Mathematik liegende reale Welt mit Hilfe der Mathematik beschreiben wollen, keinen wirklichen Verlust.

Diese letzte Hoffnung verschwand jedoch, als sich herausstellte, dass Gödels Theorem nicht lediglich eine abstrakte Besonderheit ist. Es zeigte sich nämlich, dass viele mathematische Probleme, die lange für wesentlich gehalten wurden, weil sie Wichtiges über die Struktur der Außenwelt sagen, Gödel-Probleme sind. Das erste dieser Probleme war die sogenannte *Kontinuumshypothese*.[65]

Die Kontinuumshypothese

Um es poetisch auszudrücken: Bei der Kontinuumshypothese geht um die Dichte, mit der das Gewebe der unterschiedlichen Unendlichkeiten die Welt erfüllt. Wenn die Kontinuumshypothese zutrifft, ist das Gewebe der Unendlichkeiten locker. Es gibt die Unendlichkeit der natürlichen Zahlen und auch die Unendlichkeit der Anzahl von Punkten auf einer Geraden. Sie ist, wie man beweisen kann, eine «größere Art» von Unendlichkeit, und zwischen den beiden gibt es keine andere Unendlichkeit. Wenn die Kontinuumshypothese zutrifft, gibt es einen großen Sprung zwischen diesen beiden Unendlichkeiten; es folgen weitere, noch größere Unendlichkeiten, die durch ähnlich große Sprünge getrennt sind. Wenn die Kontinuumshypothese jedoch falsch ist, gibt es zwischen den ersten beiden Unendlichkeiten weitere Unendlichkeiten. In diesem Fall ist das Gewebe der Arten von Unendlichkeiten sehr dicht gewebt – und selbstverständlich gibt es in diesem Fall weitere Unendlichkeiten.

Die physikalische Welt kann von der einen oder anderen Art sein. Wenn sich dieses Problem jedoch als Gödel-Problem erweist, lässt sich die Frage, ob das Gewebe der Unendlichkeiten in der realen, physikalischen Welt dicht ist oder locker, nicht mit Hilfe der Mathematik beantworten. Vielleicht rechtfertigt eine physikalische Entdeckung einmal die Hinzufügung eines mathematischen Axioms, mit dessen Hilfe die Kontinuumshypothese entscheidbar wird. Die Mathematik bewährt sich sowohl in einer Welt, in der das Gewebe der Unendlichkeiten locker ist, als auch in einer Welt, in der es dicht ist. Die Mathematik kann jedoch nicht zwischen den beiden Möglichkeiten wählen – jedenfalls dann nicht, wenn sich die Kontinuumshypothese als ein Gödel-Problem erweist.

Bald nach der Entdeckung seines berühmten Theorems

bewies Gödel, dass die Kontinuumshypothese mit dem allgemein akzeptierten Axiomensystem nicht widerlegbar ist. Früher hätten die Mathematiker die Hypothese daraufhin für wahr gehalten und angenommen, sie könne früher oder später direkt bewiesen werden. In Kenntnis von Gödels Satz jedoch besteht die Möglichkeit, dass die Kontinuumshypothese selbst Gödel'sch ist.

Die Antwort ließ mehr als ein Vierteljahrhundert auf sich warten, aber schließlich kam sie: In den 1960er Jahren wurde bewiesen, dass auch das Gegenteil der Kontinuumshypothese widerlegt werden kann. Damit erwies sich die Kontinuumshypothese als Gödel'sch. Aber die Kontinuumshypothese macht keineswegs lediglich eine Aussage über sich selbst; sie hat mit einer Eigenschaft der realen, physikalischen Welt zu tun, deren Kenntnis uns interessiert.

Die Kontinuumshypothese war nur ein erstes Beispiel für eine Gödel-Aussage, bei der es nicht nur um die eigene Widerlegbarkeit geht, sondern um die Struktur der realen Welt. Seitdem haben Mathematiker bei vielen anderen interessanten Problemen gezeigt, dass sie ihrem Wesen nach Gödel-Probleme sind. Gödels Satz lässt sich nicht unter den Teppich kehren, indem man sagt, Aussagen, die weder bewiesen noch widerlegt werden können, seien unwichtig, weil sie sich lediglich auf sich selbst beziehen.

Die Welt der Mathematik

Gödels Satz ist eine schlechte Nachricht für jene, die, der Tradition entsprechend, von der Mathematik erwarten, dass alles, was sich mathematisch formulieren lässt, als wahr oder falsch bewiesen werden kann. In dieser Sicht kommt es dann lediglich auf unsere Klugheit und unser Geschick an, ob wir die betrachtete fragliche Aussage beweisen oder durch den Beweis des Gegenteils widerlegen können. Und genau diese Ansicht ist unhaltbar, seit Gödels Satz bekannt ist. Unabhängig davon, wie vollkommen wir eine Aussage formulieren können und wie stark die Intuition eines begabten Mathematikers für ihre Richtigkeit spricht, müssen wir seitdem mit der Möglichkeit rechnen, dass eine mathematische Aussage zwar wahr ist, aber Gödel'sch. Anders gesagt: Die Intuition des Mathematikers kann perfekt gewesen sein und die Welt mag so sein, wie er sie sich vorstellt, aber er kann das nicht mit mathematischen Mitteln beweisen.

Anders gesehen jedoch hat die Mathematik eine gewaltige Errungenschaft gemacht. Sie hat bewiesen, dass sich einige Probleme der wirklichen Welt, die in der Sprache der Mathematik gut formulierbar sind, nicht mit Hilfe der Mathematik lösen lassen. Die Macht der Mathematik zeigt sich darin, dass sie gelegentlich ihre eigenen Grenzen beweisen kann. Selbst wenn wir der Mathematik nicht mehr so vorbehaltlos vertrauen, wie wir es vor Gödel gewohnt waren, haben wir guten Grund, uns jetzt eher noch mehr auf sie zu verlassen.

Die Welt der Mathematik ist eigentlich sehr einfach, und wenn wir bösartig wären, könnten wir sie arm nennen. Wir benutzen einen beschränkten Vorrat von (im Allgemeinen nicht mehr als ein oder zwei Dutzend) *Symbolen*. Mit diesen Symbolen können wir ziemlich lange, aber immer endlich lange, *Formeln* zusammensetzen. Die Formeln werden mit Hilfe einer beschränkten Menge (im Allgemeinen weniger als ein Dutzend) *Konstruktionsvorschriften* gewonnen. Außerdem gibt es eine beschränkte Anzahl von *Herleitungsregeln* (im Allgemeinen wieder weniger als ein Dutzend) für die Herleitung einer Formel aus früher hergeleiteten Formeln. Zum *Beweis eines Satzes* müssen diese Herleitungsregeln wiederholt (manchmal extrem oft) angewendet werden. Ein mathematischer Satz ist nichts anderes als eine hergeleitete Formel, die wir aus irgendeinem Grund für interessant halten oder der ein eigenständiger Name gegeben werden kann. Im besten Fall kann sie etwas Interessantes über das Wesen der Welt aussagen.

Alle Mathematik beginnt mit Axiomen. Ein Axiom ist eine Formel, die wir a priori für wahr halten. Axiome brauchen also nicht bewiesen zu werden, vielmehr beginnen wir mit Axiomen, um mit Hilfe der Herleitungsregeln mathematische Aussagen zu beweisen. Die unterschiedlichen Zweige der Mathematik gehen von unterschiedlichen Axiomen aus, alle von einer beschränkten Anzahl (gewöhnlich von höchstens ein oder zwei Dutzend). Natürlich sind Axiome nicht notwendig wahr, sie können sich sogar als falsch herausstellen. Die Mathematik jedoch behandelt nur, was aus den angenommenen Axiomen folgt – es ist nicht die Aufgabe der Mathematik, die tatsächliche Wahrheit der Axiome zu bestimmen.

Das Einzige, was wir von Anfang an für unendlich halten, ist die Folge der ganzen Zahlen. Aber auch die Unendlichkeit der ganzen Zahlen wird von einigen wenigen Axiomen garantiert – am häufigsten werden sie in Form der sogenannten Peano-Axiome vorausgesetzt.

Der große Trick der Mathematik ist die Annahme, dass *alles, was wir in diesem einfachen Rahmen und mit Hilfe so einfacher Regeln beweisen können, immer wahr ist*, falls die ursprünglichen Axiome wahr sind. Warum auch immer, die Natur fällt gewöhnlich auf diesen Trick herein, und ihr Verhalten entspricht den Aussagen, die sich durch mathematische Herleitung ergeben. Wenn eine Formel herleitbar ist, verhält sich die Natur entsprechend den Vorhersagen der Formel. Wenn die Verneinung einer Formel herleitbar ist, verhält sich die Natur nicht im Einklang mit dem, was die Formel behauptet. Wenn wir eine Aussage bewiesen haben, bleibt der Natur keine Wahl, sich entweder in Übereinstimmung mit ihr zu verhalten oder nicht. Deshalb hegte man die Hoffnung, jede Formel oder ihre Verneinung herleiten zu können. Und deshalb führte Gödels Satz zu allgemeinem Aufruhr.[66]

Die Systemumgebung der Selbstbezüglichkeit

Seit der Zeit der alten Griechen (oder noch davor) haben Mathematiker die Welt der Mathematik mehr oder weniger in der oben geschilderten Weise wahrgenommen. Aber noch ist nicht klar, inwiefern die Tatsache, dass ein mathematisches Objekt etwas über sich selbst aussagen, also selbstbezüglich sein kann, unvermeidlich damit verknüpft ist. Das behandeln wir im nächsten Abschnitt, in dem wir kurz darstellen werden, was Gödel wirklich tat. Zuvor jedoch fassen wir noch einmal zusammen, in welcher Umgebung wir uns selbst befinden.

In Tabelle 1 des Anhangs werden wir im Wesentlichen das wiederholen, was wir eben über die Welt der Mathematik sagten. Es lohnt sich, dies in einer Tabelle zusammenzustellen, denn später wird sich herausstellen, dass sich die vielfältigsten Lebensformen (in der Fachsprache: die Systemumgebung des Lebens) tabellarisch in genau derselben Struktur erfassen lassen. Wie wir sehen werden, haben nicht nur unterschiedliche Systemumgebungen, sondern sogar die Abläufe der Operationen die gleiche Struktur. Dies wird als Grundlage dienen, damit wir aus den Phänomenen, die wir in einem Lebensbereich finden, Folgerungen ziehen können, die sich auf andere Gebiete beziehen, in denen sich die auf denselben logischen Grundlagen beruhenden Phänomene möglicherweise verborgener manifestieren.

Gödel-Nummerierung

Es gibt einen Witz, in dem sich einige Irre entschließen, die Witze zu nummerieren, die sie sich erzählen. Statt des Witzes sagen sie einfach eine Zahl. Danach lassen sich mehrere Wendungen konstruieren, beispielsweise sagt einer eine Zahl und wird verprügelt, weil die anderen den Witz albern finden, oder sie bleiben stumm, weil er langweilig ist. Die Pointe ist gewöhnlich, dass einer eine Zahl sagt und alle vor Lachen platzen – und es stellt sich dann heraus, dass dieser Witz neu war ...

Stellen wir uns vor, ein verspielter Mathematiker begänne, mathematische Formeln zu nummerieren. Jetzt wird niemand lachen, aber es lässt sich machen: Zuerst nimmt er alle Ausdrücke, die nur ein einziges Symbol enthalten (es macht ihm nichts aus, dass sie sinnlos einfach sind), dann diejenigen mit zwei Symbolen und so weiter, bis alle Formeln erfasst sind. Auf diese Weise erhält der Satz des Pythagoras eine Seriennummer, die binomische Beziehung $a^2 - b^2 = (a + b)(a - b)$ eine andere, und auch falsche Formeln, etwa $(a + b)(a + b) = a^2 + b^2$, werden einer Zahl zugeordnet.

Unser verspielter Mathematiker macht weiter und beginnt, die Beweise zu zählen, die ja eigentlich Herleitungen, also Folgen von mathematischen Formeln sind. Er geht genauso vor wie früher: Zuerst nimmt er die Beweise mit einem Schritt, dann die mit zweien und so weiter. Wichtig ist, dass alle für einen Mathematiker denkbaren Herleitungen eine Seriennummer erhalten. Da es genug Zahlen gibt, erhalten so alle Herleitungen eine Nummer.

Es gab jemanden, der diese Nummerierung wirklich durchführte, und das war Kurt Gödel. Er vollführte diesen Trick nur, um eine seltsame Formel zu erhalten, die später nach seinem Namen als G-Formel bezeichnet wurde. In Menschensprache übersetzt besagt die G-Formel: «Es gibt keine Zahl x so, dass die x-te Herleitung genau die Gödel-Formel G beweist.» Gödels Virtuosität liegt in der Tatsache, dass er diese Aussage mathematisch exakt beweisen konnte.

Die Gödel-Formel G also behauptet, es gäbe keine Herleitung, die zu G führen könnte. Die Aussage der Formel muss wahr sein, denn ihr Gegenteil würde behaupten, dass es eine Zahl x gibt, die die Herleitung von G codiert, und dann wäre G eine herleitbare falsche Aussage. Das jedoch würde zum Kollaps der Mathematik führen, weil eine falsche Aussage unmöglich herleitbar ist. Sonst wäre alles herleitbar, denn Mathematiker wissen schon seit langem, dass sich dann, wenn es in der Mathematik auch nur einen Widerspruch gibt, alles (und sein Gegenteil) hergeleitet werden kann. Im Gegensatz zu den Menschen ist die Mathematik entweder lupenrein oder vollkommen korrupt.

Die Gödel-Formel G codiert also eine Aussage (oder einen Irrenwitz), aber es ist nicht entscheidbar, ob sie herleitbar ist oder nicht: Die Irren könnten bis ans Ende der Zeiten nicht entscheiden, ob sie lachen sollen oder nicht; sie würden ewig rätseln. Und Mathematiker haben akzeptiert, dass sie mit Gödels Theorem leben müssen.

Die Mechanismen der Selbstbezüglichkeit

Tabelle 2 des Anhangs fasst den Gedankengang des vorigen Abschnitts zusammen. Diese Tabelle zeigt den allgemeinen Mechanismus der formalen Logik, wie wir ihn seit Gödel sehen können, falls uns der Sinn danach steht. Die Emergenz der Selbstbezüglichkeit ist eine Art Nebenprodukt dieses Mechanismus. Dieses Nebenprodukt hat sich das biologische Leben zunutze gemacht: Wie wir im nächsten Kapitel sehen werden, hat die Natur auch den Mechanismus der biologischen Selbstreproduktion auf dieses Muster gegründet.

Dieser Standpunkt der mathematischen Logik ist keineswegs zwingend: Das Wirken der Logik lässt sich so, aber auch auf viele andere Weisen deuten. Gewöhnlich deuten wir es anders. Die Gödel-Nummerierung spielt in der herkömmlichen Logik keine Rolle; normalerweise werden Theoreme nicht auf diese hoffnungslos ermüdende Art bewiesen. Für den praktizierenden Mathematiker sieht das System nicht so aus, deshalb braucht er nicht zu berücksichtigen, dass er selbst aus Sicht des «Lebens» des formalen Systems eigentlich nur ein Teil des äußeren Mechanismus ist. Er kann seinerseits die Tätigkeit, die er als Betreiben der Mathematik empfindet, ungestört genießen.

Ich denke nicht im Traum daran, praktizierende Mathematiker überreden zu wollen, das Objekt ihrer alltäglichen Arbeit im Rahmen der oben umrissenen Struktur zu betrachten. Ich sage nicht, dies sei die einzige Art und Weise, in der die Struktur der Logik es wert ist, betrachtet zu werden; sie ist weit davon entfernt, die effizienteste Perspektive für die Pflege der Mathematik zu sein. Ich möchte jedoch klarmachen, dass sich die Struktur der Logik *auch* in dieser Weise sehen lässt, und dass diese Perspektive die Logik nicht im Geringsten verzerrt. Es lohnt sich, die Funktion der Logik auch aus dieser Sicht zu begreifen, weil die dabei offenbarte Struktur sich als allgemeiner erweisen wird, als wir gedacht hätten. Wenn die Grundlagen für das Funktionieren der Logik aus dieser Perspektive gesehen werden, sind sie praktisch ohne Veränderung auf viele andere Bereiche des Lebens übertragbar. Genauer: Sie brauchen nicht übertragen zu werden, sondern nur bemerkt, denn es gibt sie, seit biologisches Leben begann.

Die Gödel-Struktur als Modell

Es war nicht Gödel, der die Systemumgebung der mathematischen Logik entdeckte, denn sie wurde schrittweise von den Logikern seit Aristoteles bis zum Beginn des 20. Jahrhunderts konstruiert. Im Wesentlichen ist Gödels Entdeckung in den ersten fünf Zeilen der Tabelle 2 des Anhangs enthalten. Auf den ersten Blick ist ihr Bezug zur Selbstbezüglichkeit vielleicht nicht offensichtlich. Selbstbezüglichkeit kommt im System auch wirklich nicht vor, ihr Vorhandensein zeigt sich nur in dem Gedankengang, mit dem Gödels Satz bewiesen wird. Deshalb kann Gödels Satz als wirkliche Entdeckung gelten; die in Zahlen enthaltene Selbstbezüglichkeit wurde nicht von Gödel in das System hineingesteckt, sie war immer da, weil sie zum Wesen des Systems gehört, aber das wussten wir vor Gödel nicht.

In den nächsten Kapiteln werden wir die in diesem Kapitel eingeführte Struktur auf mehrere Lebensbereiche anwenden. Obwohl nur ein Teil davon direkt mit Gödels Namen verknüpft ist, nennen wir trotzdem das gesamte Modell eine Gödel-Struktur.

Im nächsten Kapitel wird klar werden, dass die Welt des Lebendigen genau diese Gödel-Struktur nutzt, um die spezielle Art von Selbstbezüglichkeit zu verwirklichen, die Selbstreproduktion heißt. In Kapitel 14 wird auch klar werden, dass das Wirken der von Geld erschaffenen Lebensform ebenfalls auf dieser Struktur beruht. Genauer: Dies wird in keinem der Fälle exakt klar werden. Wie wir sehen werden, eignet die Gödel-Struktur sich ausgezeichnet als ein Modell zur einheitlichen Beschreibung von Phänomenen, und wenn wir Aussagen machen wie: «Die von Memen erzeugte Lebensform wendet die Gödel-Struktur an», so ist damit gemeint, dass *wir* die Gödel-Struktur hier sehr gut als ein beschreibendes Modell darauf anwenden können. Für Naturwissenschaftler ist beides nicht wirklich getrennt: Wenn sich ein Modell gut bewährt, ist es aus praktischen Gründen nützlich anzunehmen, dass die Natur ihm entspricht. Und wenn sich später herausstellt, dass sie das nicht tut, können wir immer noch das Modell ersetzen.

12. DIE GÖDEL-STRUKTUR DES BIOLOGISCHEN LEBENS

Die menschliche Genkarte enthält keine Liebesformel.

Wir verdanken das Zentraldogma der Molekularbiologie Francis Crick, einem der Entdecker der Doppelhelix der DNA. Nach diesem Dogma wird die *einzige* Möglichkeit für die Entstehung lebenstragender Proteine durch die allgemeine Formel

DNA → RNA → Proteine

beschrieben. Wegen dieses Dogmas können biologische Eigenschaften also nur durch die DNA (im Deutschen auch DNS abgekürzt) vererbt werden, und an nachfolgende Generationen können nur solche biologischen Eigenschaften weitergegeben werden, die in der DNA codiert sind.

Dieses Zentraldogma hat die molekularbiologische Forschung im letzten halben Jahrhundert geleitet und mit einem sehr effizienten allgemeinen Rahmen versehen. Das Zentraldogma wurde und wird von der Mehrzahl der Forscher als gültig akzeptiert, obwohl einige neue Entdeckungen seine Allgemeingültigkeit in Frage stellen. Sie beeinflussen nicht die Gültigkeit der Ergebnisse, die im Rahmen des Zentraldogmas erreicht wurden. Die Entdeckungen der Molekularbiologie und die in großen gentechnologischen Verfahren bleiben auch dann gültig, falls ein mehr oder weniger falsches theoretisches System zu ihnen führte.[67]

Hofstadters Abbildung des Zentraldogmas

In seinem (in Kapitel 10 erwähnten) Buch *Gödel, Escher, Bach* zieht Douglas R. Hofstadter eine Parallele zwischen dem Zentraldogma der Molekularbiologie und der im vorigen Kapitel aufgezeigten Gödel-Struktur. Hofstadter nannte diese Analogie in der Originalausgabe witzig *Central Dogmap*. Auch wir gehen von dieser Analogie aus, aber die im vorliegenden Buch aufgezeigte Gödel-Struktur des biologischen Lebens unterscheidet sich in mehreren Punkten von Hofstadters Abbildung des Zentraldogmas. Unser Vorgehen ist nicht durch die Forschungsergebnisse des letzten Vierteljahrhunderts gerechtfertigt, sondern dadurch, dass Hofstadters Buch eine Seite der Münze zeigt, das vorliegende Buch jedoch die andere.

Hofstadter interessierte sich hauptsächlich für die Tatsache, dass in seiner Struktur unvermeidlich ein Phänomen auftaucht, das er «seltsame Schleife» nennt. Seltsame Schleife meint hier im Wesentlichen Selbstbezüglichkeit. Nehmen wir einmal an, eine wissenschaftliche Aussage, ein Protein, eine Bach-Fuge, ein Escher-Bild, ein Zen-Koan usw., irgendetwas, das etwas Interessantes über die Außenwelt mitteilt, ist selbst mit dem Thema verwickelt. Wir wissen aus dem Gödel-Satz, dass so etwas in «hinreichend mächtigen» formalen Systemen unvermeidlich ist. Hofstadter vertritt die Lehre, dass menschliches Denken das Produkt dieser seltsamen Schleifen und der aus ihnen konstruierten verschränkten Hierarchien ist. Wenn das wahr ist, dann können theoretisch Computer menschliches Denken nachvollziehen, weil ja Computer in der Lage sind, alle Arten von verschränkten Hierarchien abzubilden.

In dem Buch *Ich bin eine seltsame Schleife*, das Hofstadter mehr als ein Vierteljahrhundert nach *Gödel, Escher, Bach* schrieb, führt Hofstadter diesen Gedanken weiter aus. Wir sind hier nicht an diesem Aspekt, sondern an der Gödel-Struktur selbst interessiert, unabhängig davon, ob sie in der Lage ist, alles menschliche Denken zu realisieren. Die Abbildung des Zentraldogmas ist für Hofstadter nur ein Nebenprodukt, für unser Buch jedoch ein Ausgangspunkt. Hofstadters Hauptthema ist menschliches Denken und künstliche Intelligenz, unseres die allgemeine Logik des Lebens und darin die Evolution des Geldes.[68]

Die Gödel-Struktur des biologischen Lebens

Eine biologische Zelle kann einen Teil aller in der Welt vorstellbaren DNA kopieren, einen anderen jedoch nicht. Es gibt in der Zelle komplexe Mechanismen, die herausfiltern, welche DNA die gegebene Zelle nicht zu kopieren bereit ist. Diese Mechanismen entsprechen einem Axiomensystem. Sie garantieren, dass eine bestimmte Form von DNA in der Zelle reproduziert werden können, andere dagegen nicht. Ähnlich können nach Gödel bestimmte Formeln innerhalb des Axiomensystems hergeleitet werden, während andere als nicht herleitbar nachgewiesen wurden, weil ihre Verneinung herleitbar war.

In Tabelle 3 des Anhangs sind die Hauptteilnehmer der Selbstreproduktion angeordnet wie in Tabelle 1. In Tabelle 4 ist ihr Wirken analog zu Tabelle 2 dargestellt. Die Gödel-Struktur des biologischen Lebens beschreibt, wie Ribonukleinsäuren in der DNA genetische Informationen in Proteine umsetzen, und wie sich von da an Lebewesen entwickeln, die DNA reproduzieren können.

Die in der DNA codierten Proteine können viele Rollen spielen. Sie können Enzymproteine sein, die den Prozess der Fortpflanzung steuern, oder sie können regulieren, wie Einzelzellen sich später zusammenfinden, um ein Lebewesen zu schaffen, oder sie können den Körper dieser Überlebensmaschine gestalten, oder sie können die Funktionsweise dieses Körpers regulieren. Einige dieser Funktionen sind schon ziemlich gut bekannt, während andere noch auf ihre Entdeckung warten. Uns interessieren hier nicht die «technischen» Einzelheiten, sondern das zugrundeliegende logische Prinzip. Allen Proteinen ist gemeinsam, dass sie aktiv sind, dass sie im Lauf des Lebens eine fundamentale Rolle spielen, diese Rolle aber nicht Teil des formalen Systems ist.

DNA ist nur eine Formel

Der Aufbau der Tabellen 1 und 2 ist identisch mit dem der Tabellen 3 und 4. Aber ist das so wegen einer meiner (oder Hofstadters) spielerischen Launen oder weil es eine tatsächliche Analogie zwischen den Vorgängen gibt? Ich denke, das Zweite ist der Fall. Wir beweisen das, indem wir das Wesentliche der Analogie (also Hofstadters Abbildung des Zentraldogmas) zusammenfassen – wobei wir die beiden Gödel-Strukturen schon kennen.

Sowohl DNA als auch formale Aussagen bestehen aus langen Folgen von Symbolen, die in Übereinstimmung mit gewissen Regeln entstehen. Gewisse Symbolfolgen sind im formalen System enthalten, andere nicht. Bei formalen Aussagen bedeutet Enthaltensein im formalen System, dass sie innerhalb des Axiomensystems herleitbar sind, im Fall der DNA, dass die gegebene Zelle sie reproduzieren kann. Wenn eine formale Aussage herleitbar ist, sagt sie etwas aus über die Welt: Wir wissen dann ohne weiteres, dass das in der formalen Aussage formulierte Wissen wahr ist. Ähnlich codiert die gegebene DNA dann, wenn sie reproduziert werden kann, ein theoretisch lebensfähiges Geschöpf. Die Einzelheiten des «Was» und «Wie» betreffen technische Details, sind also «Algebra».

Noch jedoch hat sich die Welt außerhalb des formalen Systems nicht bemerkbar gemacht. Im Fall der reproduzierten DNA macht die Außenwelt ihre Bemerkungen zur Lebensfähigkeit des auf der Grundlage von DNA erzeugten Lebewesens durch die natürliche Auslese. Im Fall der hergeleiteten Formel zeigt sie sich im Interesse anderer Wissenschaftler oder gelegentlich auch in praktischen Anwendungsmöglichkeiten der Wissenschaft.

Gödels Satz der Molekularbiologie

Wenn die Gödel-Strukturen der Tabellen 1 und 2 identisch sind mit denen der Tabellen 3 und 4, dann muss Gödels Satz auch für die eben betrachtete Gödel-Struktur gelten. Es genügt, die Worte «Herleitung» in Gödels Satz (etwa in seiner einfacheren Form auf S. 200) durch «Fortpflanzung» zu ersetzen. Dann können wir nach Hofstadter Gödels Satz der Molekularbiologie so formulieren:

> In jeder biologischen Zelle gibt es DNA, deren Reproduktion die Zelle nicht verweigert und die im Prinzip reproduzierbar ist, von der Zelle jedoch nicht reproduziert werden kann.

DNA, die ein solches «Gödel-Geschöpf» codiert, ist rätselhaft, weil die Zelle sie weder reproduzieren noch ihre Reproduktion verweigern kann. Das ist für die Zelle fatal, weil sie mit dem Kopieren der DNA beginnen kann, aber niemals fertig wird, und die Möglichkeiten zur Fortpflanzung der Zelle deshalb dauerhaft blockiert sind, sodass die Zelle ihre biologische Funktion nicht mehr erfüllt. Gleichzeitig kann es sein, dass andere Zellen eben diese DNA problemlos reproduzieren, das dadurch codierte Geschöpf also nicht ausstirbt, auch wenn diese bestimmte Zelle die DNA nicht reproduzieren kann.

Die Existenz solcher DNA ist keineswegs ein Zeichen für eine besondere Bösartigkeit von Mutter Natur, sondern eine logische Notwendigkeit, die sich aus dem allgemeinen Mechanismus des Lebens ergibt. Unabhängig davon, wie kompliziert die Verteidigungsmechanismen sind, die die Zelle gegen das Kopieren von DNA entwickelt, die für sie selbst fatal ist, gibt es immer schädliche DNA, die die Verteidigung überwindet. Und früher oder später wird die Evolution sie erzeugen.[69]

Die Rolle externer Mechanismen

Biologische Geschöpfe sind nicht nur in der Lage, sich selbst mehr oder weniger exakt zu reproduzieren, sondern sie enthalten auch ihr Struktur- und Betriebsprogramm. Dieses Programm ist keineswegs exakt, es definiert nichts genau, ist aber dennoch detailliert auf hohem Niveau. Anscheinend ist das für die Entwicklung von hinreichend stabilen Lebensformen notwendig.

Was aber kann als hinreichend hohes Niveau gelten? Eine Grenzziehung ist schwierig. DNA enthält die Codes aller Proteine, die für den Aufbau und das Verhalten des Geschöpfes nötig sind, aber weder das eine noch das andere folgt allein daraus. Würde eine fremde Zivilisation nur diese Codes erhalten, so könnte sie die besonderen Kennzeichen des codierten Wesens nicht daraus ableiten. Beispielsweise würde sie nicht wissen, wie viele Beine (wenn überhaupt) das Geschöpf hat oder ob es fliegen kann oder nicht. Die gegebenen Proteine konstruieren dieses Geschöpf nur unter bestimmten Umständen, nämlich solchen, bei denen die nicht in der DNA codierten, aber für den Aufbau des Geschöpfes notwendigen äußeren Bedingungen vorhanden sind.

Was von den Replikatoren nicht codiert wird, bleibt externen Mechanismen überlassen. Wenn es keine Schwerkraft gäbe, wäre beispielsweise die Struktur unserer Beine anders. Deshalb müssen Astronauten, die viel Zeit in der Schwerelosigkeit verbringen, fortwährend gymnastische Übungen ausführen. Sonst hätten sie nach der Rückkehr zur Erde bald einen Oberschenkelhalsbruch, denn der Oberschenkel gewöhnt sich sehr rasch an die Schwerelosigkeit. Es ist möglich, dass ein Lebewesen, das sich in einem Raumschiff (oder auf dem Mond) aus einem befruchteten Ei entwickelt, eine andere Anzahl von Beinen hätte als eines, das auf der Erde aufwächst, zumindest würden sie sicherlich anders aussehen. Gene überlassen vieles den externen Mechanismen. Diese externen Mechanismen können ebenso physikalische oder chemische Naturgesetze sein wie die Gesetze der Ökonomie oder Psychologie. Die DNA sagt nichts darüber aus, was passiert, wenn sich aus irgendeinem Grund plötzlich in dem von ihr codierten Geschöpf Bewusstsein oder vielmehr ein *Selbst* entwickelt. Hier wirken dann nicht mehr die Gesetze der Biochemie, sondern solche Gesetze, die die Welt erst dann beeinflussen konnten, als Geschöpfe mit einem Selbst ins Bild kamen. Die Gesetze der Psychologie (die wir noch viel weniger gut kennen als die der Physik) folgen ebenso wenig aus der Struktur unserer DNA wie aus den Gesetzen der Physik. Die Genkarte der Menschen enthält keine Formel für die Liebe, sondern allenfalls nur für einige wenige Chemikalien, deren Vorhandensein eine notwendige (aber nicht hinreichende) Vorbedingung ist.

Warum ausgerechnet die Gödel'sche Struktur?

Es lohnt sich, ein wenig darüber nachzudenken, warum das Leben (jedenfalls das biologische Leben auf der Erde) sein Wirken auf diese relativ komplizierte Gödel-Struktur gründet. Das Beispiel des Chemotons in Kapitel 2 legt nahe, dass auch eine theoretisch viel einfachere Lösung vorstellbar ist. Die Gödel-Struktur erschien in der Mathematik mit zwingender Kraft, denn sowie wir uns mit den Eigenschaften von Zahlen beschäftigten, trat sofort der Begriff der Unendlichkeit auf und damit auch die Gödel-Struktur (wenn wir auch für diese Entdeckung zweifellos einen Gödel brauchen). Für das Leben jedoch ist weder das Vorhandensein der Unendlichkeit noch das der Gödel-Struktur notwendig. Beide gehören nicht zu den drei Bedingungen der Definition von Replikatoren oder den drei Darwin'schen Bedingungen für die Emergenz der Evolution.

Gödel-Strukturen sind möglicherweise in gewissem Sinn für die Entwicklung einer hinreichend stabilen Lebensform absolut notwendig. Es ist vorstellbar, dass die Gödel-Struktur, besonders die Gegenwart eines Mittlers, für die Entwicklung von hinreichend variablen und zugleich hinreichend stabilen Lebensformen logisch notwendig ist. Leider habe ich keine Idee, welche mathematischen Methoden sich zur Untersuchung dieser Frage eignen könnten. Deshalb sagte ich zuvor (in Kapitel 2), dass John von Neumann, hätte er das Knacken des Gen-Codes erlebt, sich vermutlich wieder für die logischen Grundlagen des Lebens interessiert hätte. Diese Frage könnte einen Mathematiker mit Neumanns Fähigkeiten herausfordern.

Gödels Satz schließt nicht aus, dass die «rätselhafte» DNA in Gödels Satz der Molekularbiologie von solcher Komplexität ist, dass sie in der Natur nicht vorkommen kann. Molekularbiologen wissen aus Erfahrung, dass dergleichen möglich und auch gar nicht selten ist. Mathematiker haben ähnliche Erfahrungen gemacht. In der Geschichte der Mathematik haben sich nur wenige Dutzend Probleme gestellt, die eines gründlichen Studiums für wert befunden wurden. Einige von ihnen haben sich schon als Gödel'sch erwiesen, beispielsweise die Kontinuumshypothese. Bis heute ist die Mathematik nur so weit gekommen, dass sie die theoretische Notwendigkeit von Gödels Phänomen beweisen kann. Aber wir wissen nicht, wie zwingend diese theoretische Entdeckung in der Praxis ist. Wir wissen noch weniger darüber, wie sie mit der Möglichkeit einer gemeinsamen Existenz von Variabilität und Stabilität verknüpft ist.

Mangels geeigneter mathematischer Grundlagen ist es deshalb am besten, äußerst vorsichtig vorzugehen. Daher beschränken wir uns in diesem Buch streng darauf, nur solche Formationen lebend zu nennen, in denen es einerseits einen Replikator gibt und sich andererseits die Selbstreproduktion der Geschöpfe im Rahmen der Gödel-Struktur beschreiben lässt.

Evolution und Gödel-Struktur

Unser Modell garantiert, dass die Evolution nicht mit der Gödel-Struktur interferiert, weil wir von der Ansicht ausgegangen sind, dass die Evolution auf der Ebene der Replikatoren abläuft und nur auf diese wirkt. Die Evolution beeinflusst nicht mehr das, was wir zuvor summarisch als «Algebra» bezeichnet haben. Dies ist wahr, wenn wir mit «Algebra» entweder mathematische Logik meinen oder die technischen Einzelheiten der Molekularbiologie – mit anderen Worten: wenn wir entweder über die Entwicklung wissenschaftlicher Erkenntnisse oder biologische Geschöpfe sprechen.

Das erleichtert den Überblick über die Phänomene, besonders bei Lebensformen, über deren Wirken wir viel weniger wissen als über Biologie und mathematische Logik. Wir werden die Früchte dieser Einstellung in den letzten beiden Kapiteln ernten, wenn wir in Kenntnis ökonomischer Replikatoren und der überlagerten «ökonomischen» Gödel-Struktur einen Blick auf mehrere ökonomische Probleme werfen, die ohne sie nur schwer zu deuten wären.

13. DIE GÖDEL-STRUKTUREN MENSCHLICHEN DENKENS

Was in einem Lebensbereich offensichtlich ist, kann in einem anderen Lebensbereich verborgener sein.

Es gibt Anzeichen dafür, dass in gewisser Weise auch Gedanken als Lebewesen betrachtet werden können. Gedanken sind ziemlich autonom, sie beschäftigen uns sogar, wenn wir nicht denken wollen, als ob sie in unseren Köpfen ein Eigenleben führten. Es ist fraglich, ob dies nur eine oberflächliche Analogie ist oder eine Idee, die sich im Rahmen unseres strengen Modells (universaler Darwinismus und Gödel-Struktur) vertreten lässt. Die in Kapitel 4 dargestellte Mem-Theorie weckt Hoffnungen, dass menschliches Denken im Rahmen dieses Modells beschreibbar ist.

Aus Sicht dieses Buches, also der Evolution des Geldes, sind Meme nur deshalb interessant, weil sie einen wichtigen externen Mechanismus für das Funktionieren von Geld als Replikator darstellen. Deshalb fasse ich mich hier kurz. Das Thema verdient zwar genauere Ausführungen, die aber erfordert noch viel Forschung. Wie wir in Kapitel 4 sahen, hat die Wissenschaft noch nicht einmal einen überzeugenden Beweis für die Existenz von Memen gefunden. Ich beschränke mich auf Andeutungen dazu, wie Meme die Gödel-Struktur nutzen könnten, warum wir uns also überhaupt vorstellen können, dass wir selbst in unserem strengen Rahmen von Darwin'scher Evolution der Gedanken sprechen können.

Die Gödel-Struktur alltäglichen Denkens

Die Tabellen 5 und 6 des Anhangs zeigen einen plausiblen «Besetzungszettel», zu dessen überzeugendem Beweis noch viele theoretische und experimentelle Daten fehlen. Es könnte sich im Verlauf der Forschungsarbeit sehr wohl herausstellen, dass einige der Rollen in dem System von anderen Elementen übernommen wurden, als die Tabelle angibt. Es zeigt sich jedoch schon in der gegenwärtigen Konzeptualisierung, dass sich menschliches Denken mit einiger Wahrscheinlichkeit mit einem auf Replikatoren und der Gödel-Struktur beruhenden Modell beschreiben lässt. Leider verweisen einige Fragezeichen zwingend auf die starke Beschränktheit unseres gegenwärtigen Wissens.

Ich habe zu nur einem einzigen Punkt der hier gezeigten Gödel-Struktur unbedingt eine Anmerkung zu machen, nämlich zum Begriff des kognitiven Schemas. Das bedeutet nicht, dass ich alles andere völlig klar und offensichtlich finde, aber hier ist die Gödel-Struktur eben eher eine gedankliche Herausforderung als eine Zusammenfassung der auf diesem Gebiet erhaltenen wissenschaftlichen Ergebnisse. Der Begriff des kognitiven Schemas jedoch verdient es, dass ich meine persönliche Geschichte dazu erzähle.

Meme und kognitive Schemata

Als ich versuchte, die Memetik in die Welt dieses Buches einzupassen, erschien die Gödel-Struktur als zu eng für Meme. Lange dachte ich, die Memetik sei ganz schön und gut, könne aber nicht so strengen Ansprüchen genügen wie die Gödel-Struktur. Ich hielt die Memetik für eine Art wissenschaftliches Divertimento. Zwar wollte ich nicht so streng sein wie Gardner oder

Gould, denn eigentlich gefiel mir der Gedanke, ich nahm aber den Inhalt der Memetik nicht in mein aus wissenschaftlicher Sicht akzeptables Wissen auf; und deshalb blieb sie für mich lange ein angenehmes Gedankenspiel. Der Wendepunkt kam, als mir dämmerte, dass Meme wirklich eine Lebensform darstellen, wie die Pioniere der Memetik (beispielsweise Dawkins) behaupten. Dieser Punkt war etwas schmerzlich, weil ich meine Ansichten, die ich in einem meiner früheren Bücher vertreten habe, überdenken musste. Es war jedoch unumgänglich – die Macht der Gödel-Struktur zwang mich dazu.

Die Psychologie kämpft seit etwa siebzig Jahren mit dem Begriff des kognitiven Schemas. Ich will ihn hier nur kurz umreißen, er ist das Hauptthema meines früheren Buchs. Die Psychologie beschreibt ein kognitives Schema als eine Einheit unseres Denkens, die in sich selbst sinnvoll ist und aktiv das Denken steuert, während sie sich zugleich fortwährend verändert. Kognitive Schemata haben komplexe Strukturen, und in ihnen gilt eine Vielfalt von Regeln für die Organisation der in ihnen enthaltenen Informationen. Kognitive Schemata verändern sich während ihres Funktionierens unablässig.

Ich hatte in dem Buch *Die Grenzen der Vernunft* nach einer Unterscheidung zwischen Memen und kognitiven Schemata gesucht und war zu dem Schluss gekommen, dass es keinen realen Unterschied gibt. Wie ich dort erläuterte, schien der Unterschied darin zu liegen, dass Meme biologisch sind und kognitive Schemata ihrer Natur nach psychologisch, beide jedoch im Wesentlichen dieselbe Sache erfassen. Möglicherweise dachte ich so, weil Memetiker gewöhnlich für typische Meme dieselben Beispiele anführen wie Psychologen für typische kognitive Schemata. Man sieht daran, wie irreführend Beispiele manchmal sein können.

Mir war lange Zeit nicht aufgefallen, dass die psychologische

Beschreibung kognitiver Schemata klingt, als ob sie ein Lebewesen beträfe. Auch hatte ich nicht bemerkt, dass ein großer Teil meines Buchs die Methodologie der «Zensur» der sich fortwährend verändernden Schemata beschrieb und die Häufigkeit ihres Vorkommens analysierte. Einmal jedoch, als ich die Gödel-Struktur anstarrte, starrte sie sozusagen zurück, und ich erkannte, dass das, was wir in der Psychologie ein kognitives Schema nennen, aus Sicht der Theorie des egoistischen Gens kein Replikator ist, sondern das Lebewesen selbst. Diese Geschöpfe werden von Replikatoren erzeugt, also Memen, die durch die Evolution beeinflusst werden. Vielleicht sind die aus der psychologischen Forschung bekannten Schemata nichts anderes als die Überlebensmaschinen der Meme. Auf diese Weise ergaben die Teile des Rätsels ein Bild, und die Ergebnisse vieler bis dahin scheinbar unabhängiger psychologischer Experimente wiesen in dieselbe Richtung, und die Gödel-Struktur wurde in Bezug auf Meme sinnvoll.

Natürlich hat eine solche intuitive Erleuchtung keine Beweiskraft. Ich behaupte auch nicht, dass die so gesehene Gödel-Struktur maßgeblich ist. Das ganze Thema wurde nur deshalb in dieses Buch aufgenommen, weil wir zeigen müssen, dass Geld als Replikator sich auch dann radikal von einem Mem unterscheidet, wenn eine bestimmte Form des Geldes wirklich ein unabhängiger, bis jetzt unbekannter Replikator ist. Wir überprüfen das im nächsten Kapitel, aber da wir uns gerade mit einer möglichen Gödel-Struktur des menschlichen Denkens beschäftigen, können wir hier auch Folgerungen aus diesem Bereich betrachten.[70]

Gödels Satz vom menschlichen Denken

Wenn es uns je gelingt, die in den Tabellen 5 und 6 des Anhangs durch Fragezeichen angedeuteten fehlenden Elemente zu finden, können wir dieses Modell (und die Memetik) zu unserem wissenschaftlichen Standardwissen zählen. Dann wird es sich lohnen, genauer über Folgerungen aus diesem Modell nachzudenken. Eine können wir schon jetzt aufzeigen. Genau wie wir Gödels Satz der Molekularbiologie aufstellten, formulieren wir «Gödels Satz vom menschlichen Denken»:

> In jedem menschlichen Gehirn gibt es subjektiv interessante Dinge, die im Gehirn gespeichert werden können und deshalb im Prinzip verständlich sein sollten, aber trotzdem vom Gehirn nicht verstanden werden.

Wieder haben wir dasselbe getan wie im vorigen Kapitel: Wir haben die Tabellen 5 und 6 gewonnen, indem wir einfach die in den Tabellen 1 und 2 des Anhangs vorkommenden Elemente von Gödels Satz durch die ihnen entsprechenden Ausdrücke ersetzt haben – und natürlich das Wort «Herleitung» mit «Verständnis». Verständnis bedeutet, dass wir das gegebene Ding in ein kognitives Schema einordnen können. Dieses Theorem kann erklären, warum viele hochintelligente Philologen Mathematik hoffnungslos unbegreiflich finden: Für ihr Gehirn könnten sich Mathe-Meme als Gödel'sch erweisen.

Nicht der Sänger schenkt dem Lied das Leben ...

Wir betonen noch einmal, dass aus Sicht der Memetik Gedanken – oder, genauer, diejenigen kognitiven Schemata, die sich aus den potenziell interessanten Dingen entwickeln können – selbst Lebewesen sind. Die kognitiven Schemata, diese «Geschöpfe», die in unserem Gehirn gedeihen, formen unseren Geist und nicht umgekehrt. Schon ein halbes Jahrhundert vor der Geburt der Memetik erfasste der ungarische Dichter Mihály Babits genau diesen Punkt:

Nicht der Sänger schenkt dem Lied das Leben:
Das Lied vielmehr schenkt Leben dem Sänger.

Biologen haben ähnliche Gedanken vertreten. Tatsächlich verdanken zuerst die Theorie vom egoistischen Gen und dann die Memetik ihr Entstehen dieser begrifflichen Erneuerung. Der Biologie-Nobelpreisträger François Jacob schrieb in seinem berühmten Buch *Die Logik des Lebenden*: «Die Henne ist das Mittel, mit dem das Ei mehr Eier erzeugt.» In Anbetracht der Biologie und der Gödel-Struktur der Memetik ist die Parallele zwischen den Gedanken von Babits und Jacob vollkommen natürlich.

Diese Analogie kann uns leicht zu weniger begründeten Ideen verführen. Ich las das folgende Zitat zuerst in einer Arbeit einer meiner Studentinnen und fand den Gedanken großartig, mit dem sich der berühmte Philosoph Daniel Dennett über oberflächliche Analogien lustig macht. «Der Wissenschaftler ist lediglich das Mittel, mit dem Bibliothekare mehr Bibliotheken erzeugen.» Als ich die Studentin tadelte, sie habe ihren Sinn für Humor verloren, wenn sie diese witzige Wendung ernst nähme, behauptete sie, Dennett habe diese Zusammenfassung des Wesentlichen der Memetik sehr ernst genommen, und ich musste beschämt zugeben, dass sie recht hatte. Vielleicht betrachtet die wissenschaftliche Welt die Memetik mit so vielen Vorbehalten, weil sie uns zu ähnlich oberflächlichen Analogien verleitet.

Deshalb halte ich es für wichtig, die unterschiedlichen Lebensformen im Rahmen eines aussagekräftigen Modells zu betrachten. Natürlich ist Dennetts Idee in dem Rahmen haltlos, den wir als universalen Darwinismus definierten: Bibliotheken sind keine Replikatoren. Beim Vergleich mit dem anderen Stützpfeiler unseres Modells, der Gödel-Struktur, ist Dennetts Analogie noch unbefriedigender. Nach diesen beiden großen Mängeln gehen wir gar nicht darauf ein, dass eine Beschreibung der autokatalytischen Prozesse hinter der Selbstproduktion fehlt (um ehrlich zu sein, gibt es sie auch im Fall der Meme noch nicht). Unser Modell mag zu streng sein, aber jedenfalls schließt es vermutlich ähnliche witzige, aber billige Analogien aus.[71]

Die Gödel-Struktur der Naturwissenschaft

Schauen wir uns an, was die Gödel-Struktur über das wissenschaftliche Denken, also eine spezielle Form menschlichen Denkens zu sagen hat. Das wird verdeutlichen, warum wir die Überschrift dieses 13. Kapitels, anders als die des vorigen, im Plural formulierten.

Als Naturwissenschaftler bemühen wir uns, unseren Gedankengang auf logische Weise zu erklären. Wir versuchen, unsere Aussagen und Erklärungen so weit wie möglich im Rahmen eines kognitiven Systems zu machen – das sichert die Objektivität der Naturwissenschaft.

Wissenschaftliche Aussagen folgen einer anderen Funktionsweise als Meme. Meme sind für den Einzelnen subjektiv interessant; erfolgreich sind jene Meme, die für viele Menschen interessant sind und in die kognitiven Schemata vieler Menschen eingebaut werden können. Wissenschaftliche Aussagen andererseits sind streng objektiv (jedenfalls im Prinzip). Sie können sogar als eine andere Form von Lebewesen gelten, deren

Gödel-Struktur zufällig von der formalen Logik beschrieben wird. Es ist in der Tat überhaupt nicht absurd, wenn man die Naturwissenschaft für eine spezielle Lebensform hält. Ein gelöstes wissenschaftliches Problem erschafft neue wissenschaftliche Probleme – auch hier geht das Leben weiter.

Sind dann nicht Bruchteile von wissenschaftlichem Wissen auch Meme? Im Rahmen der Naturwissenschaft sind sie es nicht, weil sie entsprechend einer anderen Gödel-Struktur funktionieren. Sie können Meme werden, wenn die Menschen das auf diese Weise erworbene Wissen interessant finden. Dann aber verlässt die wissenschaftliche Aussage definitiv den engen, streng wissenschaftlichen Kontext. Das formale System, die Gödel-Struktur der Logik, in der es sie gab, ist dann nicht mehr da.

Wenn eine wissenschaftliche Aussage aus dem wissenschaftlichen Kontext herausgenommen wird, verwandelt sie sich in ein «Gedankenwesen», das heißt, sie bringt kognitive Schemata hervor (vorausgesetzt natürlich, dass kognitive Schemata wirklich die Entsprechungen der von Memen erschaffenen Wesen sind). Sie verliert dabei viel von ihrer wissenschaftlichen Exaktheit und wird oft sogar missverständlich. Eine wissenschaftliche Aussage kann als kognitives Schema im alltäglichen Leben etwas ganz anderes bedeuten als in der ursprünglichen Umgebung. Diese Verwandlung haben viele wissenschaftlichen Gedanken durchgemacht – die Liste ist lang, von der Erhaltung von Materie und Energie über die Idee der Evolution bis hin zur Relativitätstheorie oder dem Urknall.

Der über ein wissenschaftliches Problem nachdenkende Wissenschaftler kann selbst als gutes Beispiel dienen. Die psychologische Forschung hat nachgewiesen, dass Wissenschaftler gewöhnlich nicht in «wissenschaftlicher Sprache», also formalen Systemen, denken. Selbst Mathematiker denken nicht im exakten System der Mathematik, wenn sie ein neues Problem zu lösen versuchen, vielmehr wirken wissenschaftliche Fragestellungen in ihrem Kopf als Meme (genauer: als kognitive Schemata). Andererseits haben Wissenschaftler nur dann Erfolg, wenn sie das richtige Gespür dafür haben, welchen dieser subjektiv interessanten Gedanken sie in die formale, objektive Sprache der Naturwissenschaften übersetzen können.

Wenn Wissenschaft als eine Lebensform betrachtet werden kann, dann agieren Meme als ein externer Mechanismus. Meme ordnen die hergeleiteten wissenschaftlichen Aussagen zu Wissen über die Welt, also zu wissenschaftlichen Theorien.[72]

Die Macht der Gödel-Struktur

Die drei Gödel-Strukturen (Wissenschaft, biologisches Leben und das gewöhnliche menschliche Leben) sind identisch. Jede handelt von einer ganz anderen Lebensform, und gemeinsam sind sie ein Beweis für die Macht der Gödel-Struktur. Es lohnt die Mühe, sie nebeneinander zu betrachten – die eine bestätigt die andere und stellt sie gelegentlich sogar in ein neues Licht.

In jeder der Tabellen im Anhang gibt es offensichtliche und weniger offensichtliche Anteile. In der Gödel-Struktur der formalen Logik gibt es keine «Schwachpunkte», wenn wir sie nur unter dem Gesichtspunkt des formalen Systems betrachten. Wenn wir sie jedoch unter dem Blickwinkel der Wissenschaft betrachten, können sehr wohl Zweifel an der Interpretation aufkommen. Was sich auf einem Gebiet des Lebens mit dem gesunden Menschenverstand begreifen lässt, kann auf einem anderen viel verborgener sein. Eine auf einem Gebiet erkannte Verbindung kann zuvor unbekannte Phänomene auf einem anderen entdecken helfen. Die Überprüfung einer Lebensform kann helfen, eine andere zu verstehen, weil beide die gleiche logische

Struktur haben. Aus diesem Grund haben wir in diesem Kapitel auch die Gödel-Struktur der Memetik umrissen, obwohl wir bei zahlreichen Fragen im Moment noch weit von einer Antwort entfernt sind. Es kann helfen, eine Lösung zu finden, wenn wir sie parallel mit anderen Lebensformen sehen.

Wir behandeln die bisher untersuchten Gödel-Strukturen im 15. Kapitel in der Zusammenschau, im Licht der jeweils anderen, wenn wir auch die Gödel-Struktur der Ökonomie (oder, genauer, die des Geldes als Replikator) zur Verfügung haben.

TEIL IV

DAS EGOISTISCHE GELD

14. GELD ALS REPLIKATOR: DIE MONE

Auch die Ökonomie ist ein Produkt der Evolution und keine menschliche Erfindung, die sich durch Besseres ersetzen lässt.

Wir können die Existenz eines unabhängigen ökonomischen Replikators nicht aus theoretischen Gründen folgern. Auch die Existenz des Schnabeltiers ist ja keine theoretische Notwendigkeit. Wir kennen das Schnabeltier nicht deshalb, weil wir seine Existenz herleiten konnten, sondern weil es entdeckt wurde. Mit dem ökonomischen Replikator ist es ähnlich.

Wenn wir etwas entdecken, können wir seine Merkmale beschreiben (es hat einen Entenschnabel, ist aber ein Säugetier). Zwischen der Art der beiden Entdeckungen jedoch besteht ein wesentlicher Unterschied: Das Schnabeltier wurde zufällig entdeckt, nicht etwa, nachdem man Anzeichen für seine Existenz gefunden hatte, systematisch gesucht. Nach einem ökonomischen Replikator jedoch suchen wir genauso, wie Menschen nach dem Einhorn gesucht haben. Auf beide gibt es viele verheißungsvolle Hinweise. Hinweise auf das Einhorn sind uns aus Legenden bekannt. Wir fanden Hinweise auf die Existenz eines unabhängigen ökonomischen Replikators am Ende von Kapitel 4, als sich herausstellte, dass die Idee des Geldes nicht allein von Memen erzeugt sein kann. Im Fall des Einhorns blieb die Suche fruchtlos. Im Fall des ökonomischen Replikators werden wir bald zu einem Ergebnis kommen.

Der Begriff des Mons

Zunächst geben wir dem gesuchten Ding einmal einen Namen und benennen zu Beginn den ökonomischen Replikator mit dem von dem ungarischen Dichter und Liedverfasser Péter Fábri geschaffenen Wort *Mon*. Wie Gen und Mem ist das Wort einsilbig, und es hat Ähnlichkeit mit ihnen. Das Wort deutet auch auf eine Verwandtschaft des Replikators mit *money* (Geld) hin, und es gleicht, eine weitere Besonderheit, dem französischen Wort *mon* (mein) – jedem gefällt die Verbindung von «Geld» und «mein». Als man mich darauf aufmerksam machte, dass das Wort im Japanischen auch Tor und sogar Problem bedeutet, merkte ich, dass es sich nicht lohnt, weiter nach Erklärungen zu suchen, weil alles mit Geld verwandt ist.

Als Nächstes beschreiben wir, wie wir uns Mone aufgrund unseres jetzigen Wissens am besten vorstellen sollten. Damit folgen wir noch dem Kurs, der auch bei der Suche nach dem Einhorn eingeschlagen wurde; es wurde oft beschrieben, ohne je gesehen worden zu sein. Hätte es das Tier gegeben, hätten diese Beschreibungen geholfen, es zu entdecken, auch wenn sich später, in Kenntnis des wirklichen Tieres, einige von ihnen als mehr oder weniger falsch erwiesen hätten.

Wir suchen nach einem Replikator, der sich ähnlich verhält wie zu Kapital gewordenes Geld. Leider entspricht das Kapital selbst in seiner Alltagsbedeutung nicht dem ersten Punkt in der Definition von Replikatoren (er muss sehr lange unverändert überleben können). Ich kann heute eine Aktie kaufen, sie morgen verkaufen und stattdessen ein festverzinsliches Wertpapier kaufen, es am nächsten Tag verkaufen und das erhaltene Geld in Robinsons neues Unternehmen oder die Erziehung meines Kindes stecken. Im gewöhnlichen alltäglichen Sinn ist Kapital kein Replikator, also muss ein Mon etwas anderes sein.

Wir wissen schon, dass das gesuchte Mon etwas ist, das durch Zusammenarbeit mit anderen Monen Lebewesen erzeugen kann. Natürlich sind diese Lebewesen keine biologischen, sondern ökonomische Geschöpfe, da Mone – wenn es sie überhaupt gibt – ökonomische Replikatoren sind.

Betrachten wir zunächst einmal Herstellungsbetriebe als «ökonomische Lebewesen». Diese Definition, die wir später sehr verfeinern, reicht als Ansatz. Die so definierten ökonomischen Lebewesen sind genauso fassbar wie biologische Geschöpfe; wir alle kennen Wirtschaftsunternehmen. Wenn es Mone gibt, müssen sie diese Wesen erzeugen können. Versuchen wir also, hinter diesen Wesen ein Etwas zu finden, das sie erzeugen kann. Das war im Fall der biologischen Lebewesen keine einfache Aufgabe, sie könnte aber mit unserem Wissen von den Genen viel einfacher sein.

Gene sind im Grunde lediglich Information; außerdem haben sie eine sehr einfache Form, nämlich die Anordnung von vier Arten von Nukleotiden in einem Abschnitt der DNA. Ein biologisches Geschöpf ist durch die Gesamtheit seiner Gene bestimmt. Übrigens ist die Tatsache, dass Gene in fassbarer oder (zumindest in einem Mikroskop) auch sichtbarer Form auftreten, weniger wichtig als die Tatsache, dass ein Gen Information ist, die Merkmale eines Lebewesens codiert. Das Wesen eines jeden Replikators ist Information; wie sie sich manifestiert, ist zweitrangig. Erschaffen wir also den Begriff Mon und schauen, ob er unseren Erwartungen entspricht und wirklich etwas Existierendes beschreibt.

Ein Mon ist Information, die ein Merkmal eines Unternehmens beschreibt und zur Investition von Kapital anreizen kann und so (zusammen mit anderen geeigneten Monen) ein Unternehmen, also ein ökonomisches Lebewesen, erschaffen kann.

Es mag seltsam klingen, dass ein Mon gemäß dieser Definition in der Lage sein muss, Kapital anzuziehen: Niemand investiert in einen Teil eines Unternehmens. Man kann nur in ein Unternehmen insgesamt investieren, auch wenn das nur eine einzelne Aktie, vielleicht ein Millionstel Teil des gesamten Besitzes ist. Aber wie sich herausstellen wird, macht genau diese Eigenschaft Mone sehr effizient. Sie sind nicht selbst lebensfähig, sondern können Lebewesen in sehr variablen Gruppen erzeugen – genau wie Gene.

Wir wissen schon, dass Geld zu Kapital wird, wenn wir es aufbewahren, um damit spätere Produktion effizienter zu machen. *Kapital wird Mon, wenn festliegt, in welcher speziellen Form es der Produktion nützlich sein kann.* Ob es wirklich der Produktion hilft oder ob das Unternehmen Bankrott macht, hängt von vielem ab. Natürlich gilt das auch für biologische Lebewesen: Es hängt von vielen Dingen ab, ob ein Geschöpf sich als lebensfähig erweist oder nicht.

Um auf das Bild des Einhorns zurückzukommen, sind wir an dem Punkt, an dem das gesuchte Tier (in unserem Fall der Replikator) nun bestimmt ist. Der nächste Schritt besteht darin, einige Beispiele für das Gesuchte aufzuzeigen. Nur so können wir sicherstellen, dass das Ding, von dem wir sprechen, wirklich ist und nicht nur ein Phantasieprodukt.[73]

Beispiele für Mone

Die in Kapitel 7 gezeigten Elemente von Robinsons Budget waren Mone. Jedes von ihnen beschrieb ein Kennzeichen von Robinsons Unternehmen, beispielsweise brauchte der Betrieb ein Schiff, Matrosen, Fischer und auch einen Kapitän. Diese Mone können Kapital anziehen und so ein Unternehmen erschaffen (oder erzeugen) – aber nur gemeinsam; Richson hätte nicht in das Schiff allein oder in die Matrosen allein investiert. Richson wusste genau, dass der Kapitän ein Mon ist, auch wenn er den Begriff des Mons noch nicht kannte. Deshalb erhob er Einwände dagegen, dass Robinson die Aufgabe des Kapitäns ohne Bezahlung übernehmen wollte.

Obwohl wir bisher wirkliche Mone aufgezählt haben, wäre Richson, hätte er sich nur auf sie verlassen müssen, nicht bereit gewesen, in das Unternehmen zu investieren. Wie wir in Kapitel 7 sahen, haben mindestens zwei weitere Dinge den Ausschlag dafür gegeben, dass Richson eine für Robinson günstige Entscheidung fällte. (Eigentlich sahen wir mehr, aber ich behandle hier nur zwei: ein Mon und ein Nicht-Mon).

Richson bestand darauf, dass das im Lauf der Produktion erzeugte Kapital sofort wieder in das Unternehmen gesteckt werden sollte. Wäre in dem Archipel schon ein stabiler Kapitalismus vorhanden gewesen, hätte Richson diese Bedingung nicht explizit zu stellen brauchen, denn sie wäre selbstverständlich gewesen; tatsächlich hätten Gesetze sie zwingend vorgeschrieben. Die Kapitalergänzung ist kein Mon, denn es beschreibt eine Eigenschaft der kapitalistischen Gesellschaft, in der das Unternehmen lebt, nicht das eines bestimmten Unternehmens, selbst wenn sie in der gegebenen Gesellschaft (in Robinsons und Richsons Archipel) nicht durch klare Gesetze garantiert ist.

Richson bestand auch darauf, dass sich Robinson zum Verkauf von zwei Prozent seiner Anteile verpflichten sollte, wenn das Unternehmen den Erwartungen nicht entsprechen würde. Diese sogenannte *Verkaufsklausel* ist ein Mon, das das Wesentliche des Mons besonders gut verdeutlicht und zeigt, dass der Begriff Mon nicht einfach ist. Die Verkaufsklausel ist nicht deshalb ein Mon, weil es dabei um Robinsons Anteil geht und dieser Anteil Geld wert ist. Dies allein genügt nicht, wie auch eine Aktie kein Mon ist. Um zu sehen, warum diese Verkaufsklausel ein Mon ist, müssen wir uns die Logik ihrer Bestimmung genauer ansehen.

Die Verkaufsklausel garantiert, dass die Veränderung einiger weniger Mone das Unternehmen erfolgreich machen kann, falls sich die in dem betrachteten Unternehmen versammelten Mone als Verlierer erweisen. Beachson beispielsweise möchte nur wenige Mone ändern, die erfolgreichen aber nicht. Das von Robinson und Richson gestartete Unternehmen war für Beachson wertvoll, weil es schon viele Mone enthielt, die er für sein Unterfangen brauchte, er sie also nicht Mon für Mon einzusammeln brauchte. Aber das Unternehmen hat für Beachson nur dann einen Wert, wenn er Mehrheitseigner ist und die Strategie des Unternehmens nach seinem Belieben ändern kann.

Die Verkaufsklausel macht die zukünftige Produktion in Robinsons und Richsons Unternehmen effizienter, indem sie es sicherer macht und weniger abhängig von den äußeren Bedingungen: Es kommt nicht darauf an, ob Beachson oder irgendjemand sonst einige Mone ändert, vielmehr bietet die Verkaufsformel dem Unternehmen eine Chance, auch in Zeiten zu überleben, die für die ursprüngliche Gruppe von Monen schlecht sind. Damit haben wir aber immer noch nicht bewiesen, dass die Verkaufsklausel wirklich ein Mon ist, weil wir noch nicht gezeigt haben, wie sie Kapital anzieht. Ob Beachson kommt oder nicht: Wenn die Verkaufsklausel wirklich ein Mon ist, muss sie schon bei der Gründung des Unternehmens Kapital anziehen.

Nun hätte Richson ohne die Verkaufsklausel nicht in Robinsons Unternehmen investiert oder nur unter viel weniger günstigen Bedingungen. Dies zeigt, dass die Verkaufsklausel wirklich Kapital anziehen konnte. Es ist schwer zu bestimmen, wie viel Kapital hinter der Verkaufsklausel steckt, weil das von den einzelnen Monen jeweils angezogene Kapital sich nicht einfach zu einem Gesamtkapital addiert. Jedes Mon scheint wichtiger und wertvoller zu sein als die Kapitalmenge, die es tatsächlich anzieht. Ähnlich kosten die Teile eines Autos einzeln gekauft mehr als alle zusammen im fertigen Auto. Es ist trotzdem klar, dass jedes Mon, die Verkaufsklausel eingeschlossen, wirklich zu dem Erfolg des Unternehmens beiträgt, indem sie das Kapital der Investoren anzieht.

Das Mon als Information

Nach dem bisher Gesagten mag es scheinen, dass Mone keine so fassbaren, beruhigend stabilen Dinge sind wie Gene. Die Antworten, die wir auf die Frage «Was verkörpert ein Mon?» geben können, sind vage, denn sie lauten: einige wenige Sätze in einem Kontrakt oder einige Gedanken in einem oder mehreren Gehirnen, oder ein Organisationsprinzip, oder eine Versicherung, oder vielleicht auch ein Schiff oder ein anderes Ding, oder die Schiffsbesatzung. Sie scheinen ihrer Art nach sogar sehr unterschiedlich zu sein, selbst wenn ihre gemeinsame Eigenschaft das Anlocken von Kapital ist – aber nur, wenn sie gemeinsam ein verheißungsvolles Unternehmen bestimmen.

Gemeinsam ist allen unterschiedlichen Arten von Monen, dass sie Information sind. Hier mag dem Leser zu Recht die in Kapitel 4 erwähnte Kritik des Mathematikers Martin Gardner in den Sinn kommen, der gegen die Memtheorie einwandte, sie sage nichts aus, das sich nicht in der Sprache der Informationsübermittlung sagen lasse. Das mag zutreffen, aber dann gilt es auch für die Genetik, solange wir an der Selbstreproduktion als solcher und nicht an ihren technischen Einzelheiten interessiert sind. Die eigentliche Frage ist dann: Ist es einfacher, biologische Begriffe wie Replikator, Evolution und vieles andere in die Welt der Informationstheorie aufzunehmen, oder sollte man den Begriff Information in das Denksystem der Biologie aufnehmen? Ich halte Letzteres für natürlicher.

Es lohnt sich vor allem deshalb, den Begriff der Information in die Biologie aufzunehmen und nicht umgekehrt, weil es in der Biologie eine Selbstverständlichkeit ist, dass Replikatoren keineswegs *alle* Information über das von ihnen erzeugte Lebewesen enthalten. Wie wir in Kapitel 12 sahen, vertrauen Gene vieles, von der Anzahl der Beine bis zur Liebe, externen Mechanismen an. Gene wie Mone sind Information, die irgendwie Replikatoren geworden sind. Replikatoren können sogar vollständig abstrakte, materiell gar nicht existierende Phänomene sein. Wichtig ist, dass die im Replikator enthaltene Information irgendwie, mit Hilfe äußerer Mechanismen, in der gegebenen Umwelt die Erschaffung eines neuen Lebewesens bewirkt. Dies ist im Rahmen der Logik der Biologie ein natürlicher Gedanke, in der Informationstheorie jedoch gar nicht offensichtlich.

Insgesamt gesehen hat der Gedanke, dass ökonomische Replikatoren lediglich als Information zu betrachten sind, seltsame Konsequenzen. Diese Replikatoren können abstraktere Formen annehmen, als wir es von den konkreten Dingen der Biologie gewöhnt sind, obwohl die von Replikatoren erzeugten Dinge wieder so fassbar sein können wie etwa Fabriken oder Schulen (ja, auch sie sind ökonomische Wesen). Der *Homo informaticus* jedoch wird all das nicht seltsam oder komisch finden, denn für ihn wird es ganz natürlich sein, dass Information in ihrer abstrakten Form einen fassbaren Wert hat. *Homo informaticus* kommt wohl kaum auf die Idee, sich zu fragen, was für ein fassbares Ding ein Mon sein könnte, weil er Geld ganz selbstverständlich lediglich als Information sieht. Schon die heutige Bankkarte ist ein Ding, das wir in die Hand nehmen können, ohne zu sehen, ob sie Geld enthält oder nicht.

Ein Mon ist eine Form von Information, und die spezifische Form, die sie annimmt, ist zweitrangig. Ein Mon ist eine spezielle Form der Information, die zur Investition von Kapital anreizen und deshalb – gemeinsam mit anderen Monen – ein Unternehmen erzeugen kann, also ein ökonomisches Lebewesen. Welche Art von natürlichen, ökonomischen oder psychologischen Mechanismen der Information helfen, Kapital anzuziehen oder ein Unternehmen zu erzeugen – das sind technische Einzelheiten. Für uns ist jetzt wichtig, dass jede Art von Information, die all dies erreichen kann, ein Mon ist.

Das Mon als Replikator

Geld wird in zwei Schritten zu einem Mon: Zuerst nimmt Geld die Form von Kapital an, und dann wird Kapital zum Mon. Wir sind immer noch dort, wo wir mit dem Einhorn waren: dort suchen wir ein Tier und hier einen Replikator. Es ließ sich nicht beweisen, dass das Einhorn existiert und sich von allen anderen Tieren unterscheidet. Wir müssen noch beweisen, dass das Mon ein wirklich existierender Replikator ist, der sich von allen anderen Replikatoren unterscheidet. Wenn wir Erfolg haben, war unser Gedankengang der Mühe wert, denn dann steht uns das ganze Instrumentarium des universalen Darwinismus für unsere Untersuchungen zur Verfügung. Wir ernten die Früchte der Bemühungen von diesem Kapitel in den letzten beiden Kapiteln des Buchs.

Zunächst müssen wir überprüfen, ob die drei Punkte in der Definition von Replikatoren in Kapitel 2 für Mone gelten.

1. Sie sind *langlebig*, das heißt, sie überdauern sehr lange Zeiten unverändert.

Das allgemeine Profil eines Unternehmens kann über lange Zeiträume hinweg selbst dann mehr oder weniger gleich bleiben, wenn sich die Art der von ihm erzeugten Produkte oft ändert. Robinsons Unternehmen beispielsweise war für Beachson wertvoller als für andere, weil er die Möglichkeit eines sehr guten Gewinns sah, wenn einige Mone ausgetauscht und die anderen unverändert blieben.

Halten wir einen Augenblick inne und sprechen wir über Beachsons große Idee, die wir in Kapitel 8 kennenlernten. Das Ausflugsschiff und die Regenschirmfabrik ergänzen einander ausgezeichnet; ihr gemeinsames Risiko ist viel geringer als die separaten Risiken. Natürlich ist dies ein anderes Mon, weil es einen gut definierten Kapitalwert hat (deshalb stieg der Wert der Aktien der Regenschirmfabrik in Kapitel 8 in kürzester Zeit um das Dreifache). Dieses Mon wird noch lebendig sein, wenn Beachsons Ausflugsschiff schon ein schwimmendes Disneyland ist und die Regenschirmfabrik schon biochipgesteuerte regenabwendende Geräte herstellt, die über den Köpfen von Menschen schweben.

2. Sie sind *fruchtbar*, bringen also fortwährend rasch und effektiv immer neue Kopien hervor.

Bei der Planung eines Unternehmens müssen die das Unternehmen kreierenden Mone (also die Menge der Information) es schaffen, die Gründer davon zu überzeugen, dass sie ihr Kapital in dieses Unternehmen und kein anderes investieren. Gründer formulieren es zumeist so: «Ich sehe für diese Unternehmung gute Chancen.» Aber es ist wohl bekannt, dass Gründer einander überwiegend kopieren, vor allem die erfolgreichsten Unternehmen. Wenn ein Mon sich bewährt, bevorzugen Investoren jene Investitionen, die das vorgegebene Mon enthalten. Zu Beginn nehmen Unternehmen jede Mühe auf sich, sich erfolgreiche Mone anzueignen – nicht nur, weil sie für ihr Unternehmen wichtig sind, sondern um Investoren anzulocken. So kann sich ein erfolgreiches Mon rasch ausbreiten.

3. Sie sind *genaue, aber nicht zu genaue Kopien*, das heißt, die neuen Kopien sind mit großer, aber nicht hundertprozentiger Genauigkeit mit dem Original identisch.

Die ein Unternehmen bestimmenden Mone werden gewöhnlich in mehreren Verträgen oder Geschäftsplänen festgelegt, die von Spezialisten vorbereitet werden und im Allgemeinen auf deren beruflicher Kompetenz und auf Konventionen beruhen. Auch wenn diese Dokumente nicht öffentlich sind, lesen Investoren sie und nutzen die so gewonnenen Eindrücke bei anderen Investitionen. Wenn sie ein Mon überzeugend finden, versuchen sie, es in unveränderter Form in andere Investitionen einzubauen.

Solches Kopieren kann aufgrund seiner Natur nicht hundertprozentig perfekt sein. Alle Unternehmen haben ihre individuellen Merkmale, die entsprechende Veränderungen eines Standard-Mons erfordern können. Oder ein Gründer kann eine Idee für eine Veränderung haben, die er bei anderen Eignern durchsetzt. Das veränderte, «mutierte» Mon kann sich als erfolgreicher erweisen als das Original oder jedenfalls als ernsthafter Rivale.

Nachdem wir alle drei Punkte betrachten haben, können wir sichergehen, dass Mone wirklich Replikatoren sind. Nicht zufällig spielt der Titel *Das egoistische Geld*, wie Teil IV unseres Buches heißt, auf Richard Dawkins' Buch *Das egoistische Gen* an. Gene und Geld in Form von Monen erweisen sich auf dieselbe Weise als egoistisch; beide sind Replikatoren.

Ein Mon ist eine neue Art Replikator

Wir haben den leichteren Teil unserer Aufgabe geschafft. Jetzt müssen wir sicherstellen, dass Mone sich wirklich von allen anderen uns bekannten Replikatoren unterscheiden. Um noch einmal die Analogie mit dem Einhorn zu bemühen, so haben wir nun bewiesen, dass das von uns gefundene Tier tatsächlich ein Einhorn ist. Wir müssen noch beweisen, dass es wirklich eine neue Tierart ist, nicht nur der Spezialfall eines bekannten Tieres, beispielsweise ein besonders schlankes Albino-Nashorn.

Wir müssen also beweisen, dass das Mon ein vom Mem unterscheidbarer Replikator ist. Es unterscheidet sich offensichtlich von den anderen bekannten Replikatoren: Offensichtlich ist ein Mon kein Chemoton, kein Gen und auch keine wissenschaftliche Aussage, obwohl ein jedes von ihnen unter besonderen Umständen, beispielsweise bei der Gründung eines Forschungsunternehmens, *auch* ein Mon werden könnte.

In Kapitel 4 zeigte sich, dass die jeweiligen Bewusstseinsinhalte eines Menschen, der gleichzeitig Angestellter einer Firma und Eigentümer ist, nicht beide gleichzeitig auch Meme sein können. Später sahen wir ebenfalls, wie natürlich sich eine solche Situation im Wirtschaftsleben ergeben kann. Das rechtfertigt unseren Verdacht, dass Meme vielleicht nicht jedes ökonomisch wichtige Phänomen erklären können. Das ist jedoch noch kein Grund, irgendetwas für einen neuen Replikator zu halten.

Es kann passieren, dass mehrere Menschen gleichzeitig auf eine neue ökonomische Idee kommen, etwa für ein neues Geschäft oder eine technische Neuerung. Beispielsweise könnte es das Lieblingsthema der Robinsons beim abendlichen Glas Wein gewesen sein, sich auszumalen, wie schön es wäre, ein Fischerboot zu bauen. In diesem Fall ist die Idee vom Fischerboot als Mem erfolgreich. Es wird jedoch nur dann ein Mon werden, wenn sich ein Investor findet, also beispielsweise ein Richson bereit ist, einen Teil seines Kapitals in ein Fischereiunternehmen zu stecken. Richson jedoch neigt, wie wir sahen, dazu, das nur zu tun, wenn gleichzeitig mehrere andere Mone in dem Unterfangen auftauchen, wie etwa das Mon Kapitän oder das Mon Verkaufsklausel.

Ein Gedanke kann als Mem erfolgreich sein und niemals ein Mon werden, obwohl dies aus ökonomischer Sicht das einzig Sinnvolle wäre. Dies würde passieren, wenn jeder Robinson von einem Fischerboot träumte, der Traum aber niemals einen Investor fände. Wir sahen in Kapitel 7, wie leicht das hätte geschehen können.

Es ist auch möglich, dass etwas als Mon Erfolg hat, nicht jedoch als Mem. Ein gutes Beispiel dafür ist wiederum die Verkaufsklausel. Sie interessiert außer Spezialisten auf dem Gebiet der Investitionen nur wenige Menschen; als Mem ist sie wenig erfolgreich. Aber sie kann große Kapitalmengen anziehen, denn sie ist nicht nur Teil von Robinsons und Richsons Unternehmen, sondern auch von vielen anderen, hat also als Mon viel Erfolg.

Geld existiert also nicht nur als Mem, sondern auch als Mon. Natürlich bleibt Geld für uns auch weiter in den herkömmlichen Formen erhalten, beispielsweise als Zahlungsmittel, als Tauschmittel, als Wertestandard und anderes, aber in diesen Formen ist es kein Replikator. Als Mem ist es kein besonderer Replikator, weil Geld als Mem zu seiner eigenen Vermehrung die allgemeinen Mechanismen der Fortpflanzung für Meme nutzt (weswegen wir natürlich nicht mehr Geld haben, sondern nur mehr Gedanken an das Geld). Als Mon jedoch benutzt es einen vollkommen anderen Mechanismus für seine eigene Reproduktion denn als Mem – und das wird schließlich beweisen, dass Mone wirklich eine von Memen verschiedene Art von Replikatoren sind. Am besten lässt sich das am Prinzip der Autokatalyse verstehen.

Bei jeder Selbstreproduktion müssen einem System autokatalytische Prozesse zugrunde liegen. Diese Prozesse garantieren, dass die zur Selbstreproduktion nötigen Rohstoffe immer vorrätig sind. In Gödel-Strukturen zeigte sich dies, als wir davon sprachen, dass die Hardware «stark genug» sein müsse.

Im Fall der Chemotone und Gene wird die Autokatalyse durch chemische Prozesse verwirklicht. In der mathematischen Logik tritt sie in sehr abstrakter Form auf, beispielsweise in der einfachen Tatsache, dass die Folge der ganzen Zahlen unendlich ist. Im Fall der Ökonomie stießen wir am Ende von Kapitel 6 auf einen autokatalytischen Prozess, der auf einer Produzentenrente beruhte. Der erzeugte fortwährend überschüssiges Kapital, das wieder ein Mon werden kann.

Wir haben zwar keine Idee, welche Art autokatalytischer Prozesse hinter der Selbstreproduktion von Genen liegen könnte, aber es ist sicher keine Produzentenrente. Wir können also nun beruhigt behaupten, dass Mone eine andere Art Replikator sind als Meme – und das wird besonders wichtig werden, wenn Meme sich als wirklich existierende, unabhängige Replikatoren erweisen.

Die Vererblichkeit der Mone

Die nächste Frage ist logischerweise, ob die drei Bedingungen der Darwin'schen Evolution, also Variabilität, Auslese und Vererbung, ebenfalls für Mone, diese neuen Replikatoren, gelten (genauer: für die von Monen erzeugten «ökonomischen Wesen»). Die erste Bedingung, Variabilität, ist bei Unternehmen, der Überlebensmaschine von Monen, offensichtlich.

Die zweite Bedingung, das Vorkommen einer natürlichen Auslese, ist explizit nur in den kapitalistischen Gesellschaften der freien Marktwirtschaft erfüllt. Die Mehrheit der Mone ist jedoch nicht nur in kapitalistischen Gesellschaften gegenwärtig. Beispielsweise gab es Schiffe, Matrosen und Kapitäne schon im Altertum. Die meisten der heutigen Mone gab es auch in kommunistischen Gesellschaften, und auch dort war Geld in der Form von Mon ein Replikator, konnte aber nicht zur Entwicklung ökonomischer Lebewesen beitragen, wie es im Kapitalismus möglich ist. Das lag daran, dass die Darwin'sche Evolution mangels natürlicher Auslese nicht funktionierte.

Die dritte Bedingung, Vererbung, ist im Fall der Überlebensmaschine der Mone alles andere als offensichtlich. Man darf sich nicht in die Irre führen lassen durch die Tatsache, dass es auch im Wirtschaftsleben Vererbung gibt, dass wir unser Eigentum unseren Kindern oder anderen überlassen können. Der Nobelpreisträger Paul Samuelson nannte diese Form der Vererbung vielmehr einen ökonomischen Skandal; wir gehen in Kapitel 16 auf den Grund dafür ein. Jetzt sind wir nicht an der Art der Vererbung interessiert, die es unter biologischen Wesen gibt, sondern an der Form, in der sie bei ökonomischen Wesen vorkommt. Die Frage ist: Kann ein Unternehmen seine Mone an andere Unternehmen weitergeben, und falls ja, wie? Wenn wir die Logik der Biologie auf die Ökonomie anwenden wollen, müssen wir diese Frage beantworten.

Die Existenz der Vererbung ist wirklich wesentlich für die Gültigkeit von Darwins Theorie, aber theoretisch kann Vererbung beliebige Formen annehmen. Vielleicht interessierte sich Darwin deshalb nicht besonders für die konkreten Fragen der Arten von Vererbung; ihm genügte der Gedanke, dass sich die

Erklärung für die Vererbung vermutlich irgendwo im Blut finden ließe. Da Vererbung in der Biologie recht auffällig ist, ließ sich Darwin an der Ausarbeitung seiner Theorie nicht dadurch hindern, dass er den Mechanismus nicht kannte. Es genügte ihm, dass die Eigenschaften der Eltern oft an ihre Nachkommen weitergegeben werden; er wäre mit weniger zufrieden gewesen. Theoretisch ist es für das Funktionieren der Darwin'schen Evolution nicht nötig, dass Kinder von ihren Eltern erben. Außerdem braucht Vererbung nicht einmal eng mit der Fortpflanzung verknüpft zu sein. Biologische Replikatoren könnten das Problem der Vererbung und die Vermehrung der Geschöpfe gleichzeitig lösen, aber sowohl die Vererbung als auch die Fortpflanzung könnten auf radikal verschiedenen Grundsätzen beruhen.

Für ökonomische Lebewesen gelten die in den anderthalb Jahrhunderten seit Darwin entdeckten technischen Einzelheiten offensichtlich nicht. Es könnte irreführend sein, dass einige Unternehmen Tochtergesellschaften gründen, die mehrere Mone der Stammgesellschaft übernehmen, beispielsweise die Organisation des Unternehmens, die Betriebskultur (sie ist ebenfalls eine Ansammlung von Monen!) oder den Markennamen. Wir könnten also bei ökonomischen Geschöpfen ähnlich an Vererbung denken wie bei biologischen Wesen, aber weder die typische Art der Reproduktion noch die der Vererbung stimmen bei ökonomischen und biologischen Lebewesen überein.

Das Maß der «biologischen» Fitness gewisser ökonomischer Geschöpfe ist der Gewinn, den das Unternehmen macht. Die natürliche Auslese wirkt auch hier auf die Einzelwesen: Ein Unternehmen, das über längere Zeit negative Erträge erwirtschaftet, wird sterben. Wenn jedoch ein Unternehmen hohe Erträge hat, erreicht es zweierlei. Erstens schafft es neues Kapital, das wieder Mon werden kann. Zweitens zeigt es ein Beispiel für eine Gruppe von Monen, die eine erfolgreiche Überlebensmaschine codieren, und veranlasst auf diese Weise Investoren, nach Möglichkeiten für Investitionen zu suchen, die diese Mone enthalten.

Aus Sicht der Vererbung der Mone ist es gleichgültig, ob das neue Unternehmen mit genau jenem Kapital gegründet wird, das von dem Ertrag eines Unternehmens stammt, das von früheren, ähnlichen Monen erzeugt wurde, oder aber mit anderswo erzeugtem Kapital. Die Ausbreitung von Unternehmen und die Weitergabe der Mone des erfolgreichen Unternehmens kann sich auf beide Weisen abspielen. Wichtig ist für uns, dass, ähnlich wie bei Genen, nur jene Mone Erfolg haben werden, die in vielen Arten von gewinnenden Gruppen mitspielen. Welches Mon in welchen Arten von Gruppen eine Rolle spielt, wird durch externe Mechanismen bestimmt, wie es die Gesetze der Ökonomie (der Markt) und die Denkweise von Investoren sind. Deshalb haben wir diese beiden Dinge in den Kapiteln 6 bis 9 des zweiten Teils so genau betrachtet.

Für uns ist interessant, dass es im Fall der ökonomischen Lebewesen Vererbung gibt, selbst wenn die Varianten der Mone nicht an die «Blutsverwandten» der sie übertragenden Lebewesen weitergegeben werden. Es stört gar nicht, wenn Unternehmen während ihrer Lebenszeit Mone verändern und sogar gegen solche austauschen, die mehr Erfolg versprechen. Wenn biologische Geschöpfe ihre Gene zu ihren Lebzeiten nicht austauschen können, liegt der Grund dafür nicht in der Logik der Evolution, sondern in der Art, wie konkrete genetische Mechanismen funktionieren. Auch wir Menschen versuchen diese Grenzen gelegentlich zu überwinden, und gelegentlich sind unsere Versuche erfolgreich und bringen Selektionsvorteile. Als Beispiele seien Haarfärben, Brillentragen oder Schönheitsoperationen genannt, aber ähnliche Tricks lassen sich auch bei Tieren beobachten. Sie tragen zum Reproduktionserfolg der Einzelwesen bei, den sie haben können, obwohl nicht die auf diese Weise veränderten Charakteristika vererbt werden, sondern bestenfalls die Fähigkeit zur Veränderung. In der Ökonomie jedoch können die veränderten Kennzeichen zu Monen und also weitergegeben werden – wenn auch nicht an Blutsverwandte.[74]

Wie groß ist ein Mon?

Noch ist keine exakte Definition des Begriffs Gen gelungen, obwohl wir Gene oft erfolgreich manipulieren können. Für die Zwecke der Genmanipulation hat sich diese Definition als nützlich erwiesen: Ein Gen ist der Teil der DNA, der ein bestimmtes Protein codiert. Diese Definition hat sich jedoch als zu eng erwiesen, denn in diesem Rahmen bleiben mehrere wichtige Fragen über die Entwicklung des Lebens unbeantwortet, etwa jene nach der Anzahl der Beine des von der gesamten DNA codierten Geschöpfs. Wenn es um die Evolution geht, hat sich eine weichere, weniger genaue Definition als fruchtbarer erwiesen. Wir sagen deshalb, ein Gen sei ein hinreichend großer Abschnitt der DNA, der selbst bedeutungsvoll sein kann (und damit als Grundlage für die natürliche Auslese dient), aber klein genug ist, um mit großer Genauigkeit fehlerfrei kopiert zu werden.

Der Begriff Mon wurde als Information definiert, die die Eigenschaften eines Unternehmens beschreibt. Diese Definition lässt ebenfalls die Frage offen, was ein einziges Mon darstellt. Ist die Besatzung von Robinsons Schiff ein Mon oder sind die Matrosen und die Fischer getrennte Mone?

Wir vermeiden die Antwort auf diese Frage ebenso wie im Fall der Gene und nennen all jene Einheiten ein Mon, die groß genug sind, um für ein Unternehmen eigene Bedeutung zu haben, klein genug, dass sie mit großer Wahrscheinlichkeit auch in anderen Unternehmen gefunden werden können. Manchmal entspricht die gesamte Besatzung diesem Kriterium, manchmal nur die Matrosen oder die Fischer getrennt. Der Grund, aus dem wir uns um die Antwort drücken, ist derselbe wie bei den Genen.

Nicht nur die Einheit Mon ist ein schwer zu fassender Begriff. Es ist auch fraglich, was man als Unternehmen, also als ökonomisches Lebewesen, betrachten soll. Es kommt durchaus vor, dass sich in Unternehmen ähnlich komplexe und vernetzte Gemeinschaften entwickeln wie im Regenwald – genau das Phänomen inspirierte Thomas Ray zur Erschaffung von TIERRA.

Glücklicherweise müssen wir den Begriff des Unternehmens nicht präzise definieren, um unsere Ausführungen machen zu können, wie wir ja auch den Begriff des biologischen Lebewesens nicht definiert haben. Bei den Theoretikern der Betriebswirtschaft besteht sowieso keine große Übereinstimmung darüber, was ein Unternehmen ausmacht; sie sind sich nicht einmal darüber einig, mit welchen Phänomenen der Begriff am besten erfasst werden kann. Einige sagen, ein Unternehmen sei nur eine legalistische Fiktion, ein Stapel von Kontrakten. Andere sagen, ein Unternehmen sei die Summe des gesammelten Wissens von theoretischen Grundlagen über die Organisationsstruktur zum Know-how der einzelnen Arbeitsphasen. Valery Kanevsky, der in den USA lebende russische Mathematiker und Industrieberater, sagte: «Wissen ist das genetische Material eines Unternehmens. Wenn wir das Wissen des Unternehmens voll erfassen, könnten wir die Firma klonen.» Es ist eine andere Geschichte, dass das Ergebnis des Klonens die Absatzkurven und damit das operative Geschäft beider Unternehmen verändern würde.[75]

Wo leben die Mone?

Das Gen in Kanevskys oben zitierter Bemerkung ist eine passende Metapher, denn es geht wirklich um Replikatoren, um Mone. Aber Mone können auch als einschränkende Vertragsbedingungen gesehen werden. Mone finden sich in codierter Form in Verträgen, die für das Unternehmen gelten und in anderen Dokumenten, die sein Wirken bestimmen, und in lebendiger, aktiver Form in den Köpfen der Mitarbeiter und Investoren des Unternehmens. Die Gödel-Struktur der eben betrachteten Lebensform nimmt Form an.

Ein großer Teil der Mon-Sammlung eines Unternehmens steckt im Geschäftsplan. Der Geschäftsplan ist ein Dokument mit ziemlich fest vorgegebenem Format, in dem die Gründer oder die Leitung des schon operierenden Unternehmens die Aufgaben des Unternehmens zusammenfassen, also die «Lebensfunktionen» des Unternehmens angeben und welche Organisationsstruktur für das Unternehmen erwünscht ist. Besonders genau wird natürlich ausgearbeitet, welchen Markt das Unternehmen anstrebt, welche Erlöse es bringen soll und wie all das Geplante zu erreichen ist. Professionelle Investoren fordern immer einen Geschäftsplan, denn auf ihn verlassen sie sich bei der Entscheidung, ob es sich lohnt, Kapital zu investieren oder nicht. Wenn Richson nicht nach einem formellen Geschäftsplan fragte, lag das an den besonderen Umständen des Archipels. Immerhin zwang er Robinson, seine «dummen» Fragen zu beantworten, und wenn nötig bluffte er sogar. Richsons unaufhörliche Fragerei stand praktisch für die Ausarbeitung eines formalen Geschäftsplans.

Einen Geschäftsplan kann man als *zusammengefasste Mon-Analyse* beschreiben. Er enthält kühne Träume ebenso wie nüchterne Tatsachen und Pläne. Wie wir sahen, ist ein großer

Geschäftsplan (etwa Robinsons Schiff) ebenso ein Mon wie das Gehalt der Mannschaft oder der Bau des Schiffes. Ein Geschäftsplan muss auch eine sorgfältige Marktanalyse enthalten, also berücksichtigen, wie sich Angebot und Nachfrage aufgrund der Arbeit des Unternehmens verändern können. Aus all dem lassen sich die erwarteten Gewinne und Risiken berechnen, wie wir im Fall von Robinson und Richson in Kapitel 7 sahen.

Der Geschäftsplan wird mindestens einmal jährlich revidiert, oft aber auch vierteljährlich oder gar noch öfter, je nachdem, wie sich die Menge der Mone des Unternehmens in der Zwischenzeit ändert. Der Geschäftsplan ist besonders zu der Zeit wichtig, in der es um die Investition von Kapital geht; im Wesentlichen steht und fällt dann alles mit dem Geschäftsplan. In dieser Zeit merkt man, dass «jedes Mon zählt».

Schon in den Kursnotierungen der Börse sind Mone unsichtbar; dort werden nur die von Mon-Gruppen erschaffenen Geschöpfe evaluiert. Das ist logisch, denn der Gewinn wird nicht von einzelnen Monen, sondern ganzen Firmen erzeugt. Die einzelnen Mone eines Unternehmens sind für Aktienkäufe genauso unwichtig wie die Gene eines Hundes für einen Hundekäufer – man prüft den Hund, nicht seine Gen-Karte. Was zählt, ist das Gesamtbild, das bei Investitionen zufriedenstellend durch den Erlös beschrieben wird – und natürlich die zugrundeliegenden Risiken. Der Unterschied zwischen einem Hundekauf und einem Aktienkauf besteht darin, dass wir nur einen ganzen Hund kaufen können, wohl aber einen Teil eines ökonomischen Geschöpfes – und dieser Teil (also die Aktie) stellt die gesamte Mon-Kollektion des ganzen Geschöpfes dar. Nicht bei Hunden, wohl aber bei Rennpferden kommt es übrigens ebenfalls vor, dass jemand nur einen Teil des wertvollen Tiers mit seinem gesamten «Genpark» erwirbt.[76]

Die Rolle des Geschäftsmannes

Wie wir am Ende von Kapitel 7 unter der Überschrift «Richsons Hund» sahen, motiviert Geld professionelle Investoren ganz anders als gewöhnliche Menschen. Genauer gesagt, motiviert Geld einen Investor genauso wie den Mann auf der Straße, insofern er ein gewöhnlicher Mensch ist; den Investor jedoch motiviert Geld anders. Mone können alle die in Kapitel 9 beschriebenen psychologischen Mechanismen verwenden und tun das regelmäßig, um ihre eigene Fortpflanzung zu sichern.

Ich habe von vielen meiner Manager-Bekannten gehört, dass Geld für sie eine Art Gleitmittel ist. Im Alltagsleben eines Unternehmens wirkt Geld gewöhnlich als motivierend. Geld motiviert in diesem Fall als Mem, und seine Rolle ist tatsächlich mit der von Schmieröl vergleichbar. Der Manager trifft die alltäglichen kurzfristigen Entscheidungen aufgrund von Kosten und Nutzen. Dazu gehört die Menge des zum reibungslosen Betrieb nötigen Maschinenöls genauso wie die Menge des Geldes, die zum Motivieren der Arbeiter nötig ist – und beide Mengen werden durch Kosten-Nutzen-Analysen bestimmt.

Für Investitionsentscheidungen jedoch zählen lediglich Risiko und Gewinn, nichts sonst. Hier hat Geld eine andere Aufgabe als ein Gleitmittel. Bei Entscheidungen über Investitionen motiviert Geld nicht als Mem, sondern als Mon. Tatsächlich motiviert nicht wirklich das Geld, sondern die von Geld als Mon erzeugten Lebewesen.

Dies ist aus psychologischer Sicht gut verständlich. Investoren beschäftigen sich oft mit ihren Investitionen, sie kennen sie Mon für Mon «besser als ihre Westentasche». Natürlich lernen sie dieses Lebewesen lieben, dessen Geburt und Entwicklung sie so sehr förderten, auch wenn es kein biologisches, sondern ein ökonomisches ist.

Die Parallele zwischen Einstein und erfolgreichen Investoren, die wir in Kapitel 9 zogen, wird erst jetzt vollständig klar. Beiden geht es darum, eine Lebensform zu schützen und zu stärken. Einstein stärkt die Naturwissenschaft, Investoren die Wirtschaft. Mone nutzen unsere psychologischen Mechanismen als externe natürliche Mechanismen. Auf diese Weise erreichen sie, dass die in den erfolgreichsten Geschäftsplänen codierten Lebewesen wirklich zur Welt kommen, und so sichern sie ihre eigene Reproduktion.

Wir zitierten zuvor Mihály Babits' Gedicht: «Nicht der Sänger schenkt dem Lied das Leben; das Lied schenkt Leben dem Sänger». Ähnlich ist es, wenn es um mögliche Geschäfte geht: Nicht der Geschäftsmann ist es, der den Geschäften zum Leben verhilft, sondern die Gelegenheit zum Geschäft schenkt dem Leben, der es betreibt, der es lebendig werden lässt. Und das geht, weil Mone Replikatoren sind. Wenn Information ein Replikator wird, wird sie in gewisser Weise lebendig, und das nicht nur, wenn sie in Form von Genen abgespeichert ist, sondern auch, wenn sie eine so abstrakte Form annimmt, wie es Mone sind.

Die Gödel-Struktur der Ökonomie

In Tabelle 7 und 8 des Anhangs fassen wir zusammen, wie sich die Gödel-Struktur der Wirtschaft aus dem bisher Gesehenen ergibt. Der Geltungsbereich des Modells ist in diesem Fall ziemlich beschränkt: Er bezieht sich im Wesentlichen auf die Umstände des klassischen Kapitalismus. Die Evolution der Mone hat sich in den letzten Jahrzehnten deutlich beschleunigt; dem nachzuspüren geht über die Grenzen dieses Buchs hinaus. Supranationale Riesenunternehmen operieren in vieler Hinsicht ganz anders als die in den Tabellen angeführten Beispiele und

Begriffe, obwohl auch sie Produkte der weiteren Evolution von Monen sind.

Die Evolution der Mone hat auch in den Finanztransaktionen gewaltige Veränderungen bewirkt. Das von der oben erwähnten Gödel-Struktur beschriebene Investmentmodell erfasst lediglich die Operation der sogenannten professionellen Investoren im heutigen Kapitalismus mehr oder weniger genau, während etwa 80 Prozent der Investitionen von sogenannten finanziellen Investoren stammen. Wir sagen später einige wenige Worte über einige Phänomene dieser Veränderungen, begnügen uns aber jetzt, bei der Einführung der Gödel-Struktur, mit der Interpretation der Mechanismen des klassischen Kapitalismus.

Wir haben die Geschichte von Robinson und Richson aus Kapitel 7 in der Spalte «Bemerkungen» der Tabelle 8 des Anhangs benutzt und sie in den Rahmen der Gödel-Struktur eingefügt. Natürlich wurde die Geschichte von Robinson und Richson absichtlich idealisiert, um als Modell dienen zu können. Im wirklichen Leben kann diese Geschichte vielfach gewürzt sein. Robinson könnte auf Schwierigkeiten stoßen, wenn er die Genehmigung für das Unternehmen beantragt. Er könnte zu Bestechung gezwungen werden, weil er sonst nicht beginnen kann, obwohl alle nötigen Dokumente vorliegen. Die Netzfischer könnten lautstark protestieren, weil das neue Unternehmen sie vom Markt verdrängt, und sie könnten Robinsons Schiff beschädigen. Das Beheben dieser Schwierigkeiten könnte es erforderlich machen, dass viele weitere Mone in Robinsons und Richsons Unternehmen eingebaut werden. Aber selbst unser stark idealisiertes Modell zeigt, wie die Gödel-Struktur im Wirtschaftsleben wirkt.

Die Wirtschaft oder zumindest das Kapital in Form von Monen ist also eine Art Replikator, dessen Fortpflanzung im Rahmen der Gödel-Struktur abläuft, und das zeigt, dass die

Wirtschaft auch etwas Natürliches ist. Das Wirtschaftsleben ist keine menschliche Erfindung, die sich leicht durch etwas ersetzen lässt, das wir für besser halten. Die Teilnehmer am Wirtschaftsleben, also all die unterschiedlichen Unternehmen, sind Produkte von Darwins Evolution, und auch für sie gelten die Regeln der Biologie. Unbedachte Eingriffe in den Ablauf der Wirtschaft können genauso katastrophal sein wie rücksichtslose Störungen biologischen Lebens.

*Biologisches, geistiges, ökonomisches Leben
folgen derselben Logik.*

In diesem Kapitel fassen wir zusammen, was wir bisher über die unterschiedlichen Lebensformen gelernt haben; mit der so gewonnenen Sichtweise betrachten wir dann in den folgenden Kapiteln einige Merkmale des Wirtschaftslebens.

Die Zusammenfassung besteht lediglich in einer Aneinanderreihung der schon behandelten Gödel-Strukturen. Da sich alle Gödel-Strukturen als genau gleich angelegt erwiesen, lässt sich das vollkommen automatisch machen. Tatsächlich stammt jeder Eintrag in den beiden großen Tabellen am Ende dieses Kapitels aus den Tafeln des Anhangs, gewöhnlich der mittleren Spalte, wobei einige Zusätze die große, umfassende Tabelle verständlicher machen.

Es lohnt sich, für einen Moment zu der kleinen Tabelle in Kapitel 1 (S. 24) zurückzukehren. Sie ist vollständig in die Zeilen zwei, sechs und acht der Tabelle 1 (Seite 270) aufgegangen, zusammen mit all jenen Fakten, die nötig sind, um die in der Tabelle von Kapitel 1 angedeutete Parallele in der im Rahmen eines abstrakten Modells nötigen Reinform aufzuzeigen. Tabelle 2 (Seite 271) gibt zudem einen Überblick über die unterschiedlichen Formen, in der Mechanismen auftreten, die den betrachteten Lebensformen gemeinsam sind.

In unserem Modell geht die Selbstreproduktion von dem Code einer Gruppe von Replikatoren aus, die Leben erzeugen. Die technischen Einzelheiten der Selbstreproduktion spielen sich im Rahmen der Gödel-Struktur ab, und auf diese Weise entstehen neue Lebewesen. Unabhängig von diesem Prozess beeinflusst die Evolution den Replikator direkt.

Vis vitalis allgemein

In gewissem Sinn suchten die Alchemisten, die Chemiker von ehedem, den Replikator, als sie nach dem Wesen der Lebenskraft oder *vis vitalis* fragten. Der biologische Replikator (etwa das Gen, aber auch das Chemoton) hat wirklich eine Art «Lebenskraft», aber von ganz anderer Art, als Chemiker seinerzeit dachten. Das Gen ist nicht deshalb ein Replikator, *weil* es eine Art physikalischer oder chemischer «Lebenskraft» hat, sondern umgekehrt: Es hat eine Art physikalischer oder chemischer «Lebenskraft», *weil* es ein Replikator ist. Das Gen hat die drei Kennzeichen des Replikators (es ist langlebig, fruchtbar und kopiert genau, aber nicht zu genau), und es erzeugt Wesen, für die die drei Bedingungen von Darwins Evolution gelten (Vielfalt, natürliche Auslese und Vererbung). Deshalb beeinflusst die Evolution (in Darwins Form) die Gene, denn sie sind ausreichend für die Produktion von Lebewesen; es gibt kein anderes Verfahren. Im Ergebnis können Gene zusammenarbeiten und Überlebensmaschinen bauen, die sich an die Herausforderungen der Umwelt anpassen können – mit anderen Worten: Lebewesen.

In der Folge traten in der Umwelt, die schon Leben enthielt, neue Arten von Replikatoren auf. Diese neuen Replikatoren konnten nicht nur die physikalischen und chemischen Naturvorgänge als externe Mechanismen nutzen, sondern auch die Prozesse in den Überlebensmaschinen der früher entwickelten Replikatoren. Meme, wissenschaftliche Aussagen und Mone sind solche Replikatoren. Was wir über «Lebenskraft» sagten, gilt nicht nur für biologische Replikatoren (Gene), sondern für *alle Replikatoren*. Für die neuen Replikatoren kam auch der natürliche Prozess von Darwins Evolution ins Spiel. Die neuen Formen von Replikatoren, die, wenn nötig, auch zusammenarbeiten, konstruieren komplexe Überlebensmaschinen, die den Herausforderungen der Umwelt immer besser gewachsen sind – mit anderen Worten: Lebewesen.

Einem Replikator bedeutet es nichts, dass seine Erschaffung durch die Existenz anderer Replikatoren ermöglicht wurde. Aus Sicht des Replikators ist alles, was die Reproduktion beeinflusst, ein Teil der externen, natürlichen Umwelt, an die er sich anpassen muss, damit er im Wettbewerb mit anderen ähnlichen Rivalen (biologischen, geistigen oder wirtschaftlichen) nicht unterliegt. Dem Replikator ist es gleich, welchen Gesetzen die externen Naturvorgänge gehorchen: ob es nur physikalische oder chemische Gesetze sind, oder auch biologische oder sogar psychologische. Wie sollte der Replikator es auch wissen? Er bemüht sich lediglich, das zukünftige Vorhandensein seiner eigenen Kopien zu sichern – er kann nicht anders, weil er ein Replikator ist.

Dies alles schließt jedoch, wie wir sahen, die Möglichkeit nicht aus, dass Meme für den Umweltschutz auftreten und sich erfolgreich ausbreiten. Der Grund dafür ist, dass die egoistischen Replikatoren miteinander in Koevolution stehen und deshalb unterschiedliche Arten von Replikatoren gelegentlich gemeinsame Interessen haben können.

Wie Koevolution funktioniert

Alle vier Gödel-Strukturen (also die Spalten der Tabellen 1 und 2) stehen miteinander in koevolutionärer Beziehung, entwickeln sich in wechselseitiger Abhängigkeit. Die Koevolution führt zu einer Vernetzung der Evolution der unterschiedlichen Arten von Replikatoren miteinander auch dann, wenn die Replikatoren nicht direkt miteinander im Wettbewerb stehen. So führten beispielsweise ökonomische Veränderungen (die Ausbreitung bestimmter Mone) im England des 17. Jahrhunderts zur Verbreitung des Birkenspanners.

Wie lief das ab? Nun, es gab zwei Varianten des Birkenspanners: eine schwarze und eine schwarzgefleckte hellgraue, die beide auf Birken lebten. Die hellen Falter waren auf den hellen Stämmen gut getarnt, die schwarzen jedoch waren für die Vögel, denen sie als Nahrung dienten, gut sichtbar. Die schwarzen Falter waren deshalb fast ausgestorben. Dann aber kam die industrielle Revolution, und der Ruß schwärzte die Bäume – wie alles andere in England –, und damit wendete sich das Blatt für die gesprenkelten Motten. Jetzt waren die schwarzen Falter für die Vögel unsichtbar, die hellen jedoch leicht zu finden. So können sich ökonomisches und biologisches Leben in eine Koevolution begeben.[77]

Diese Geschichte ist einfach, weil die evolutionären Farbveränderungen des Birkenspanners andererseits keinen Einfluss auf das Wirtschaftsleben hatten. Theoretisch wäre das möglich gewesen, beispielsweise dann, wenn ein für die Industrie wichtiger Rohstoff nur von den hellen Motten hätte erzeugt werden können. Ähnliche Wechselbeziehungen sind sehr häufig, spielen hier jedoch keine Rolle.

Mone sind nicht nur mit Genen in Koevolution, sondern auch mit den Memen: man denke nur an die Mone, die mit der Gründung und dem Betrieb von Schallplattenfirmen, Filmstudios, Buch- und Zeitungsverlagen verknüpft sind, und erst recht an die Mone, die für Internetunternehmen eine Rolle spielen. Diese Mone beeinflussen die Evolution von Memen, weil sie die Wettbewerbsbedingungen unter ihnen verändern.

Aber die Wirkungsbeziehung zwischen Monen und Memen geht in beide Richtungen. Ein erfolgreiches Mem kann die Erschaffung eines völlig neuen Typs Mon verursachen, eines, das Unternehmen erzeugt, die das primär gegebene Mem verbreiten helfen. Die Aktivität solcher Mone kann zur Gründung einer Schallplattenfirma oder eines Filmstudios führen, die den Ansprüchen bestimmter gesellschaftlicher Kreise genügen. Die Katze beißt sich in den Schwanz: die Überlebensmaschine der Mone (Schallplattenfirma oder Filmstudio) kann zur Verbreitung ganz anderer Meme beitragen.

Eine ähnliche koevolutionäre Beziehung besteht auch zwischen Monen und wissenschaftlichen Entdeckungen. Dafür haben Computertechnologie und Molekularbiologie in den letzten Jahrzehnten überreichlich Beispiele geliefert.

Zusammenfassender Überblick

Die beiden nächsten Tabellen können lehrreich oder sogar nützlich sein, aber vor allem sollten sie betrachtet und bedacht werden. Möglicherweise sind sie zunächst höchst rätselhaft. Die Interpretation der Tabellen hat Ähnlichkeit mit Aufgaben in Intelligenztests, wie «Der Mantel verhält sich zum Knopf wie das Fenster zum ... (Griff)». Es gibt auch nur einen, aber einen grundlegenden Unterschied. In Intelligenztests muss die Versuchsperson herausfinden, welche Logik auf die vorgegebene Aufgabe anwendbar ist. Zum Lösen der beiden Tabellen jedoch genügt es, konsequent eine Logik anzuwenden, nämlich die des von uns verwendeten Modells, also die Logik von universalem Darwinismus + Gödel-Struktur.

Trotzdem enthalten beide Tabellen Rätsel, die alles andere als offensichtlich zu lösen sind. Nehmen wir beispielsweise die Einträge in der ersten und vierten Zeile in den Spalten «Biologisches Leben» und «Menschliches Denken» in Tabelle 1. Warum ist die Aussage richtig: «Was die Zelle für biologische Wesen ist, ist das Gehirn für subjektiv interessante Dinge»? Wer noch nicht das ganze Modell versteht, findet die Parallele nicht logisch. Die Parallele ist auch wirklich für die alltägliche Intuition nicht logisch; eine solche Aufgabe wäre in einem Intelligenztest vollkommen sinnlos.

Für die Lösung muss klar sein, dass die erste waagerechte Zeile von Tabelle 1 immer mögliche Dinge anzeigt, beispielsweise biologische Wesen, die es geben könnte, oder Dinge, die möglicherweise subjektiv für jemanden interessant sind. Der Code eines möglicherweise interessanten Dings ist (auf noch unbekannte Weise) im Langzeitgedächtnis gespeichert. Das Gehirn hat ein Langzeitgedächtnis, und sein Inhalt kann vom Gehirn in sich selbst und auch in anderen Gehirnen reproduziert werden. So gesehen fragt sich, warum irgendwer sich über diese einfache Parallele wundern könnte.

Die Verwirrung könnte darauf beruhen, dass wir dann, wenn wir menschliches Denken untersuchen, Menschen nicht mehr als Lebewesen sehen. Aus der Perspektive der untersuchten Phänomene (Dinge, die subjektiv für jemanden interessant sein können) sind kognitive Schemata Lebewesen. Das Gehirn des lebenden Menschen ist nur Materie (die biologische «Ursuppe», wie Biologen sagen), in der diese anderen Arten von Lebewesen gedeihen und Gedanken erzeugen.

Im Wirtschaftsleben ist die Lage ähnlich, aber hier kennen wir die konkreten Dinge besser, die den einzelnen Rollen entsprechen. In ihnen mussten wir die grundsätzlichen Grenzen unseres Verstandes nicht mit Fragezeichen in den Spalten markieren, die mit Fragen der Wirtschaft zu tun haben. Aber ich will den Spaß am Lösen des Rätsels oder am Nachdenken nicht durch weitere Erklärungen verderben.

Tabelle 1. Umwelt der Gödel-Struktur

ROLLE IM SYSTEM	ELEMENTE DES SYSTEMS			
	Biologisches Leben	**Naturwissenschaften**	**Menschliches Denken**	**Ökonomie**
Um was es beim Gesamtsystem geht	Biologische Lebewesen (existierende und mögliche)	Objektiv wahre Aussagen (mögliche wissenschaftliche Theoreme)	Subjektiv interessante (möglicherweise nachahmenswerte) Dinge	Wertvolle Güter (Geschäftsmöglichkeiten)
Grundelemente, Replikatoren	Gene	Einfache Formeln	Meme	Kapital (Mone)
Kodierte (passive) Form eines Lebewesens	DNA	Formale Aussage	Inhalte des Langzeitgedächtnisses	Geschäftsplan
Grundlegende Hardware	Zelle	Axiomensystem und Herleitungsregeln	Gehirn	Gesellschaft
«Hinreichend mächtige» Hardware	«Reiche» zelluläre Umwelt (mit autokatalytischen Prozessen)	Axiomensystem, das die Peano-Axiome** enthält	Zur Nachahmung fähiges menschliches Gehirn	Kapitalistische Gesellschaft (mit der autokatalytischen Produzentenrente)
Aktive Form eines biologischen Lebewesens, die Überlebensmaschine des Replikators	Fortpflanzungsfähige Lebewesen	Hergeleitete Aussagen	Kognitives Schema	Unternehmen, Firma
Externe Mechanismen, die zum Bau und Betrieb der Überlebensmaschine nötig sind	Zellbildung, Strukturmechanismen und Wirkung der Proteine	Ein denkendes menschliches Gehirn ODER ein geeignet programmierter Computer	Verminderung der kognitiven Dissonanz, Abwehrmechanismen, gesellschaftliche Konventionen etc.	Menschliche Motivation, vergleichsweise Vorteile, informelle menschliche Beziehungen, Meme, Risikowahrnehmung etc.
Die Produkte der Lebewesen	Lebenszeichen	Wissen über die Welt	Gedanken/Ideen	Produkte

* Mit unserem heutigen Wissen ist dies eher als Vermutung und nicht als wissenschaftliche Tatsache zu sehen.

** Von dem Mathematiker Giuseppe Peano aufgestellte Axiome, die die Menge der natürlichen Zahlen definieren.

Tabelle 2. Mechanismen für die Funktion der Gödel-Strukturen

ROLLE IM SYSTEM	ELEMENTE DES SYSTEMS			
	Biologisches Leben	Naturwissenschaften	Menschliches Denken	Ökonomie
Ausgangspunkt: der passive Code, also Information	DNA	Formale Aussage	Langzeitgedächtnis	Geschäftsplan
Aktivierung	*Nukleotidpaare*	*Gödel-Nummerierung*	?*	*Gründungsvertrag*
Vermittler	mRNA	Zahl	Kurzzeitgedächtnis (?)	Investition
Interpretation	*Nukleotidtriplett (der genetische Code)*	*Kodieren von Herleitungen (beliebiger Code)*	?*	*Bildung der Unternehmensstruktur*
Elemente, die die Welt aktiv beeinflussen, entstehen	Strukturierung der Proteine	Herleitung einer Behauptung	?*	Unternehmensgründung
Organisation	*Proteine organisieren sich zu Lebewesen*	*Wissenschaftlich begründete kognitive Schemata entwickeln sich*	?*	*Das Unternehmen wird eine Organisationseinheit*
Lebensfähige «funktionierende» Wesen	Neue Individuen	Neues Wissen von der Welt	Neue kognitive Schemata	Neue Unternehmen
Wirkung auf die Außenwelt	Reichere Lebenswelt	Stärkere Theorie	Reichere Gedankenwelt	Die Ökonomie dehnt sich aus
Selektionsverfahren	*Natürliche Auslese*	*Interesse der Wissenschaftler, Anwendungsmöglichkeiten*	*Interesse der Menschen*	*Marktprozesse*
Das Leben geht weiter	Biologische Fortpflanzung	Neue Fragen werden formuliert	Der Horizont weitet sich	Das Unternehmen wird stärker
Passive Codes neuer Wesen tauchen auf	Neue DNA wird konstruiert	Neue formale Aussagen tauchen auf	Neues Wissen wird im Langzeitgedächtnis gespeichert	Neue Geschäftspläne ergeben sich

* noch unbekannte Elemente oder Mechanismen.

16. DIE ÜBERLEBENSMASCHINE DES GELDES

Im Wirtschaftsleben ist nicht der Erfinder ein Neuerer,
sondern der Unternehmer, der das Neue in die Praxis umsetzt.

Ähnlich wie die Gene haben Mone viele neue Arten erschaffen. Diese Geschöpfe dienen den sie erzeugenden Monen. Warum lautet dann der Titel dieses Kapitels nicht *Die Überlebensmaschine der Mone?* Schließlich hat sich nicht Geld ganz allgemein als Replikator erwiesen, sondern nur das in ein Mon verwandelte Geld. Wenn aber der Buchtitel *Die Biologie des Geldes* Geld nennt, so wollen wir bei der Wahl der Überschrift dieses Kapitels konsequent sein. Auch wenn es nur eine Verallgemeinerung zum schnellen Verständnis des Themas ist.

Wenn ein Biologe einem neuen, bisher unbekannten Lebewesen begegnet, wird er es beschreiben und so genau wie möglich in das ihm bekannte System einzuordnen versuchen. Leider könnten wir bei der Erforschung ökonomischer Lebewesen nicht genauso vorgehen, denn Ökonomen katalogisieren nicht nach den Kriterien der Biologen. Die «evolutive» Katalogisierung der von Monen erzeugten Wesen ist so schwierig, dass wir sie nicht einmal versuchen. In diesem Kapitel betrachten wir lediglich einige ökonomische Phänomene aus Sicht der Mone und schauen uns einige typische «ökonomische Lebewesen» genauer an.

Immer auf der gelben Ziegelsteinstraße

Fast jeder kennt die Geschichte vom *Zauberer von Oz*. Wenige wissen, dass Lyman Frank Baum mit dieser Fabel ursprünglich eine Allegorie auf das damalige Wirtschaftssystem der USA schreiben wollte.[78] In dem berühmten, auf dem Buch beruhenden Film singen Dorothy und ihre Begleiter «Follow the yellow brick road, follow the yellow brick road; Follow, follow, follow, follow, follow the yellow brick road». Das Gelb der Straße steht für das Gold – und die Geschichte von Oz will als lehrreiche Fabel über das Wirtschaftsleben zeigen, dass es zu nichts Gutem führt.

Seit undenklichen Zeiten ist Gold das Symbol für Wirtschaftsleben und Macht. Das war schon so, als es noch keine oder nur rudimentäre Mone gab. Wir gehen hier nicht auf die Anfänge der Geschichte des Goldes ein, sondern nur bis zur Mitte des 19. Jahrhunderts zurück, als die Währungen der meisten Industrienationen auf Gold beruhten. Damals garantierten die Gesetze, dass jedermann zu einer Bank gehen konnte, die das Münzrecht hatte, um sein Geld in eine gleichwertige Goldmenge umzutauschen und umgekehrt. Folglich konnten die Banken im Prinzip nur so viel Geld hergeben, wie das Gold in ihren Tresoren wert war.

Wenn jedoch die Banken im Prinzip nur so viel Geld ausgeben können, wie es den in ihren Safes lagernden Goldbarren entsprach, so können sie für das ihnen anvertraute Geld auch keine Zinsen zahlen, müssen jedoch eine Gebühr für die Aufbewahrung des den Geldwert garantierenden Goldvorrates verlangen. Warum sollte indessen ein Bankkunde sich die Mühe machen und sein Leben mit dem fortwährenden Tausch von Geld gegen Gold komplizieren, wenn doch der Umtausch von Geld in Gold jederzeit garantiert ist? Insofern konnten die Banken im Prinzip beruhigt mehr Geld ausgeben, als durch ihr Gold gedeckt war.

Banken konnten sogar in Versuchung geraten, viel mehr Geld auszugeben, als durch das vorhandene Gold gedeckt war. Damit aber würden vertrauensvolle Kunden getäuscht und noch mehr Menschen betrogen, weil das Geld auf Dauer an Wert verliert. Deshalb schrieben und schreiben in aller Welt strenge Gesetze die Bedingungen der Geldemission vor. Gewöhnlich wurde damals ein *Deckungsverhältnis* festgelegt, so durfte eine Bank beispielsweise höchstens das Dreifache ihrer Goldreserven an Geld ausgeben. Das ermöglichte Wirtschaftswachstum und garantierte zugleich Stabilität des Geldes. Vielleicht musste eine Bank gelegentlich Bankrott erklären, wenn zu viele Kunden gleichzeitig die Golddeckung anforderten, aber im Allgemeinen erwies sich das System als funktionstüchtig.

Ende des 19. Jahrhunderts führte der Goldstandard in den USA zu Problemen, nicht so sehr für die Banken oder die Investoren, jedoch für die Konsumenten, den Mann auf der Straße. Aus Sicht der Banken und Investoren hatte der Goldstandard noch mehr Vor- als Nachteile. Für sie zählte die Stabilität der Währung mehr als die Stabilität der Preise – und die Goldwährung garantierte zwar weitgehend die Stabilität der Wechselkurse, denn der Kurs zweier Goldwährungen schwankte nur wenig und war weitgehend unabhängig von der Wirtschaftslage, nicht jedoch die der Preise. Während der Rezession, als viele Menschen die Arbeit verloren, gaben sie im Verhältnis zur Warenmenge viel weniger Geld aus als zuvor, das Angebot überstieg also die Nachfrage, die Preise sanken; der Geldumlauf war gestört: Es herrschte Deflation. Für die Menschen bedeutete dies unter anderem, dass sie Darlehen teurer bezahlen mussten als geplant – nicht wegen der Zinsen (die hatten sie ja berücksichtigt), sondern wegen der unvorhergesehenen Entwertung des durch die Kredite finanzierten Vermögens.

Wenn in dieser Lage mehr Geld verfügbar gewesen wäre, hätte die Wirtschaft die Rezession leichter überwunden. Der Konsum und damit die Produktion hätten wieder zugenommen, und die Wirtschaft hätte sich früher erholt. Aber das lag weder im Interesse der Banken noch der Investoren. Ihnen erschien eine Vermehrung der ausgegebenen Geldmengen zu riskant, weil sie leicht zu Inflation führen kann.

Auch jene, die sich für die Wirtschaft mehr verfügbares Geld wünschten, dachten nicht an leichtfertige Geldemissionen. Sie wollten lediglich erreichen, dass die Menge des verfügbaren Geldes nicht nur von einem Faktor (Gold) bestimmt werden sollte, sondern weiter von zweien: Gold und Silber. Ende des 19. Jahrhunderts ging es in den USA um die Ablösung des herrschenden Bimetallismus (bei dem der Goldstandard auf den zwei Metallen Gold und Silber beruht, deren Verhältnis festgelegt wird durch den alleinigen Goldstandard. Der Demokrat und dreifache Präsidentschaftskandidat William Jennings Bryan war einer der glühenden Verfechter des Bimetallismus; 1896 rief er in einer berühmten Rede aus: «Ihr sollt die Menschheit nicht an ein goldenes Kreuz schlagen.»

Frank Baum, ein Reporter aus South Dakota, glaubte ebenfalls an den Bimetallismus und veröffentlichte den *Zauberer von Oz* zur Zeit der Wahlen des Jahrs 1900. Damals verstand jeder in den USA die Symbole: Dorothy war ein durchschnittliches amerikanisches Mädchen, die Vogelscheuche Scarecrow stand für die Farmer, Tin Woodsman für die Fabrikarbeiter, deren Leben wirklich schwierig war. Dorothys dritter Begleiter war der Feige Löwe, der Präsidentschaftskandidat W. J. Bryan. Die gelbe Ziegelstraße, der Goldstandard, führte in die Smaragdstadt (die Hauptstadt, Washington D.C.), deren Name auf die Farbe der Ein-Dollar-Note anspielte. Die Smaragdstadt erwies sich als große Täuschung, obwohl die gelben Pflastersteine für Goldbarren standen. Der Zauberer von Oz schließlich war der Präsident selbst – ein kleiner Mann, dessen Macht auf Illusionen beruhte. (Oz ist die Abkürzung für die Gewichtseinheit Ounce,

Unze. Die Bimetalliker wollten das Verhältnis gesetzlich so festlegen, dass eine Goldunze 16 Silberunzen entsprach.)

Natürlich trug Dorothy silberne Schuhe. Schon in der 1939 gedrehten Verfilmung trägt Judy Garland rote Schuhe – vermutlich machten sie sich im Film besser, und es war schon vergessen, wie wichtig es war, dass Dorothy auf *silbernen* Schuhen nach Hause kommt. Damals waren die Mone der den Goldstandard symbolisierenden Straße und die den Bimetallismus symbolisierenden silbernen Schuhe schon keine Mone mehr, sondern lediglich Meme. Dies ist wieder ein Beispiel für die Koevolution von Mon und Mem, diesmal in ungewöhnlicher Richtung; die bisherigen Beispiele beruhten überwiegend auf Memen.

W. J. Bryan (der Feige Löwe) verlor die Wahlen im Jahr 1900 wie zuvor schon 1896 und später noch einmal 1908, und bis 1933, dem Ende der Großen Depression, galt in den USA allein der Goldstandard. Die Nixon-Regierung trennte 1971 den Dollar für alle Zeit vom Gold. Damit begann eine völlig neue Geschichte des Finanzwesens, nämlich das Zeitalter des Kreditwesens. Die Analyse der Mone dieser Zeit würde die Grenzen des Buchs überschreiten. Für uns zählt hier, dass Kreditgeld überhaupt keinen Wert in sich trägt, weder einen realen wie ein Goldtaler, noch einen garantierten Tauschwert mit Gold oder Silber. Der Wert des Kreditgeldes wird einzig durch Geschöpfe (also Unternehmen) gesichert, die durch Mone erzeugt werden, und das geschieht allein durch ihre Existenz, also dadurch, dass sie Güter erzeugen, die für einige Menschen wertvoll sind. Poetischer gesagt: Der Wert des Kreditgeldes wird durch den Puls der Wirtschaft reguliert.

Schon die Tatsache, dass es Kreditgeld gibt, rechtfertigt sowohl den Titel des vorliegenden Buchs als auch, dass wir von der Evolution des Geldes sprechen und nicht von der Evolution der Wirtschaftsunternehmen. Die Existenz von Kreditgeld zeigt besonders deutlich, dass die Evolution des Geldes wirklich durch eben all die «ökonomischen Lebewesen» zustande kommt, die Geld erschaffen haben (also durch Unternehmen) – ähnlich ist es in der Biologie; dort kommt die Evolution der Gene durch all die Lebewesen zustande, die Gene erschaffen haben.

Nicht lange nach dem Abschied vom Goldstandard, 1973, veröffentlichte Elton John sein Doppelalbum *Goodby Yellow Brick Road*, eines der erfolgreichsten in der Geschichte der klassischen Rockmusik. Der Titelsong handelt von einem persönlichen Abschied, aber das ganze Album könnte auch umfassender gemeint sein. Ich weiß nicht, ob es Absicht war, aber der Titel fällt genau in das Stadium in der Evolution der Mone, in dem die Menschheit der gelben Ziegelstraße endgültig Ade sagte.[79]

Unternehmer

Die Versuche der Alchemisten des Mittelalters blieben erfolglos: Weder gelang es ihnen, Stoffe in Gold zu verwandeln, noch, aus Gold mehr Gold zu machen. Es gibt keinen autokatalytischen Prozess, der Gold erzeugt. Das ist gut zu wissen, wenn man bedenkt, dass Gold seinen Wert behält, solange es ein knappes Gut ist. Im Wirtschaftsleben jedoch gibt es eine Art Autokatalyse, auf deren Grundlage Mone mehr Mone erzeugen können. Deshalb behinderte der Goldstandard nach einer Weile die ökonomische Entwicklung, und die Mone erzwangen die Erschaffung von Kreditgeld in großem Stil.

Die Grundlage der ökonomischen Autokatalyse ist die Produzentenrente. Aber die Produzentenrente ist sehr flüchtig. Wenn eine neue ökonomische Idee (eine Erfindung, eine neue Dienstleistung oder einer neue Methode der Arbeitsorganisation) sich bewährt und alle sie anwenden, schwindet die auf Neuheit, einer guten Idee, der Effizienz beruhende Produzentenrente bald. Damit die Produzentenrente erhalten bleibt, muss es in der Gesellschaft Menschen geben, die sich in der Hoffnung auf eine Produzentenrente fortwährend um die Verbesserung der ökonomischen Prozesse bemühen. Ich vermeide hier bewusst das Wort Profit, denn obwohl diese Erfinder eigentlich vom Profit geleitet werden, ist der Ausdruck «Profit» in der Ökonomie komplex, vielfältig und umstritten. Wir befassen uns nicht mit dem Wesen des Profits, sondern geben uns einfach damit zufrieden, ihn als Produzentenrente zu definieren.

Wir nennen Menschen, die Neuerungen einführen, welche eine Produzentenrente bringen, Entrepreneure. Diese Unternehmer befassen sich mit der Reorganisation kleinerer oder größerer Bereiche der Wirtschaft oder der Gesellschaft. Aus wirtschaftlicher Sicht ist nicht der Erfinder ein Neuerer. Der wahre Neuerer ist der Unternehmer, der die Erfindung in die wirtschaftliche Praxis einführt, indem er sein eigenes Kapital riskiert (und in den meisten Fällen auch wesentliche Mengen von Fremdkapital aufnimmt). Erfinder und Unternehmer können ein und derselbe Mensch sein, wie im Fall von Robinson. Häufiger jedoch sind es verschiedene Personen.

Während der Verhandlungen zwischen Robinson und Richson gab es einen Punkt, an dem die Möglichkeit erwogen wurde, dass Richson Robinsons Idee für einen Festpreis kaufen und dann damit anfangen könne, was er wolle. Wenn die Dinge diesen Lauf genommen hätten, würde Richson vermutlich einen Unternehmer damit beauftragt haben, die vielversprechende Neuerung in die Praxis umzusetzen. Natürlich hätte jener Unternehmer nicht auch die Aufgabe übernommen, das Schiff als Kapitän zu führen, sondern nach einem geeigneten Kapitän gesucht. Dieser Unternehmer wäre vor allem Unternehmer gewesen und kein Fischer. Er hätte nur einen Teil seines Lebens an dieses Projekt gewandt. Er hätte sich, sobald das Unternehmen

Fischerboot zuverlässig lief, nach einer anderen innovativen Möglichkeit umgeschaut, möglicherweise sogar in einem anderen Industriezweig.

Paul Heyne hat die Rolle der Unternehmer, damit Joseph Schumpeter folgend, sehr schön definiert: «Unternehmer sind die Agenten gesellschaftlicher Veränderung. Sie spüren Lücken zwischen dem auf, was ist und was sein könnte, und auch Gelegenheiten, wie sie vom Schließen dieser Lücken profitieren können. Sie gewinnen Kontrolle über die Ressourcen, die sie zum Füllen der Lücken brauchen, indem sie die Ressourcen von deren Besitzern mieten. Als Bezahlung erhalten sie von den Eignern die Kontrolle über die ihnen gehörenden Ressourcen. Die Summe dieser Zahlungen machen die Kosten des Unternehmens aus. Der Unterschied zwischen diesen Kosten und dem Gesamtgewinn aus dem Projekt des Unternehmers ist der Profit des Unternehmers – oder sein Verlust, falls der Unternehmer sich getäuscht hat.» Auf unsere Weise gesagt bedeutet es, dass Unternehmer die Aufgabe haben, eine Produzentenrente zu erwirtschaften und damit die ökonomische Autokatalyse zu sichern.

Wenn Unternehmer die Agenten der Veränderung sind, stellt sich die Frage, wer sie beauftragt und bezahlt – offensichtlich sind das nicht die Veränderungen selbst. Der Kommunismus antwortet darauf, dass niemand sie beauftragt und dass die ausgebeuteten Arbeiter und Bauern sie so lange bezahlen, bis ihnen das bewusst wird und sie die Ausbeuter vertreiben. Wir haben das Ergebnis dieser «Entlassung» in den früheren kommunistischen Ländern gesehen – sie erwies sich vor allem deshalb im wirtschaftlichen Sinn nicht als funktional, weil die Veränderungen, die Entwicklung bewirken sollten, systematisch fehlten. Evolution lässt sich nicht durch menschliche Weisheit und Voraussicht ersetzen, ganz gleich, ob individuell oder kollektiv.

Wer also beauftragt und bezahlt die Agenten der Veränderung, die Entrepreneure? Wir sahen die Antwort schon in Kapitel 9, sahen dort aber nicht die Frage. Die Unternehmer werden vom Geld, oder genauer, den Monen, beauftragt. Wie sich aus der Gödel-Struktur der Wirtschaft ergab, ist der Mittler zwischen den Möglichkeiten, die sich für Geschäfte bieten, und dem Unternehmen, das sie verwirklicht, das Geld (in Form von Investitionen). Dieser Mittler wirkt durch menschliche Motivation (es gibt ihn also nur in Menschen). Deshalb werden Unternehmer vom Geld selbst angeheuert und bezahlt; es liegt im Wesen dieser Art von Geld, dass es durch die Aktivität der Unternehmer die Autokatalyse sichert, die es für seine eigene Reproduktion braucht, und dass es sich durch die Motivation der Unternehmer reproduzieren kann.[80]

Robinsons und Richsons Unternehmen gedeiht

Kehren wir zurück zu Robinson und Richson und ihrem Joint Venture, dem Fischerboot. Das Unternehmen hat alle Erwartungen erfüllt und im ersten Jahr nach dem Schiffsbau einen Erlös von 7200 Stockfischen gebracht.

Robinson und Richson können diesen Erlös jetzt im Verhältnis entsprechend ihren Anteilen als wohlverdienten Lohn für das eingegangene Risiko mit nach Hause nehmen und für alles ausgeben, wonach ihnen der Sinn steht. Richson jedoch möchte Robinson davon überzeugen, dass es sich lohne, den Gewinn in die Entwicklung des Unternehmens zu stecken und ein weiteres Schiff zu bauen. Da Robinson den größeren Anteil besitzt, kann Richson Robinson nicht zwingen, und auch die Verkaufsklausel lässt sich nicht anwenden, weil sie nur dann gilt, wenn das Unternehmen die Erwartungen nicht erfüllt. Trotzdem wird Robinson der Entwicklung des Betriebs wohl zustimmen, falls Richson die Zukunft hinreichend attraktiv ausmalen kann. Sicherlich ist die Aussicht auf langfristige Gewinnverdopplung verführerisch.

Der diesjährige Gewinn von 7200 Stockfischen reicht zwar völlig für den Bau eines weiteren Schiffes aus, genügt jedoch nicht für den Betrieb. Bau und Unterhalt eines zweiten Schiffs erfordern, genau wie beim ersten Schiff, 12 000 Stockfische. Deswegen ist mehr Kapital nötig.

Robinson erhebt Einwände, weil sein Anteil von mehr als 50 Prozent bei einer Kapitalaufstockung unter 50 Prozent sinken würde. Richson beruhigt ihn, denn es gibt andere Lösungen. Das Unternehmen hat seine Lebensfähigkeit bereits so erfolgreich bewiesen, dass ihm günstige Kreditbedingungen eingeräumt werden. Lassen wir sie also die fehlenden Stockfische auf Kredit kaufen, für den sie eine Zinsrate von höchstens 20 Prozent verabreden, denn das Darlehen ist durch einen prosperierenden und wertvollen Betrieb gedeckt, der genauso viel Sicherheit gibt wie Goldreserven. Mit dem Darlehen wollen sie schließlich 40 Prozent Gewinn machen; damit können sie bequem Darlehen und die Zinsen abzahlen und langfristig reich werden.

Robinson stimmt also zu und verzichtet darauf, seinen Erlös nach Hause zu tragen, wenn auch schweren Herzens, denn er hat inzwischen geheiratet, und der Umbau des Hauses ist teuer. Er freut sich jedoch, wie leicht er als Kapitän eines Schiffes ein Baudarlehen bekommt, das mit 15 Prozent verzinst wird, und sieht ein, dass er gut daran tut, seinen Gewinn weiter in die Firma zu investieren, denn das bringt ihm ja einen Gewinn von 40 Prozent, während er sein Haus für Geld ausbauen kann, das ihn nur 15 Prozent Zinsen kostet.

Im Jahr darauf also wird ein zweites Schiff gebaut, das genauso erfolgreich läuft wie das erste. Lediglich der Kapitän des anderen Schiffes macht Robinson das Leben schwer, denn der lässt ihn fortwährend spüren, wie viel mehr Erfahrung er hat als Robinson. Robinson lernt zwar eine Menge von ihm, leidet jedoch unter dessen Arroganz. Gelegentlich tröstet Richson ihn damit, dass der andere Kapitän zwar einige Tricks auf Lager, aber als Angestellter im Betrieb kein Wörtchen mitzureden habe. Trotzdem bereitet es Robinson Sorgen, dass es bessere Kapitäne gibt als ihn.

Am Ende des zweiten Jahres legt Richson einen Überblick über den gesamten Fischmarkt vor und vertritt die Meinung, es sei Zeit für eine beträchtliche Firmenerweiterung. In Anbetracht der Erfolge, die Richson und Robinson verbuchen konnten, hätten auch andere Unternehmer mit dem Schiffbau begonnen, und schon bald würden wohl fünf Fischerboote ihre Netze auswerfen. Diese fünf Schiffe jedoch machten nur fünf Prozent des gesamten Fischmarkts aus – der Markt vertrüge insgesamt hundert bis hundertzwanzig Schiffe, selbst wenn nur der nahe gelegene Archipel in Betracht gezogen werde. Es sei an der Zeit, die Flotte auf mindestens zehn Schiffe zu vergrößern, denn wenn ihnen dabei ein anderer zuvorkäme, komme ihre Firma mit nur zwei Schiffen in eine schwierige Lage.

Für eine solche Erweiterung jedoch genügt kein einfaches Darlehen. Niemand würde so viel Geld geben, wie ja auch Richson sich glatt geweigert hatte, Robinsons Schiffbau mit einem Darlehen zu unterstützen. Bau und Betrieb von acht Schiffen erfordern ein Kapital von 8 mal 12 000, also 96 000 Stockfischen. Die sind nur zu bekommen, wenn seriöse Kapitalinvestoren überredet werden, in den von Richson aufgestellten Geschäftsplan zu investieren.

Robinson sieht wieder das Problem, dass seine Mehrheitsbeteiligung von über 50 Prozent dann verloren ist. Die 9300 von ihm investierten Stockfische machen in der riesigen Firma nicht einmal mehr 10 Prozent aus. Richson jedoch erklärt ihm, dem sei nicht so. Da das Unternehmen zwei Jahre lang 40 Prozent Gewinn abwarf, ist das mit der Investition verbundene Risiko jetzt viel geringer als vor zwei Jahren. Das Beta der Firma sei jetzt so gering, dass Investoren mit lediglich 15 Prozent Erlös zufrieden wären. Der Jahresgewinn der Firma beträgt 2 mal 7200 = 14 400 Stockfische, weil die Firma jetzt zwei Schiffe hat. Und dieser Gewinn wird bei einer Zinsrate von 15 Prozent bei einer Investition von 96 000 Stockfischen erzielt, denn 15 Prozent von 96 000 sind genau 14 400.

Anders gesagt: Die Firma ist im Moment 96 000 Stockfische wert. Die Investoren akzeptieren das fraglos, denn die harten Tatsachen der Gewinne bestätigen das Ergebnis. Weitere 96 000 Stockfische sind nötig. Investieren wir doch, schlägt Richson vor, 6000 der Fische aus dem Gewinn von 14 400 Fischen des Vorjahres auf gleicher Basis. Dann kann jeder von uns mehr als 4000 Stockfische nach Haus tragen, und davon kann er der Familie sehr schöne Geschenke kaufen. Wenn wir die 6000 Stockfische investieren, brauchen wir nur noch 90 000 weitere Fische zu investieren. Unser gemeinsamer Anteil beträgt dann 96 000 plus 6000, also 102 000 Stockfische, das der anderen Investoren 90 000. Dann ist unser gemeinsamer Anteil 53 Prozent, und jeder von uns hat mehr als 25 Prozent.

Während Robinson noch murrt, er besitze dann nur die Hälfte von 53 Prozent, erzählt ihm Richson diesen Witz: Kohn möchte ein schönes junges Mädchen heiraten. Sein Freund Grün warnt ihn: «Tu das nicht, denn sicher betrügt sie dich. Die Frau, die ich geheiratet habe, war nicht schön, und sie hat mich nie betrogen.» Kohn antwortet: «Ach, weißt du, ich mache lieber ein gutes Geschäft mit fünfzig Prozent als ein schlechtes mit hundert Prozent.»

Richson merkt, dass Robinsons Stimmung sich aufhellt, und

führt ein ernsthafteres Argument an. Zehn Schiffe brauchen zehn Kapitäne. Vermutlich gefällt Robinson der Gedanke gar nicht, dass vielleicht alle anderen neun Kapitäne besser sind als er. Das lässt sich nicht ändern, auch nicht, wenn die Firma nicht erweitert wird – dann stellen andere Reedereien die besseren Kapitäne an, und das vergrößert den Wettbewerbsnachteil. Aber die Arbeit der zehn Kapitäne und die des gesamten Betriebs muss von jemandem koordiniert werden, und für diese Aufgabe kennt Richson keinen Geeigneteren als Robinson. Wie wäre es, wenn Robinson nicht mehr als Kapitän arbeitete – diese Arbeit freut ihn ja sowieso nicht mehr sehr, denn immer wartet die Familie daheim schon auf ihn – und er für das doppelte Kapitänsgehalt die Leitung der Firma übernähme? Für ein niedrigeres Gehalt fänden sie überhaupt keinen Geschäftsführer.

Robinson erkennt, dass er sein Leben radikal verändern muss. Wieder einmal erweist sich die Evolution der Mone stärker als er.

Großunternehmer

Zehn Schiffe bedeuten nicht lediglich eine Verzehnfachung des von Robinson und Richson ursprünglich gegründeten Ein-Schiff-Unternehmens. Die Vergrößerung erforderte nolens volens strukturelle Veränderungen. Als Geschäftsführer muss Robinson einsehen, dass die einzelnen Fischerboote, zuvor das Wesen des Unternehmens, jetzt zu bloßen Planungsgrößen im Niemandsland werden müssen. Betrieb und Erfolg der Firma hängen jetzt weitgehend von der Organisation der Zusammenarbeit der zehn Schiffe und wohl noch mehr vom Fischmarkt ab – denn die Firma kann zehn Prozent des Fischmarkts der Inselgruppe mit Fisch beliefern. Vielleicht werden die Großhändler, die bisher enorme Profite einstreichen konnten, bescheidener. Auf dem umorganisierten Fischmarkt wird Fisch womöglich billiger, der Gewinn jedoch könnte steigen, wenn Transport und Handel effizienter werden. Die von Robinson und Richson gegründete Firma hat einen Punkt erreicht, an dem sich die Evolution der Mone auch innerhalb der Firma beschleunigt.

Die Firma insgesamt kann sogar noch effizienter werden, wenn einige der Schiffe nicht mehr selbst fischen, sondern nur den von anderen Booten gefangenen Fisch zum Markt bringen. Aber der Umbau von Fischerbooten zu Frachtern ist wenig lohnend, besser baut man gleich Handelsschiffe. Eine firmeneigene Werft könnte eine gute Idee sein. Im Besitz einer Werft könnte man auch Verhandlungen mit Beachson aufnehmen, denn dort könnten großartige Ausflugsschiffe gebaut werden, und Beachson erwägt gerade eine Erweiterung seines Unternehmens ...

Robinson mag auch erkennen, dass seine Schiffe mehr Fische fangen können, wenn die Fischer gut ausgebildet sind. Schon früher, als Kapitän, hatte Robinson gemerkt, wie sich die Fangergebnisse verbessern ließen, konnte aber seine Fischer nicht zur Übernahme neuer Fangtechniken bewegen. Ihnen leuchtete nicht ein, dass es bessere Methoden der Fischerei geben könnte als jene, die sie kannten. Robinson berechnete, dass sich die Kosten für die Errichtung und den Betrieb einer Fischereischule in wenigen Jahren amortisieren würden. Zwar könnte die Gründung der Schule zum Teil aus dem Gewinn der Firma finanziert werden, für den größeren Teil jedoch brauchte man wieder Investoren – wie übrigens auch für die Schiffswerft.

Vielleicht eilen wir damit der Zeit etwas voraus, denn noch ist die Firma zu klein für eine unabhängige Fischereischule. Die Frage stellt sich unausweichlich, wenn der Marktanteil der Firma zehn oder zwanzig Prozent des weltweiten Fischfangs ausmacht und sie womöglich über mehrere hundert mit Kernkraft betriebene Fischerboote verfügt.

Lange galt die Ausbildung von Lehrlingen als interne Aufgabe von Unternehmen. Später wurde sie von öffentlichen Schulen übernommen. In letzter Zeit jedoch haben die Anforderungen der transnationalen Giganten (oder vielmehr ihrer Mone) zu neuen Formen der Ausbildung von Spezialisten geführt. Große Unternehmen (beispielsweise Motorola, Toyota etc.) richten eigene Universitäten ein und berufen Professoren der besten herkömmlichen Universitäten.

Mit der Entwicklung der gigantischen multinationalen Konzerne hat eine neue Periode in der Evolution der Mone begonnen. Aber dies geht weit über das Thema dieses Buchs hinaus. Wir betrachten jetzt ein von ganz anderen Monen erschaffenes und vollkommen anderes «ökonomisches Wesen».

Banken und andere Finanzwesen

Jeder weiß mehr oder weniger, was eine Bank ist. Wir deponieren unser Erspartes auf einem Sparkonto (falls wir es nicht investieren wollen), weil es dort Zinsen bringt. Und wir wenden uns an eine Bank, wenn wir mehr Geld brauchen, als die Finanzvorräte unserer engeren oder weiteren Familie hergeben. Die Mone haben Wesen geschaffen, bei denen es um das Geld als solches geht.

Banken haben einen komparativen Vorteil, indem sie die ihnen anvertrauten Gelder nutzen können. Eine Bank kann verschiedenste Investitionen oder Geldtransaktionen tätigen und sich Fachleute leisten, die die Risiken analysieren und so den Ertrag des Eigenkapitals und der ihnen anvertrauten Einlagen steigern.

Banken sind Finanzwesen, deren Stabilität im allgemeinen

Interesse liegt, deshalb ist es nützlich, die Freiheit ihrer Risikobereitschaft zu begrenzen. Deshalb gibt es Gesetze, die den Banken ein zu hohes Risiko verbieten. Andere Gesetze schreiben die Höchstmenge an Bankkapital vor, die sie an einen einzelnen Kunden verleihen dürfen. Die Umwelt beschränkt die Freiheit eines jeden Lebewesens – warum sollte es für Wirtschaftswesen anders sein?

Wohin nun sollten sich Robinson und Richson mit ihrem großen Schiffsbauplan wenden, wenn die Banken ihn (von Gesetz wegen) zu riskant finden? Um Richson brauchen wir uns nicht zu sorgen: Er findet die geeignete Investmentgesellschaft.

Nicht nur die Stabilität der Banken liegt im Interesse der Gesellschaft (also der Umwelt der Mone), sondern auch das Finden von Investoren, wenn ein großer Geschäftsplan gute Chancen der Realisierung hat. Glücklicherweise stimmt das mit den Interessen von Monen überein, deshalb haben sich andere Arten von monetären Geschöpfen entwickelt. Die Erfahrung lehrt, dass eine verheißungsvolle Idee, die irgendwo in der Finanzwelt auftaucht (ein neues Produkt, eine neue Dienstleistung oder auch ein neues Finanzprodukt, also ein neues Mon) auch im wirklichen Leben umgesetzt wird. Vielleicht kooperiert das neue Mon mit anderen Monen und schafft gemeinsam mit ihnen eine neue Art Lebewesen; dann entstehen Unternehmen, die sich auf diese neue Art Produkt oder Dienstleistung spezialisieren. Vielleicht infiltriert auch das neue Mon ein vorhandenes Geschöpf und verändert es, beispielsweise durch Erweiterung des Tätigkeitsfeldes. Auf Dauer bestimmt dann die Evolution das Schicksal des neuen Mons.

Große Kapitalinvestitionen werden selten von einem einzelnen Investor gemacht. Es gibt Unternehmen, die speziell zur Organisation von Investments in Konsortien bestimmt sind. Andere Firmen haben Wege gefunden, mit Kapitalinvestitionen umzugehen, für die selbst ein Konsortium ungeeignet wäre, weil es allzu viele Mitglieder brauchte. Diese Firmen verfügen über viel Fachwissen darüber, wie sich verheißungsvolle gigantische Investments entdecken lassen, und wurden, wenn sie erfolgreich waren, sehr berühmt. Dies sind Gesellschaften, die einem Riesenunternehmen, in das sie eine Million Dollar oder Euro (nein, nicht Stockfisch) stecken, quasi die Tür öffnen, dass weitere Investitionen in Milliardenhöhe folgen werden.

Wir sollten nicht vergessen, dass Mone auch zu Börsen geführt haben. Anfangs wurde dort der konzentrierte Handel mit bestimmten Standardgütern getrieben (beispielsweise Baumwolle, Tabak, Diamanten), und im Lauf der Zeit entstand die Aktienbörse, die mit den Aktien der Firmen handelte. Es ist ein schönes Beispiel für die in Gödel-Strukturen unvermeidliche Selbstbezüglichkeit, dass einige Börsen selbst zu börsennotierten Gesellschaften wurden. Die Aktien dieser Börsengesellschaften sind an jeder Börse zu kaufen.[81]

Aktienmarktblasen

Mone unterscheiden sich von Memen im Wesentlichen durch die Faktoren, die ihr Überleben bestimmen. Ein Mem überlebt erfolgreich, wenn es in vielen kognitiven Schemata vorhanden sein kann und das Denken möglichst vieler Menschen beeinflusst. Ein Mon erweist sich als erfolgreich, wenn mit ihm möglichst viel Kapital verknüpft ist und es dadurch möglichst viele und möglichst große Wirtschaftsunternehmen beeinflusst.

Die Tatsache, dass der Erfolg eines Mons von der Kapitalmenge abhängt, die es anziehen kann, kann zu vollkommen unvernünftigen Ergebnissen führen. Im Interesse der Mone als Replikatoren liegt es nicht, dass ein von ihnen erzeugtes Unternehmen auf Dauer stabil und effizient ist, sondern dass sie selbst möglichst zahlreich reproduziert werden. Die externe Umwelt (die wirtschaftliche Realität) beschränkt jedoch die irrationale Reproduktion der Mone genauso wie die der Gene.

In einem biologischen Experiment brachte man einige Rentiere auf eine unbewohnte Insel. Die Flora dieser Insel war für diese Pflanzenfresser günstig, und bald konnte die Insel den Nachwuchs nicht mehr ernähren. Damit kam das rasche Bevölkerungswachstum der Rentiere plötzlich zu einem Halt, und die Population fiel auf das Niveau zurück, das mit den Bedingungen der Insel verträglich war. Die Abnahme geschah genauso rasch, wie die Zunahme am Ende gewesen war, und mit einigen Schwankungen blieb die Population auf diesem Niveau.

Die Entwicklung der sogenannten Aktienmarktblasen (ein ökonomischer Zyklus, der gekennzeichnet ist durch rasche Expansion, der eine Kontraktion folgt) verläuft ganz ähnlich, aber hier ist es nicht der Egoismus der Gene, sondern der der Mone, der zeitweise zu übermäßigem Wachstum führt. Ähnliche Phänomene lassen sich auch für Meme beobachten, etwa dem plötzlichen Auftauchen von Modetrends.[82]

Das Vererben von Besitz

Als wir in Kapitel 14 von der Vererbung der Mone sprachen, unterschieden wir sie deutlich von der Vererbung von Eigentum. Wir erwähnten, dass der Nobelpreisträger Paul A. Samuelson die Vererbung von Eigentum einen ökonomischen Skandal nannte. Samuelson (und die meisten Wirtschaftswissenschaftler) stören sich nicht deshalb so sehr daran, weil es der Abbildung des Zentraldogmas der Molekularbiologie widerspricht oder weil es dabei um die Vererbung von etwas geht, das zu Lebzeiten erworben wurde. Das wäre nicht besonders aufregend – wie wir sahen, können selbst ökonomische Lebewesen anderen Firmen ihre erworbenen Eigenschaften weitergeben (etwa Mone, die sich während ihres Lebens änderten).

Selbst im biologischen Leben können gewisse erworbene Eigenschaften vererbt werden. Wenn ein Geschöpf seinen Körper und Geist besonders stark ausbildet, bietet es seinen Nachkommen bessere Lebensbedingungen: ein komfortableres Nest, mehr Nahrung etc. Der Nachwuchs hat dann nicht nur im Rennen ums Überleben einen Vorsprung, sondern auch bessere Möglichkeiten, Körper und Geist zu trainieren, weil sich nicht immerzu alles auf die Nahrungssuche fixieren muss. In diesem Sinn können ein starker Körper und ein starker Geist auch vererbt werden. Dies ist jedoch keine genetische Vererbung: diese erworbenen Eigenschaften übernehmen Adoptivkinder und biologische Kinder gleichermaßen von Eltern und Pflegeeltern.

Im theoretischen Rahmen der Darwin'schen Theorie kann man übrigens auch die Adoption als «biologischen Skandal» bezeichnen. Dieses Verfahren widerspricht allen biologischen Grundsätzen – wahrscheinlich, weil es eben nicht das Ergebnis von biologischen Grundsätzen ist, sondern das Ergebnis außerbiologischer Mechanismen. Susan Blackmore zeigte in ihrem weiter oben zitierten Buch *Die Mem-Maschine*, dass das Adoptions-Mem auch lebensfähig sein kann, wenn es biologischen Prinzipien deutlich widerspricht. Den Memen ist es schließlich gleichgültig, ob wir sie unseren leiblichen Kindern weitergeben oder Adoptivkindern.

Wenn es um die Vererbung von erworbenen Gütern geht, ist die Lage ähnlich. Ein professioneller Investor geht vermutlich effizienter mit Eigentum um als ein Erbe. So gesehen ist die Vererbung tatsächlich ein ökonomischer Skandal: sie widerspricht deutlich den Interessen der Mone. Die Logik der Vererbung entspringt jedoch nicht der Logik der Ökonomie, vielmehr wird sie von Mechanismen wie Memen erschaffen, die der Ökonomie fremd sind, oder von anderen Motivations- oder Verteidigungsmechanismen. Die Vererbung von Eigentum ist aus der Perspektive der Mone irrational, aber sie hat dennoch genauso unvermeidlich Bestand wie etwa die Adoption, die aus der Perspektive der Gene irrational ist.

Jeder Replikator ist *ex officio* egoistisch, eben weil er als Replikator in der Welt keine andere Aufgabe hat, als sich selbst zu reproduzieren. Um dieses Ziel zu erreichen, bemüht er sich, Überlebensmaschinen zu bauen, und es stört ihn nicht im Geringsten, wenn diese Überlebensmaschinen aus Sicht eines anderen Replikators «skandalös» sind. Eigentlich halten ja auch nicht andere Replikatoren oder ihre Überlebensmaschinen diese Überlebensmaschinen für skandalös, sondern Wissenschaftler, die die Überlebensmaschinen einer anderen Art Replikator erforschen. *Sie* sind es, die jene Phänomene nicht verstehen, die der Logik ihres Wissenschaftsbereichs scharf entgegenstehen. So verstehen die Biologen nicht die Adoption und Ökonomen nicht die Vererbung von Eigentum.[83]

Investitionen in Humankapital

Obwohl sich die Frage der gleichsam blinden Vererbung von Eigentum in der Ökonomie nicht als bedeutend erwiesen hat, ist es doch eine Tatsache, dass auf der anderen Seite ein wesentlicher Teil aller Investitionen den Menschen selbst zum Gegenstand hat, um seine Leistungsfähigkeit zu steigern und seine Arbeit wertvoller zu machen. Auch Robinson hat das erkannt und konnte, wenn auch nicht als Kapitän, so doch als Geschäftsführer einer riesigen Gesellschaft seine diesbezüglichen Gedanken durchsetzen und eine Fischereischule einrichten.

Es haben sich dem Kapital zwei Möglichkeiten angeboten, wie es durch die Entwicklung menschlicher Fähigkeiten der zukünftigen Produktion helfen und dadurch zu Mon werden kann. Wenn Sie diese Formulierung zu kompliziert finden, gehen Sie doch zur Definition von Mon auf Seite 241 zurück. Es wird klar werden, warum wir sagen, dass das Kapital diese beiden Möglichkeiten fand und warum wir nicht einfach sagen, dass «es möglich ist, auf zwei Arten in die Entwicklung menschlicher Fähigkeiten zu investieren». Tatsächlich sind es nicht wir, die herausfinden, wo wir investieren sollten, vielmehr manifestiert sich die Evolution der Mone durch uns.

Die erste Möglichkeit besteht darin, dass ökonomische Geschöpfe entstehen, die «gebildete Menschen» erzeugen, welche wertvollere Arbeit verrichten können. Einfacher: Die erste Möglichkeit läuft auf die Einrichtung von Schulen hinaus. In der Tat haben sich Meme, die zur Gründung von Schulen führten, als erfolgreich erwiesen und überlebt. Der schönste Beweis für ihren Erfolg sind wohl die Forschungsergebnisse, die belegen, dass das Entwicklungsniveau der Gesellschaften eng an ihr Bildungsniveau gekoppelt ist.

Die andere Möglichkeit ist komplizierter. Durch die Bildung des Einzelnen gewinnt die Gesellschaft nicht nur wertvollere Arbeitskraft, vielmehr gewinnt auch die wertvollere Arbeitskraft: Sie bekommt einen besser bezahlten Arbeitsplatz. Auch Studierende investieren ins Studium, beispielsweise, indem sie nicht durch Erwerbstätigkeiten Geld verdienen oder teure Lehrbücher kaufen oder Studiengebühr bezahlen.

Der Nobelpreisträger Theodore W. Schultz[84] bestimmte im Rahmen einer gründlichen Untersuchung das Gesamtergebnis von Bildung.[85] Schultz musste für eine sinnvolle Forschung viele komplizierte methodologische Probleme lösen. Beispielsweise ist es schwierig, den Anteil des Lernens zu bestimmen, der als Investition und nicht als Konsum gesehen werden sollte. Ein gebildeter Mensch findet Glück in seiner Gelehrsamkeit und auch in der Weiterbildung. Jener Teil der Erziehung, der zu einer Verbesserung der Lebensqualität führt, ist nicht als Investition in die Arbeitskraft zu sehen – er ist vielmehr eine Investition, die in die Kategorie des Konsums gehört.

Schultz fand jedenfalls als Forschungsergebnis, dass «selbst nach den pessimistischsten Schätzungen der Gewinn durch Bildung in der Nähe des Gewinns durch nichtmenschliches Kapital liegt. Das zeigen jene Schätzungen, die all die staatlichen und privaten Kosten berücksichtigen, welche für Bildung und Erziehung ausgegeben werden, und all die Einkommenseinbußen, die sich durch Schulbesuch ergeben und die all diese Ausgaben als Investition behandeln und nicht als Konsum sehen.»

Es gibt im Hintergrund von Investitionen in Humankapital zwei grundlegend verschiedene Arten von Monen: die Mone der unterschiedlichen Schulen und die Mone des Lernens. Die Überlebensmaschine Schule sind die unterschiedlichen Erziehungseinrichtungen von Kindergarten bis zu Universitäten und darüber hinaus. Die Überlebensmaschinen der Mone des Lernens sind wir selbst. Daten zeigen, dass heutzutage immer mehr Mone Kapital mobilisieren, deren Überlebensmaschinen in gut ausgebildeten Menschen verkörpert sind, die sich lebenslang dem Lernen widmen. Vielleicht ist dies das augenfälligste Beispiel für die wichtige Rolle, die Mone in der Evolution des modernen Menschen spielen.

17. GLOBALES GELD

*Das Aufbegehren gegen die Globalisierung ist
ebenso unsinnig wie ein Aufbegehren gegen den
Gencode, weil es Mücken gibt.*

Die Globalisierung hängt sowohl mit dem Kapital als auch
mit der Informationsgesellschaft zusammen, und deshalb hat
sie auch mit dem Thema unseres Buches zu tun. Die gegen-
wärtige (vielfältige und widersprüchliche) Bedeutung des Begriffs fand weite Verbreitung, als die Sowjetunion und mit ihr
die kommunistische Planwirtschaft zerfiel und die kapitalistische Wirtschaftsordnung keinen wirklichen Rivalen mehr
hatte.

Globalisierung in der Biologie und in der Wirtschaft

Es gibt kein physikalisches oder chemisches Gesetz, aus dem
der genetische Code folgt. Er könnte anders beschaffen sein,
denn theoretisch könnte jede nukleidische Dreiergruppe Ami-
nosäure codieren. Ähnlich wie bei der Gödel-Nummerierung
von Formeln erfüllt jede klare Codierung den Zweck.

Im Fall des genetischen Codes haben sich im Lauf der Zeit
viele Varianten entwickelt. Im Wesentlichen hat nur die eine
überlebt, die wir jetzt als genetischen Code bezeichnen. Auf
diesem von Francis Crick entschlüsselten Code beruhen fast
hundert Prozent der Welt des Lebens, aber es gibt auch Ausnahmen, denn der genetische Code hat «Dialekte», die in wenigen Punkten vom Standard abweichen: Ein oder zwei Nukle-
idtripletts in der DNA dieser Geschöpfe (beispielsweise einige

wenige Blaugrünalgen, der Hefepilz Candida) codieren andere Aminosäuren als üblich.[86] Die Globalisierung des genetischen Codes hat einen rein mathematischen Grund. Wenn sich aus irgendeinem Grund ein Codierungsverfahren weiter verbreitet als ein anderes, kommt es zu einer stärkeren Vermischung der Gene, und die dadurch beschleunigte Evolution bringt rascher besser angepasste, «fittere» Geschöpfe hervor. Deshalb sterben andere Codierungsverfahren, die ebenso gut Grundlage der Evolution sein könnten, mit hoher Wahrscheinlichkeit allmählich aus. Eine Ausnahme ergibt sich nur dann, wenn ein alternatives Codierungsverfahren eine besonders lebensfähige Art hervorbringt – und dafür gibt es Beispiele, so etwa die Mitochondrien, Organellen im Zellinneren, die als «Energiekraftwerke» den Energievorrat regulieren.

Genau wie Gene Lebewesen auf mehrfache Weise codieren können, haben auch Mone vielfältige Möglichkeiten, Unternehmen zu codieren. Anscheinend vereinheitlicht sich auch dieser «monetische» Code; und zwar höchstwahrscheinlich aus demselben Grund, aus dem der genetische Code auf diesem Globus universal wurde. Wenn wir die Welt aus Sicht der Mone und nicht der Gene betrachten wollen, brauchen wir nur die Beispiele im vorigen Absatz auszutauschen. So gesehen ist ein einsehbares und natürliches Merkmal der Globalisierung, dass Investoren im Grunde überall in der Welt, in jedem Industriezweig dieselben Bedingungen stellen. So war beispielsweise Richsons Verhalten nicht durch die besonderen Umstände des Archipels bedingt, vielmehr war Richson ein Repräsentant eines globalen Phänomens. Dabei passte er sich mehr oder weniger den örtlichen Gegebenheiten an, wenn er beispielsweise nicht auf einem geschriebenen Geschäftsplan bestand, aber er war konsistent in der Art, wie er im Geist des globalen Systems seinen Standpunkt als Investor vertrat.

Der mit dem Nobelpreis für Wirtschaftswissenschaften ausgezeichnete Volkswirtschaftler Joseph E. Stiglitz schrieb in seinem Buch *Die Schatten der Globalisierung*: «Globalisierung ist ein Teil des Lebens.» Das Buch handelt vor allem von den schädlichen Auswirkungen der Globalisierung, führt aber nicht aus, warum er das von ihm Gerügte so untrennbar mit dem Leben verbunden sieht. Wir dagegen erkennen schon jetzt, dass der Satz für die von der Evolution des Geldes erschaffene Lebensform nicht nur bildlich, sondern wortwörtlich zutrifft. Ein Aufbegehren gegen die Globalisierung ist ebenso unsinnig wie ein Aufbegehren gegen den Gencode, weil es Mücken gibt.[87]

Glokalisierung

Ein einheitlicher Code (ganz gleich, ob es der globale genetische Code ist oder auch der globale «monetische» Code) ist kein Hindernis für die Entwicklung einer erstaunlichen Vielfalt von Lebewesen. Für Darwins Evolution spielt es keine Rolle, welches spezielle Codierungsverfahren in der Gödel-Struktur wirksam ist. Unabhängig davon und sogar unabhängig von der gesamten Gödel-Struktur erzeugt die Evolution fortwährend immer neue Varianten von Geschöpfen, die eine Überlebenschance haben.

Bei beiden Geschöpfen, den biologischen wie den ökonomischen, gibt es globale, die praktisch überall in der Welt existieren, beispielsweise Schaben, Ratten, Menschen und supranationale Firmen. Die Mehrzahl der Lebewesen jedoch lebt nur in gewissen Bereichen der Welt, und das gilt sowohl für biologische als auch ökonomische Geschöpfe. Auch die lokalen ökonomischen Geschöpfe, die ihre Nische gefunden haben, sind mehr oder weniger in Übereinstimmung mit dem globalen

Code codiert, ihre Lebensfähigkeit jedoch wird von lokalen Bedingungen garantiert.

Viele Menschen fürchten die Globalisierung, weil sie meinen, sie zerstöre lokale Eigenheiten, all das, was ihre nähere Umgebung für sie angenehm und freundlich macht. Das folgt jedoch keineswegs aus der Globalisierung, vielmehr hat sie auch genau entgegengesetzte Tendenzen.

Das Wort Glokalisierung ist eine Zusammenziehung von Globalisierung und Lokalisierung und kann in mindestens zwei radikal verschiedenen Bedeutungen verwendet werden. Einerseits bezeichnet es die Anpassung der Produkte globaler Firmen an den lokalen Markt (beispielsweise die Übersetzung des Markennamens in die dortige Sprache, die Anpassung an den lokalen Geschmack, an Gebräuche oder Dienstleistungen). Andererseits bezeichnet es auch die Effektivität der globalen Spielregeln bei der Gründung von Unternehmen, die lokale Geschäftsmöglichkeiten ausnutzen und in nur kleinen Bereichen der Erde funktionieren. Die Geschichte der Computertechnologie veranschaulicht die beiden Bedeutungen der Glokalisierung erstaunlich gut.

Der Herrgott bestrafte arrogante Menschen, die in Babel einen in den Himmel reichenden Turm bauen wollten, indem er ihre Sprache verwirrte. Die Geschichte dieser globalen Bestrafung lässt sich heute kaum rekonstruieren, aber die Geschichte der Computertechnologie kann helfen. Ihre Anfänge sind, anders als bei der Geschichte der Menschheit, ziemlich gut bekannt, denn sie liegen kaum mehr als ein halbes Jahrhundert zurück.

Als 1968 die Computersprache ALGOL 68 (eine Computersprache, die damals für ein Wunder gehalten wurde, jetzt aber praktisch vergessen ist) eingeführt wurde, gab es über 2200 Programmiersprachen. Jede von ihnen hatte Übersetzungsprogramme für eine bestimmte Art Computer, zu jeder gab es ein umfangreiches Handbuch, und jede wurde von vielen Programmierern glorifiziert. Ein Computer konnte ein Programm, das nicht in seiner Sprache geschrieben war, nicht lesen, weil jeder nur seine Sprache verstand (es gab noch nicht den heutigen «globalen» Computer). Computertechnologen hatten in zwanzig Jahren das hervorgebracht, was Gott in Babel in einem Augenblick schuf – nicht schlecht für Menschenwerk.

Inzwischen jedoch sind einige Jahrzehnte vergangen, und fast alle 2200 Programmiersprachen sind ausgestorben. Auch die ein oder zwei Dutzend Überlebenden werden vereinheitlicht. Inzwischen wurden zudem die Computer standardisiert, und es erscheint uns ganz natürlich, dass der Computer auf unserem Schreibtisch nach denselben Grundlagen arbeitet wie jeder andere PC in der Welt.

Wir schreiben auf der Tastatur dieser globalen Maschine in unserer lokalen Sprache. Wir nutzen das weltweite Web – vielleicht nur einen seiner Winkel, beispielsweise die Webseite unserer Straße, die nur unsere nächste Nachbarschaft betrifft und andere überhaupt nicht interessiert. Die Globalisierung hat in fast allen Bereichen zu Glokalisierung geführt.

Gödels Satz der Ökonomie

In den Kapiteln 12 und 13 betrachteten wir die Gödels Satz entsprechenden Aussagen im Fall der Biologie und des menschlichen Denkens. Aus der in Kapitel 14 betrachteten Gödel-Struktur der Wirtschaft (genauer: aus der Übereinstimmung des Layouts der Tabellen 7 und 8 des Anhangs mit dem der Tabellen 1 und 2) folgt, dass es eine Variante von Gödels Satz gibt, den man «Gödels Satz der Ökonomie» nennen könnte:

Es gibt in jeder kapitalistischen Gesellschaft ein Gut, für das sich im Rahmen der gegebenen Gesellschaft ein Geschäftsplan aufstellen lässt und das deshalb im Prinzip herstellbar ist, aber nicht hergestellt werden kann.

Wieder haben wir lediglich die Worte des Gödel-Satzes, die in den Tabellen 1 und 2 vorkommen, durch die entsprechenden der Tabellen 7 und 8 ersetzt – und natürlich das Wort «Herleitung» durch «Herstellung», weil eben im Wirtschaftsleben Güter hergestellt, Aussagen in der Wissenschaft jedoch hergeleitet werden.

In Gödels Satz der Ökonomie geht es um Wirtschaftsgüter, die für einige Menschen so wertvoll sind, dass sie bereit wären, sie mit einem Preis zu bezahlen, der jemanden motivieren könnte, sie zu produzieren, und deshalb lässt sich ein Geschäftsplan für ihre Herstellung aufstellen. Anders gesagt: Der Satz handelt von Gütern, bei denen sich die Kurven von Angebot und Nachfrage theoretisch schneiden, ihre Herstellung sich also lohnen würde, die jedoch nicht produziert werden. Wir können sie zu Recht *Gödel-Güter* nennen.

Welcher Grund ist denkbar, dass eine Ware, deren Herstellung im Interesse von Produzent und Verbraucher liegt, nicht produziert werden kann? Ist der Kapitalismus ein solch verruchtes System? Ich habe den größten Teil meines Lebens in einem kommunistischen System gelebt und war unablässig der Gehirnwäsche ausgesetzt, wonach die kapitalistische Gesellschaft nicht in der Lage gewesen sei, alle ihre Bürger mit lebenswichtigen Gütern zu versorgen. Es hat sich dann herausgestellt, dass sie durchaus erzeugt werden können, wenn auch nicht überall: Jene, die sich ein engeres Wohlfahrtsnetz wünschen (und sich nicht an höheren Steuern stoßen), bevorzugen den schwedischen Kapitalismus, während jene, die sich mehr

Möglichkeiten wünschen, es zu Reichtum zu bringen, den amerikanischen Kapitalismus reizvoll finden.

Gelegentlich wird eine Ware in einem Land aus gut erkennbarem Grund Gödel'sch, beispielsweise, wenn die rivalisierende Firma eines anderen Landes oder eine transnationale Gesellschaft eine in dem ersten Land entwickelte Technologie aufkauft, um ihre Verwendung zu *verhindern*. Meistens jedoch lässt sich der Grund dafür, dass eine Ware in einer Gesellschaft zu einem Gödel-Gut wird, nicht so gut bestimmen, weil die sozialen Bedingungen, die es dazu machen, schwer zu identifizieren sind.

So reichte der Stand der Technik im 13. Jahrhundert, dem «Zeitalter der Kathedralen», für die Entwicklung des Kapitalismus ohne weiteres aus, und doch begann seine Entwicklung erst Jahrhunderte später. Manche meinen, damals hätten noch die nötigen Finanzierungsmodelle gefehlt, die sich erst in den nächsten drei oder vier Jahrhunderten herausbildeten. In diesem Fall wäre die technische Evolution rascher vorangeschritten als die Evolution der Mone.

Bei ökonomischen Phänomenen lassen sich indessen die Gründe nur schwer letztgültig bestimmen. Anders als in den Naturwissenschaften gibt es kaum Möglichkeiten zum systematischen Experimentieren. Wenn die Akteure der Ökonomie befragt werden, beeinflussen Abwehrmechanismen die Antworten, und die tieferen Gründe bleiben verborgen, wie wir es in Kapitel 9 bei Rationalisierung und Intellektualisierung sahen. Und wenn wir zufällig auf ein Gödel-Phänomen stoßen, so gibt es dafür gar keinen «tieferen Grund», es sei denn, man wollte ihn darin sehen, dass das gegebene Phänomen in der gegebenen Gesellschaft eben ein Gödel-Phänomen und deshalb nicht realisierbar ist.

Solange wir nicht exakt bewiesen haben, dass ein Gut ein

Gödel-Gut ist, wissen wir lediglich, dass es irgendwie in diesem Land nicht erfolgreich hergestellt werden kann. Wenn zahlungskräftiges Interesse an dieser Ware besteht, würden die meisten Unternehmen sicherlich annehmen, sie könne hergestellt werden, nur habe irgendwie noch niemand herausgefunden, wie. Bis Gödel bewies, dass die Kontinuumshypothese nicht widerlegt werden kann, hätten die meisten Mathematiker angenommen, sie könne hergeleitet werden, nur sei der Beweis noch nicht gefunden.

Wenn die Produktion von einem Gut aus einem geheimnisvollen Grund trotz wiederholter Bemühungen scheitert, können wir durchaus zu Recht annehmen, dass die betrachtete Ware in der gegebenen Gesellschaft ein Gödel-Gut ist. Das wird jedoch vermutlich nie ganz klar werden. Unternehmer denken selten so beharrlich theoretisch wie Mathematiker, die die Kontinuumshypothese nie auf sich beruhen ließen. Wenn Unternehmer eine Zeitlang keinen Erfolg haben, fragen sie nicht danach, ob er theoretisch noch möglich ist oder nicht, sondern fangen etwas anderes an.

Die Evolution von Gesellschaften

Gödels Satz der Ökonomie garantiert, dass es in jeder kapitalistischen Gesellschaft Menschen gibt, die mit einiger Berechtigung deshalb unzufrieden sind, weil einige für sie wertvolle Güter in dieser Gesellschaft nicht produziert werden, obwohl ihrer Herstellung theoretisch nichts entgegensteht. Gelegentlich kann der freie Handel helfen, obwohl einige Güter, etwa das Wohlfahrtswesen, lokal gebunden sind. Es ist auch möglich, dass sich das nicht verfügbare Gut zufriedenstellend durch ein anderes ersetzen lässt, so etwa ein Wohlfahrtssystem durch Versicherungen. Und wenn jemand ein Gut unbedingt braucht, das er bei sich daheim nicht erhalten kann, bleibt die Möglichkeit des Umzugs dorthin, wo es das Gut gibt. Vor allem: Kapitalistische Systeme verändern sich unablässig, in jedem Land, in jedem anderes.

Unser Modell macht verständlich, warum sich selbst innerhalb desselben Grundsystems, des Kapitalismus, so viele Arten von Gesellschaften entwickeln können. Menschen halten je nach der ihnen vertrauten Kultur, den Klimabedingungen und ihren Sitten und Gebräuchen jeweils andere Güter für unentbehrlich und finden es unerträglich, wenn sie sich als Gödel-Güter erweisen. Deshalb haben sich auf der Grundlage der freien Marktwirtschaft viele kapitalistische Gesellschaftssysteme entwickeln können, und alle können von Dauer sein.

Widerspricht das nicht der Globalisierung? Wir konnten in dem Bereich noch nicht viel Erfahrung ansammeln, weil die ökonomische Globalisierung ein sehr neues Phänomen ist. Aber die Tabellen in Kapitel 15 lassen sich aufgrund der Erfahrungen der Biologie auch zur Vorhersage von sozial-ökonomischen Phänomenen verwenden, was dadurch gerechtfertigt ist, dass die Phänomene in den Tabellen in derselben Logik funktionieren, unabhängig davon, ob sie biologisch, psychologisch oder ökonomisch sind.

In der Biologie ermöglicht der globale genetische Code die verschiedensten Spezialisierungen von Zellen und damit die Entwicklung unterschiedlicher Körper und Organe. Von Tabelle 1 in Kapitel 15 (Seite 270) lässt sich ablesen, dass Zellen in der parallelen Gödel-Struktur den Gesellschaften entsprechen. Deshalb können wir behaupten, dass der globale «monetische» Code die Vielfalt der Gesellschaften ermöglicht. Die ökonomische Globalisierung behindert nicht die Entwicklung und das Überleben aller Arten von kapitalistischen Gesellschaften, sondern fördert sie. Die Globalisierung ist ein Teil des Lebens, und die Vielfalt der kapitalistischen Gesellschaften ist ein Teil der Globalisierung.

Gödels Satz der Ökonomie (genauer: unser Modell, aus dem dieser Satz folgt), zeigt, *dass die Evolution möglicherweise über Antriebskräfte verfügt, die sich von den drei Bedingungen Darwins unterscheiden und doch unablässig und machtvoll wirken* – ein Beispiel wäre die Gödel-Natur eines Produkts, das im Wirtschaftssystem einer bestimmten Gesellschaft als Mem für wichtig gehalten wird.

Die Aussagekraft unseres Modells zeigt sich darin, dass es, obwohl es eigentlich nur die Darwin'sche Evolution beschreiben sollte, auf die Möglichkeit anderer Arten von Evolution hinweist. Ein Beispiel dafür ist die Evolution kapitalistischer Gesellschaften, deren Antriebskraft Gödels Satz der Ökonomie ist und deshalb nach unserem Verständnis keine Darwin-Evolution. Sicherlich gibt es andere, vielleicht wichtigere Gründe, warum die Evolution von Gesellschaften keine Darwin-Evolution ist, aber zum Beweis genügt schon einer.

Wenn die Evolution von Gesellschaften keine Darwin-Evolution ist, hat sie nicht einmal am Rande mit dem Thema unseres Buchs zu tun. Trotzdem ist die Frage gerechtfertigt, ob es nötig war, dass die Evolution des Geldes bei der Evolution menschlicher Gesellschaften eine so wichtige Rolle spielte, und dass sich kapitalistische Gesellschaften – deren Existenz in diesem Buch vorausgesetzt wird – entwickelt haben.[88]

Die Richtung der sozialen Evolution

Das Auftauchen des neuen Replikators Mon war sicherlich unvermeidlich. Wenn Tausch Werte schafft (wie wir in Kapitel 6 im Fall von Mr. Bookish und Mr. Fitness sahen), war die Menschheit früher oder später gezwungen, Geld zu erfinden. Wir sahen auch, wie das Prinzip der komparativen Vorteile im Wirtschaftsleben zwangsläufig aufgrund der Produzentenrente zu einer neuen Art von (nichtchemischen) autokatalytischen Prozessen führt. Und wenn der Mensch ein Geschöpf mit einer Zeitpräferenz ist, dann musste es früher oder später zu einer Form von Kapital kommen. Folglich bedingen menschliche psychologische Grundmechanismen, etwa jene, die wir in Kapitel 9 kennenlernten, dass Kapital eine neue Art von Replikator werden kann, und das führt zur Evolution von «ökonomischen Geschöpfen», die von Monen erzeugt werden, und auch zu der Evolution vieler anderer verwandter Erscheinungen; beispielsweise wird im Lauf der Zeit auch eine Form von Globalisierung beginnen.

Als wir die Biologie des Geldes untersuchten, taten wir nichts anderes als Biologen, die existierende biologische Wesen beobachten und beschreiben und damit den jeweiligen Stand der Evolution als gegeben hinnehmen, ohne sich um all die anderen Geschöpfe zu kümmern, deren Existenz vorstellbar ist. Auch wir haben nur das tatsächlich vorhandene Ergebnis der Evolution des Geldes analysiert und vorstellbare andere Möglichkeiten vernachlässigt.

Gleichwohl haben die Experimente mit dem TIERRA-Programm gezeigt, dass die Evolution, von gleichen Anfangsbedingungen ausgehend, sehr unterschiedliche Geschöpfe und Ökosysteme hervorbringt. Dabei ist eines sicher: Unabhängig davon, wie sich die Evolution entwickelt, gibt es immer Geschöpfe, welche Möglichkeiten des Lebens wahrnehmen, die uns nicht reizvoll erscheinen. Beispielsweise traten in TIERRA früher oder später immer Parasitenprogramme auf. Es sind weder Gene noch Mone, sondern Meme, die bestimmen, ob gewisse Geschöpfe (biologische wie Mücken oder ökonomische wie Richsons Unternehmen) von jemandem gemocht oder nicht gemocht werden.

Unsere heutige Welt wird fortwährend nicht nur von der Evolution der Gene geformt, sondern auch von der Koevolution verschiedener Arten von Geschöpfen, die von unterschiedlichen Replikatoren erzeugt werden. Meme haben «Gedankenwesen» erzeugt, die mit der Bekämpfung oder sogar Ausrottung anderer Arten von Replikatoren zu tun haben. Der Mensch hat es mittels seiner Meme geschafft, nicht wenige Tier- und Pflanzenarten aussterben zu lassen, und auch einige antikapitalistische (oder vielmehr «Anti-Mon»-)Meme haben sich über lange Zeit hinweg als lebensfähig erwiesen.

Gleichzeitig haben sich andere Meme entwickelt und sind stärker geworden: Mit ihrer Hilfe haben wir verstanden, dass wir beispielsweise Mücken nicht ungestraft ausrotten dürfen, denn damit würden wir das von der Evolution bewirkte Gleichgewicht empfindlich stören, und der Prozess der Evolution müsste womöglich von vorn beginnen. Das liegt nicht im Interesse der Meme, denn das würde sie auch vernichten, und wer weiß, ob sich wieder bewusste Wesen entwickeln könnten, in deren Gehirnen die Evolution der Meme anfangen könnte. Ähnlich kann der extreme Erfolg der «Anti-Mon»-Meme zu einer Situation führen, in der die ökonomische Evolution nach einem Rücksturz in die Steinzeit neu begänne – und auch das würde nicht garantieren, dass diese neue Evolution weniger unangenehme, aber vorzüglich gedeihende ökonomische Geschöpfe hervorbringen würde.

All das besagt nicht, dass der Kapitalismus notwendigerweise das Endstadium in der Evolution der Gesellschaften darstellt. Da die Evolution der Gesellschaften keine Darwin-Evolution ist, spielen hier außer den Replikatoren viele andere Faktoren eine wichtige Rolle, aber deren Betrachtung würde den Rahmen dieses Buchs sprengen. Wir können die Entwicklung von Gesellschaften nicht allein auf der Grundlage der Darwin-

Evolution von Replikatoren verstehen, sondern lediglich sagen, dass sie nicht auf Dauer im Konflikt mit der Evolution der einzelnen Replikatoren ablaufen kann, weil das die biologische, intellektuelle oder ökonomische Grundlage der Existenz von Gesellschaften untergraben würde – wie wir es beim Versagen des kommunistischen Systems beobachten konnten.

Alle auf Replikatoren beruhenden Darwin-Evolutionen verlaufen vollkommen ziellos und sind größtenteils Zufallsprozesse. Sie sind unumkehrbar und können absichtlich nur sehr begrenzt beeinflusst werden. Genauso wenig wie wir die Evolution verändern können, damit uns keine Mücken mehr stechen, können wir die Evolution der Meme oder Mone nicht nach unserem Geschmack formen, obwohl jeder unserer Gedanken in ihnen eine gewisse Rolle spielt, auch die antikapitalistischen Meme. Insgesamt weist die Evolution der Mone wahrscheinlich in die Richtung der Entwicklung von «ökonomischen Wesen», die die Grundlagen für immer neue Formen des Kapitalismus legen, während die Evolution der Meme auf die volle Entwicklung des *Homo informaticus* zusteuert.

Die Finanzgeschäfte des *Homo informaticus*

Die Evolution der Mone hängt aus mehreren Gründen eng zusammen mit der Entwicklung der Informatik. Ein Grund war das Verlassen der «Straße der gelben Ziegel», also des Goldstandards, mit der folgerichtigen Entwicklung des Kreditwesens. Wir haben uns in diesem Buch nicht mit dem modernen Kreditgeld beschäftigt, weil das unsere Grenzen überschritten hätte. Es genüge die Erwähnung, dass der Umgang mit Krediten die Fähigkeit voraussetzt, gewaltige Mengen an Information verarbeiten zu können.

Die Entwicklung der Finanztechnologie und der Informationswissenschaft haben einander wechselseitig beschleunigt, und beide wiesen in Richtung Globalisierung, die ihrerseits Glokalisierung bewirkte. Allmählich lernen wir, mit der Glokalisierung zu leben, lokal gegebene Vorteile zu nutzen und uns nicht mit den ihr zugrundeliegenden globalen Strukturen abzugeben, die wir wegen ihrer Größe gar nicht bewältigen können. *Homo informaticus* wird all das ganz natürlich finden und sich vermutlich nur schwer vorstellen können, dass es früher einmal nicht existierte. Schon heute haben junge Menschen Schwierigkeiten, zu verstehen, wie ihre Eltern einander fanden, als sie jung waren und es noch keine Mobiltelefone gab. Selbst ich verstehe es immer weniger, obwohl ich mich an jene Zeiten erinnere.

Wir begegneten *Homo informaticus* zuerst in Kapitel 5 als einem Produkt der Koevolution von Genen und Memen: der Anteil der Evolution des Geldes an der Evolution des *Homo informaticus* wurde nur kurz erwähnt. Tatsächlich jedoch geben wir immer größere Geldbeträge im Internet-Handel aus, und immer mehr Menschen verdienen dort ihr Geld. Wir haben kaum noch Schwierigkeiten damit, dem virtuellen Geld zu vertrauen, das wir nur auf dem Bildschirm eines Computers (oder des Mobiltelefons) sehen. Für *Homo informaticus* wird virtuelles Geld so natürlich sein wie für uns ein mit einer europäischen Brücke oder einem Präsidenten der USA bedrucktes Stück Papier. Warum sollte es Geld in anderer als virtueller Form geben, wenn es bei ihm sowieso nur um Information geht?

Viele Menschen fühlen sich unwohl, wenn sie an die Macht des Kapitals denken, weil diese Macht zunehmend gesichtslos ist. Früher, als Kapital mehr oder weniger persönlich durch seinen Besitzer, etwa Richson, repräsentiert wurde, ärgerte man sich speziell über Richson, wenn man Geldprobleme hatte. Inzwischen hat sich Kapital als Mon jedoch so komplexe Überlebensmaschinen gebaut, dass es nicht länger von einem

Menschen oder auch einer Gruppe von Menschen personifiziert wird. Im Fall der komplexen Finanzgeschöpfe sehen wir Lebensformen, die aus völlig anderem «Material» bestehen als wir oder unsere Gedanken. Sie werden nicht von Genen oder Memen gebaut, sondern von radikal unterschiedlichen Arten von Replikatoren: von Monen. Die Evolution der Mone haben sie so komplex geformt.

Kein Wunder, dass wir globales Kapital gesichtslos finden: Es ist eine vollkommen andere Lebensform als jene, an die wir gewöhnt sind und mit denen wir uns im Lauf der Jahrtausende mehr oder weniger angefreundet haben. Kein Wunder, dass viele Menschen sich von dieser unbekannten Macht bedrängt fühlen, deren Gegenwart sich auf Schritt und Tritt bemerkbar macht. Die Macht der Naturkräfte, die der Mensch kaum beeinflussen kann, hat Menschen immer überwältigt, und nur ein tieferes Verständnis dieser Naturkräfte gewährte Erleichterung.

Für *Homo informaticus* wird es vermutlich ganz natürlich sein, dass auch Information ein fassbares, unmittelbar zum Gebrauch bestimmtes Ding ist. Es könnte selbstverständlich werden, dass Mone, diese immateriellen Replikatoren, die lediglich aus speziell geordneter Information bestehen, etwas hervorbringen, das unser Leben auf Schritt und Tritt beeinflusst. Diese Überlegung war schon im Fall der Gene schwer nachzuvollziehen, obwohl der Replikator nicht immateriell ist, denn Gene sind mikroskopisch «erfassbar».

Homo informaticus findet die komplexen, von Monen geschaffenen «Finanzwesen» vielleicht viel weniger fremd und gesichtslos als sein Vorfahre *Homo sapiens*. Festverzinsliche Papiere oder ein Hedgefonds sind für ihn als ökonomische Einheiten nicht seltsamer als eine Autofirma oder ein Pflaumenbaum. Sie sind lediglich Geschöpfe, die die Lebensformen unserer Umwelt hervorgebracht haben.

Theater ohne Regisseur

Leben wird von Replikatoren erschaffen. Wir Menschen geben nur den Schauplatz ab, auf dem rein egoistische Replikatoren um ihr Überleben kämpfen. Dies gilt auch für alle anderen biologischen Wesen: Jedes Lebewesen ist der Schauplatz des Überlebenskampfes der Gene, die es ausmachen. Auf dem Schauplatz, den der Mensch darstellt, kämpfen mehrere Arten von Replikatoren gleichzeitig, und jede Art verändert unablässig den Schauplatz der anderen.

So also spielt sich ein vom täglichen Wirken der Evolution und der Koevolution der verschiedenen Lebensformen inszeniertes globales Lebensdrama ab. Biologische, geistige und ökonomische Lebensformen folgen derselben Logik. Egoistische Replikatoren probieren einander in allen möglichen Kombinationen aus und prüfen, ob sie irgendwo erfolgreicher sein können als woanders. Es gibt keinen Regisseur, allein die natürliche Auslese wählt unter den spontan erschaffenen Varianten der Lebewesen aus.

In der Reihe der Replikatoren steht Geld (als Mon) weder höher noch tiefer als die Replikatoren, die früher ins Bild kamen. Heutige Menschen sind die Produkte der Evolution nicht nur von Genen und Gedanken (oder Memen, um genauer zu sein), sondern auch die der neuen Replikatoren, die in Form von Information auftauchen. So entwickelt sich vor unseren Augen der *Homo informaticus*.

Unser Körper ist die Überlebensmaschine unserer Gene. In unseren Gehirnen kämpfen Meme um ihr Überleben; unsere Gedanken sind nichts als die Lebenszeichen der Überlebensmaschinen der Meme. Außerdem dienen wir dem Geld (oder vielmehr den Monen) als Überlebensmaschine, um unseren Lebensunterhalt zu erwerben. Dazu zwingen uns nicht nur unsere Grundbedürfnisse; vielmehr hat sich der Gedanke, dass möglichst viele Menschen bei ihrer Arbeit *Flow* finden sollten, als erfolgreiches Mon erwiesen, und deshalb stellen sich immer mehr Unternehmen mit ihren Organisationsformen darauf ein. Mehr noch, immer mehr Firmen investieren in unsere Weiterbildung, fördern also, dass wir immer mehr zu Überlebensmaschinen von Monen werden.

Wir sind bewusste Wesen. Aufgrund der Struktur unseres Gehirns können wir uns für Regisseure halten. Damit droht uns das, was die alten Griechen *Hybris* nannten. In der griechischen Tragödie ist dieser Hochmut ein Schlüsselbegriff, eine tragische Bedrohung, die die Katastrophe auslöst und den Helden zu Fall bringt. In den griechischen Schicksalsdramen zeigt sich Hybris gewöhnlich als Überheblichkeit gegenüber den Göttern. Viele Tragödien des modernen Lebens sind Folgen der Überheblichkeit gegen die Darwin'sche Evolution. Unabhängig davon, ob der Mensch sich über die biologische, geistige oder ökonomische Evolution zu erheben sucht, *Hybris* bleibt auch heute nicht ungestraft.

ANHANG

Wenn Sie Ihr Wissen vertiefen möchten, finden Sie in den folgenden Tabellen eine Zusammenstellung der Gödel-Strukturen der in diesem Buch behandelten Lebensbereiche. Aus diesen Tabellen geht in voller Klarheit hervor, warum wir den vier Arten von Gödel-Strukturen dieselbe logische Struktur zuweisen.

Die Gödel-Struktur der formalen Logik

	Rolle im System	Elemente des Systems	Bemerkungen
1.	Um was es im Gesamtsystem geht	Objektiv wahre Aussagen	Mögliche wissenschaftliche Wahrheiten
2.	Grundelemente, die Bausteine der Logik	Einfache Formeln	Die kleinsten formalen Einheiten, die eigene Bedeutung haben
3.	Die codierte (passive) Form einer Aussage	Formale Aussage	Konstruiert aus einfachen Formeln – wenn wir wissen, dass sie wahr ist, kann sie etwas über die Welt aussagen
4.	Grundlegende Hardware	Axiomensystem und Herleitungsregeln	Was im System unveränderlich ist
5.	«Mächtige» grundlegende Hardware	Das Axiomensystem enthält die Peano-Axiome	Unendlich kommt im System vor und ist, wie Gödel bewies, selbstbezüglich
6.	Aktive Form einer Aussage	Hergeleitete Aussage	Wir wissen ohne weiteres, dass sie immer wahr ist

Rolle im System	Elemente des Systems	Bemerkungen
7. Äußere Mechanismen. Sie sind notwendig für den Betrieb eines Systems	Ein denkendes menschliches Gehirn ODER ein geeignet programmierter Computer	Wer immer (oder was immer) die formalen Aussagen in Worte fasst und herleitet und so das ganze System betreibt
8. Das Ergebnis der aktiven Formen	Wissen über die Welt	Der gegenwärtige Stand der Wissenschaft

Tabelle 1. Die Systemumgebung der Selbstbezüglichkeit

Die erste Zeile der Tabelle zeigt, um was es der formalen Logik geht: Es geht um objektiv wahre, in einem System formal herleitbare Aussagen. Das bestätigt, um was es der mathematischen Logik (und der Naturwissenschaft insgesamt) geht, nämlich objektive Aussagen. Objektivität bedeutet, dass jeder, der die Spielregeln akzeptiert, zu demselben Schluss über dieselben Dinge gelangt und dieselben Aussagen macht wie seine Mitspieler. Die Ergebnisse der von unseren Sinnen wahrgenommenen empirischen Beobachtungen werden als objektive Aussagen genommen (in der Mathematik sind sie Axiome, Wahrheiten, die keinen weiteren Beweis brauchen), und das gilt auch für die auf diesen Beobachtungen beruhenden und mit Hilfe der formalen Logik gezogenen Schlüsse. Die so erhaltenen Sätze gelten im Rahmen des betrachteten Axiomensystems auch dann als objektive Aussagen, wenn das Axiomensystem selbst in Frage gestellt werden kann.

Natürlich können wir nicht alle wahren objektiven Aussagen kennen. Innerhalb eines gegebenen Zweiges der Wissenschaft bestimmt das Interesse der Wissenschaftler, mit welchen objektiv wahren Aussagen sie sich befassen wollen. Das kann sich von Zeit zu Zeit ändern. Fragen, die Wissenschaftler früherer

Zeiten interessierten, können uninteressant werden, wenn neue, aufregendere Probleme auftauchen. Gelegentlich lassen sich Antworten auf alte Fragen in die neuen Theorien einbauen, häufig jedoch interessieren alte Antworten nicht mehr, und dann verlieren sie sich im Nebel der Zeiten. Biologisch gesprochen: Sie sterben aus.

Die zweite Zeile nennt die Grundelemente des formalen Systems. Dazu gehören Axiome und Aussagen, die sich mit Hilfe von Herleitungsregeln aus Axiomen folgern lassen. Mathematiker definieren Grundelemente gewöhnlich komplizierter – mit gutem Grund, aber wir gehen hier nicht auf die Einzelheiten ein.

Die dritte Zeile nennt alle formal geschaffenen Formeln, unabhängig von ihrer Bedeutung. Einige der regulären Formeln sind Ausdruck interessanter Wahrheiten über die Welt, andere besagen Uninteressantes oder Selbstverständliches, wieder andere etwas Falsches, aber auch sie können mehr oder weniger interessant sein.

Die vierte Zeile der Tabelle betrifft das, was das formale System selbst bestimmt. Die Axiome und Herleitungsregeln verhalten sich wie die Hardware eines Computers: sie sind fest und unveränderlich, solange nicht das System radikal verändert wird. Sie haben keine eigene Bedeutung, bestimmen aber, mit welcher Software der vorgegebene Computer arbeiten kann.

Die fünfte Zeile der Tabelle enthält die Voraussetzung für Gödels Theorem. Gewöhnlich sagt man, das formale System müsse «mächtig genug» sein, um die allgemeine Meinung auszudrücken, dass die Reihe der ganzen Zahlen unendlich ist. Dies ist notwendig, damit der in Tabelle 2 gezeigte Mechanismus ohne praktische Einschränkungen funktioniert.

Von der sechsten Zeile an sind die Bestandteile der Tabelle wiederum unabhängig von Gödels Theorem und Ideen. Sie sind Ergebnisse, die beim Ablauf des Systems auftauchen und seine Verbindungen mit der Außenwelt beschreiben. Diese Verbindungen bestimmen die Aussagen, auf deren Herleitung das weitere Funktionieren des Systems ausgerichtet sein sollte.

In der sechsten Zeile der Tabelle geht es um die «Software». In unserem Fall entspricht die Software den hergeleiteten Aussagen über die Welt, also das, was unsere wissenschaftliche Kenntnis von der Welt ausmacht. Sie ergeben sich aus dem Funktionieren des Systems – falls es etwas gibt, das das System antreibt, also irgendwie Software entsteht.

Die siebte Zeile der Tabelle handelt davon, wie Software geschaffen wird. Als Software bezeichnen wir diejenigen Mechanismen, die den Ablauf des Systems von außen steuern, also beispielsweise Menschen, die mit Hilfe der Logik wissenschaftliche Aussagen herleiten. Diese Rolle kann auch ein Computer spielen, der auf die Herleitung von Theoremen programmiert ist.

Schließlich betrachten wir in der letzten Zeile der Tabelle das ganze System von außen und stellen fest, wohin die Operation der untersuchten Struktur eigentlich führt. Die Produkte des funktionierenden Systems sind in unserem Fall unsere wissenschaftliche Kenntnis von der Welt.

Rolle im System	Elemente des Systems	Bemerkungen
1. Ausgangspunkt: die passive, codierte Form der Aussage	Formale Aussage	Ein wissenschaftliches (also formal behauptetes) Problem
2. *Aktivierung*	↓	*Gödel-Nummerierung der Formeln (die Konvention ist beliebig)*
3. Vermittler	Zahl	Ein Grundelement im System der formalen Logik erhält durch Gödel eine neue Rolle

Rolle im System	Elemente des Systems	Bemerkungen
4. *Interpretation*	↓	*Gödel-Nummerierung der Herleitungen (die Konvention ist beliebig)*
5. Elemente entstehen, die die Welt aktiv beeinflussen	Herleitung einer Aussage	Beweis eines wissenschaftlichen Satzes
6. Organisation	↓	Externe Mechanismen nutzen die neu hergeleiteten Aussagen
7. Funktionierende (wahre) Aussage	Hergeleitete formale Aussage	Neues Wissen über die Welt
8. Wirkung auf die Welt	Die wissenschaftliche Theorie ist aussagekräftiger geworden	Der wissenschaftliche Satz erhält Bedeutung für menschliches Denken
9. *Auslese*	*Interesse der Wissenschaftler, Anwendungsmöglichkeiten*	*Als Ergebnis des neuen Wissens kann altes Wissen uninteressant werden (es bleibt wahr, interessiert aber nicht mehr)*
10. *Die Wissenschaft macht Fortschritte*	↓	*Neue Fragen werden formuliert*
11. Passive Codes neuer Aussagen entstehen	Neue formale Aussagen entstehen	Neue wissenschaftliche Probleme, im Allgemeinen auf alten aufbauend

Tabelle 2. Der Mechanismus der Selbstbezüglichkeit

Die ersten fünf Zeilen der Tabelle sind Ausdruck der beim Beweis von Gödels Theorem benutzten Grundgedanken. Die Gödel-Nummerierung der Formeln und ihre Herleitung werden von Mechanismen außerhalb des Systems (Mensch oder Computer) durchgeführt. Deshalb kommen diese Reihennummern im System nicht vor.

Zur dritten Zeile der Tabelle ist eine Bemerkung angebracht. Von außen gesehen, haben die Zahlen im System eine seltsame Rolle erhalten. Diese Rolle (genauer: diese duale Rolle, denn es gibt zwei Arten von Codierungen, wie die Zeilen 2 und 4 der Tabelle besagen) ist eine ganz andere als jene, die Zahlen in früherem wissenschaftlichem Denken spielten; in dieser Rolle erscheinen Zahlen nicht mehr als Größen.

Die sechste Zeile berücksichtigt erstmals die Wirkung des formalen Systems auf die Außenwelt. Die Produkte des Systems beeinflussen die Menschen, die die Außenwelt darstellen, und die hergeleiteten Aussagen werden von ihrem Verstand zu wissenschaftlichen Kenntnissen verarbeitet. Gleichzeitig, und ebenfalls außerhalb des Systems, führen die in den Köpfen der Menschen hergeleiteten wissenschaftlichen Erkenntnisse zu weiteren wissenschaftlichen Fragen.

Bis zur siebten Zeile der Tabelle dienen die äußeren Mechanismen dem System lediglich als Antrieb, die von ihnen bewirkten Funktionen jedoch bleiben vollständig innerhalb des Systems. Die Pfeile in der Tabelle deuten die von externen Mechanismen angetriebenen Prozesse an – ihnen entspricht im System kein Akteur. Die entsprechenden Zeilen der Tabelle sind kursiv gedruckt. Diese Prozesse lassen sich nicht vollkommen innerhalb des Systems verstehen, obwohl sie Aufgaben erfüllen, die für das Funktionieren des Systems grundlegend sind.

Die Ereignisse der achten Zeile der Tabelle spielen sich vollständig außerhalb des Systems ab, wenn auch durch die Wirkung seiner Funktion und Produkte.

Das Endergebnis der letzten Reihe der Tabelle zeigt, dass sich neue formale Aussagen ergeben und für Forscher interessant werden. Ihre Herleitungen können wiederum nur im formalen System durchgeführt werden. Damit kehren wir zur ersten Zeile der Tabelle zurück.

Die Gödel-Struktur des biologischen Lebens

Rolle im System	Elemente des Systems	Bemerkungen
1. Um was es bei dem System geht	Biologische Geschöpfe	Die Gesamtheit des biologischen Lebens, unabhängig davon, ob es existiert oder nur möglich ist
2. Grundelemente, die Replikatoren	Gen	Jede der in Kapitel 2 genannten Definitionen eignet sich hier
3. Die codierte (passive) Form eines Gedankens	DNA	Ein riesiges Schablonenmolekül, das die Gene enthält
4. Grundlegende Hardware	Zelle	Von einer Membran umgebene chemische Maschinerie, die die DNA kopiert
5. «Mächtige» grundlegende Hardware	«Reiche» Zellumgebung (also biologische Zelle)	Dort sind die notwendigerweise freien Nukleotide und Aminosäuren in hinreichender Menge vorrätig (durch autokatalytische Prozesse)
6. Aktive Form eines Lebewesens	Lebensfähiges Geschöpf, das sich reproduzieren kann	Eine manifeste Überlebensmaschine für Gene
7. Externe Mechanismen, die zur Konstruktion und Operation der Überlebensmaschine eines Lebewesens nötig sind	Psychologische und soziale Mechanismen	Reduzierung kognitiver Dissonanz, Verteidigungsmechanismen, Emotionen, gesellschaftliche Konventionen, etc.
8. Das Ergebnis der aktiven Formen	Anzeichen von Leben	Die Vielfalt der biologischen Lebensfunktionen

Tabelle 3. Die Systemumgebung der Selbstreproduktion

In den Tabellen 3 und 4 habe ich die Abbildung des Zentraldogmas aus Hofstadters Buch *Gödel, Escher, Bach* an die Struktur
der Tabellen 1 und 2 angepasst. Jede Zeile der Tabellen wurde
durch jene biologischen Größen ersetzt, die dieselbe logische
Rolle spielen wie ihre abstrakten Elemente in derselben Zeile der
Tabelle der formalen Logik. Damit soll nicht gesagt sein, dass
beispielsweise das in der dritten Zeile 3 von Tabelle 4 erwähnte
mRNA (Boten-RNA) lediglich eine Zahl ist, wir sagen nur, dass
es im System dieselbe Rolle spielt: im biologischen Leben wird
diese Funktion durch die mRNA erfüllt.

Rolle im System	Elemente des Systems	Bemerkungen
1. Ausgangspunkt: die passive, codierte Form eines Lebewesens	DNA	Eine Nukleotidkette, die ein Lebewesen codiert
2. *Aktivierung*	↓	*Die Nukleotidpaare der DNA schaffen die Boten-RNA*
3. Vermittler	mRNA	Boten-RNA, die auf der DNA-Kette beruht und auf der Grund-lage, auf der sich die Proteine ansammeln
4. *Interpretation*	↓	*Der genetische Code: wie die vier Nukleid-säuren die Proteine codieren (willkürliche Konvention)*
5. Elemente entstehen, die die Welt aktiv beeinflussen	Konstruktion der Proteine	Auf der Grundlage der vom genetischen Code codierten «Befehle»
6. *Organisation*	↓	*Proteine organisieren sich zu Lebewesen*
7. Lebensfähige, «funktionierende» Lebewesen	Erschaffung eines neuen Individuums	Das Lebewesen wird Teil der Umwelt und beeinflusst seinerseits die Umwelt

Rolle im System	Elemente des Systems	Bemerkungen
8. Wirkung auf die Welt	Reichere lebendige Welt	Das Lebewesen verändert die evolutionäre Umwelt
9. Auslese	Natürliche Auslese	Nach Darwins Theorie ist sie der einzige in der Evolution wirkende Mechanismus
10. *Das Leben geht weiter*	↓	*Das Geschöpf pflanzt sich fort, erschafft neue Lebewesen*
11. Passive Codes neuer Geschöpfe entstehen	Neue DNA wird konstruiert	Die neue DNA besteht im Wesentlichen aus alten Genen.

Tabelle 4. Der Mechanismus der Fortpflanzung

Die Gödel-Struktur des alltäglichen Denkens

Rolle im System	Elemente des Systems	Bemerkungen
1. Um was es bei dem System geht	Subjektiv interessante Dinge	Dinge, die es möglicherweise wert sind, dass man über sie nachdenkt, sie in Beziehung setzt oder gut kennt.
2. Grundelemente, die Replikatoren	Meme	Siehe Kapitel 4
3. Die codierte (passive) Form eines Gedankens?	**?** Vielleicht das, was das Langzeitgedächtnis enthält?	Es gibt Zeichen, die darauf hinweisen, dass die passive Form von Gedanken sich darin zeigt, wie sie im Langzeitgedächtnis gespeichert werden (aber der Speichercode ist noch nicht bekannt)

Rolle im System	Elemente des Systems	Bemerkungen
4. Grundlegende Hardware	Gehirn	Überlebensmaschine der Meme
5. «Mächtige» grundlegende Hardware	Menschliches Gehirn, das zur Nachahmung fähig ist	Auch das Gehirn von Homo informaticus (siehe Kapitel 5)
6. Aktive Form eines interessanten Dings	Kognitives Schema	Überlebensmaschine der Meme
7. Externe Mechanismen, die zur Konstruktion und Operation der Überlebensmaschine der Meme benutzt werden	Psychologische und soziale Mechanismen	Reduzierung kognitiver Dissonanz, Abwehrmechanismen, Emotionen, gesellschaftliche Konventionen etc.
8. Das Ergebnis der aktiven Formen	Gedanken / Ideen	Das Lebewesen verändert die evolutionäre Umwelt

Tabelle 5. Die Systemumgebung der Meme

Ich erläutere die Tabellen 5 und 6 nicht weiter – bilden Sie sich selbst ein Urteil darüber, wie überzeugend oder schwach die Argumente für die Gödel-Struktur der Meme sind. Die meisten der in Tabelle 6 erwähnten Versuchsergebnisse finden sich in meinem früheren Buch «Die Grenzen der Vernunft».

Rolle im System	Elemente des Systems	Bemerkungen
1. Ausgangspunkt: die passive, codierte Form eines Gedanken, einer Idee	Langzeitgedächtnis **[?]**	Versuchsergebnisse zeigen, dass Denken gewöhnlich von kognitiven Schemata ausgeht, die im Langzeitgedächtnis codiert sind

Rolle im System	Elemente des Systems	Bemerkungen
2. *Aktivierung*	↓	*Höchstwahrscheinlich gibt es im Hintergrund eine recht zufällige Codierungs-Konvention – die Einzelheiten sind noch nicht bekannt*
3. Vermittler	Kurzzeitgedächtnis **[?]**	Versuchsergebnisse lassen vermuten, dass das Kurzzeitgedächtnis beim Denken eine Mittlerrolle spielt
4. *Interpretation*	↓	**?** *
5. Elemente entstehen, die die Welt aktiv beeinflussen	**?** *	Die speziellen Wege und Methoden der Vermittlung sind noch nicht bekannt
6. *Organisation*	↓	**?** *
7. Funktionierende, sich bewährende Gedanken und Ideen	Entwicklung eines neuen kognitiven Schemas	Die Entwicklung effizienterer und komplexerer kognitiver Schemata
8. Wirkung auf die Welt	Reichere Gedankenwelt	Das neue Wissen beeinflusst die Kognition
9. *Auslese*	*Das Interesse der Menschen*	*Die Evolution kann auch hier nur nach Darwins Prinzipien wirken*
10. *Das Leben geht weiter*	↓	*Gedanken und Ideen führen zu neuen Gedanken und Ideen, die Perspektive weitet sich, der Horizont weitet sich*
11. Passive Codes neuer Gedanken und Ideen entstehen	Neues Wissen wird im Langzeitgedächtnis gespeichert	Experimentelle Hinweise zeigen, dass Denken zu Speichern führt

* noch unbekannte Elemente oder Mechanismen des Systems

Tabelle 6. Der Mechanismus der Meme

Die Gödel-Struktur in der Ökonomie

	Rolle im System	Elemente des Systems	Bemerkungen
1.	Um was es im Gesamtsystem geht	Wertvolle Güter	Alle Güter, die es jemandem wert sind, ein Opfer zu bringen (also Ausgaben erfordern)
2.	Geld als Replikator	Mone (also Kapital als Mon)	Information, die die Eigenschaften eines Unternehmens beschreibt und Kapital anzieht
3.	Die codierte (passive) Form eines Unternehmens, Information	Geschäftsplan	Eine detailliert ausgearbeitete ökonomische Idee; eine Gruppe von Monen, die ein profitables Unternehmen schaffen kann
4.	Grundlegende Hardware	Gesellschaft	Die Gesellschaft ermöglicht die Verwirklichung ökonomischer Ideen
5.	«Mächtige» grundlegende Hardware	Kapitalistische Gesellschaft	Gesetz zum Schutz von Privateigentum, freier Wettbewerb und wirksamer Kapitaleinsatz
6.	Aktive Form eines ökonomischen «Geschöpfs»	Unternehmen, Firma	Eine manifeste Überlebensmaschine für Mone
7.	Externe, für Entwicklung und Betrieb der Überlebensmaschine nötige Mechanismen	Psychologische und ökonomische Mechanismen im Hintergrund	Menschliche Motivationen, informelle menschliche Beziehungen, das Prinzip der komparativen Vorteile, Meme, Risikowahrnehmung, etc.

Rolle im System	Elemente des Systems	Bemerkungen
8. Das Ergebnis aktiver Formen	Produkte	Produkte und Dienstleistungen, die zum Verkauf angeboten werden können

Tabelle 7. Die Gödel-Systemumgebung der Ökonomie

Die erste Zeile von Tabelle 7 verdient wohl eine genauere Erklärung, als die Tabelle sie zeigt. Wie wir in Kapitel 6 sahen, beruht das Wirtschaftsleben darauf, dass wir Menschen uns in so vielem voneinander unterscheiden. Deshalb gibt es komparative Vorteile und Neuerungen, die zu Produktüberschuss und damit schließlich zu Autokatalyse in der Ökonomie führen können. Die erste Zeile in Tabelle 7 enthält all dies als Ausgangspunkt.

Die zweite Zeile der Tabelle lässt sich dahingehend interpretieren, dass der Replikator ein Wert ist, der produziert, ohne dabei verbraucht zu werden, und von dem wir schon wissen, wie er dazu beitragen kann, die Produktion später effizienter zu machen. Zu den weiteren Zeilen mache ich keine Bemerkungen: sie fassen lediglich das in Kapitel 14 Gesagte zusammen.

Rolle im System	Elemente des Systems	Bemerkungen
1. Ausgangspunkt: die passive, codierte Form eines «ökonomischen Geschöpfs», Information	Geschäftsplan	Robinsons Traum vom Fischerboot und seine Antworten auf Richsons «dumme» Fragen. Eine professionelle Analyse der Durchführbarkeit des Vorhabens
2. *Aktivierung*	↓	*Der von Robinson und Richson ausgehandelte Vertrag zur Gründung des Unternehmens*

Rolle im System	Elemente des Systems	Bemerkungen
3. Vermittler	Investition	Richson stellt das eingetragene Kapital für das Unternehmenskapital zur Verfügung (so viel wie nötig)
4. *Interpretation*	↓	*Robinsons und Richsons gemeinsames Fischereiunternehmen wird gegründet*
5. Elemente entstehen, die die Welt aktiv beeinflussen	Bereitstellung der Funktionseinheiten des Unternehmens	Das Unternehmen braucht einen Kapitän, Seeleute, Fischer und eine Handelsorganisation etc., und auch die «Verkaufsklausel»
6. *Organisation*	↓	*Das Unternehmen wird eine Organisationseinheit*
7. Ein funktionierendes «ökonomisches Geschöpf» entsteht	Neues Unternehmen	Das neue Unternehmen funktioniert, und damit ändert sich der gesamte Fischmarkt mehr oder weniger
8. Wirkung auf die Welt	Der Betrieb wird erweitert	Fisch wird billiger, die schwächsten Netzfischer werden vom Markt verdrängt und müssen sich nach anderen Erwerbsquellen umsehen
9. *Auslese*	*Marktprozesse*	*Die Nachfrage nach Fisch kann sich ändern, neue Fischfangverfahren können entwickelt werden*
10. *Das Leben geht weiter*	↓	*Wenn das Unternehmen erfolgreich ist und wächst, kann es Filialen einrichten oder es entstehen rivalisierende Firmen*

Rolle im System	Elemente des Systems	Bemerkungen
11. Passive Codes neuer «ökonomischer Geschöpfe» entstehen	Neue Geschäftspläne entstehen	Beispielsweise könnte Beachsons Traum vom Ausflugsschiff wiederbelebt und ein Geschäftsplan vorbereitet werden.

Tabelle 8. Der Gödel-Mechanismus der Ökonomie

Die Spalte Bemerkungen der Tabelle 8 wiederholt im Großen und Ganzen die in Kapitel 7 beschriebene Geschichte von Robinson und Richson. Robinson und Richson (und Beachson ...) handeln nur als Elemente eines Modells. Im wirklichen Leben treten all diese Mechanismen in viel komplexeren Formen auf.

BIBLIOGRAPHIE

Argyle, M.: The Psychology of Happiness. Routledge, 2002.

Aronson, E.: The Social Animal. 10. Auflage. Worth, 2007.

Atkinson, R. L., Atkinson, R. C., Smith, E. E., Bem, D. J.: Introduction to Psychology. Harcourt Brace Jovanovich, 1993.

Aunger, R. (Ed.): Darwinizing Culture. Oxford University Press, 2000.

Aunger, R.: The Electric Meme. The Free Press, 2002.

Bereczkei, T.: Evolúciós pszichológia. (Evolutionary Psychology) Osiris, 2003.

Bernstein, P. L.: Against the Gods. The Remarkable Story of Risk. Wiley, 1996.

–: Wider die Götter, dtv 2002.

Blackmore, S.: The Meme Machine. Oxford University Press, 1999.

–: Die Macht der Meme. Elsevier Spektrum 2005.

Bodie, Z., Kane, A., Marcus, A. J.: Investments. McGraw Hill, 1998.

Brickman, P., Coates, D., Janoff-Bulman, R.: Lottery Winners ... Journal of Personality and Social Psychology, 36, 1978, 918 – 928.

Brooks, R., Maes, P. (Eds.), Artificial Life IV. MIT Press, 2004.

Burks, A. W. (Ed.): Essays on Cellular Automata. University of Illinois Press, 1970.

Camerer, C., Babcock, L., Loewenstein, G., Thaler, R.: Labor Supply of New York City Cabdrivers. Quarterly Journal of Economics, 112, 1997, 407 – 442.

Camerer, C. F., Loewenstein, G, Rabin, M. (Eds.): Advances in Behavioral Economics. Sage, 2004.

Cavalli-Sforza, L. L., Feldman, M. W.: Cultural Transmission and
    Evolution. Princeton University Press, 1981.
Chaitin, G.: The Limits of Mathematics. Springer-Verlag, 2002.
Cohen, P. J.: Set Theory and the Continuum Hypothesis. Addison-
    Wesley, 1966.
Csányi, V.: General Theory of Evolution. Akadémiai, 1982.
Csikszentmihályi, M. Flow: The Psychology of Optimal Experience.
    Harper Perennial, 1991.
–: Das Geheimnis des Glücks. Stuttgart, Klett-Cotta, 1992, S. 16.
Csikszentmihályi, M.: The Evolving Self. Harper Perennial, 1993.
–: Dem Sinn des Lebens eine Zukunft geben. Stuttgart 1996.
Cziko, G.: Without Miracles. MIT Press, 1995.

Darwin, Ch.: The Origin of Species. New edition, Gramercy, 1995.
Davies, P.: The Fifth miracle. Simon and Schuster, 2000.
Dawkins, R.: The Selfish Gene. 30th Anniversary Edition. Oxford
    University Press, 2006.
–: Das egoistische Gen. Elsevier Spektrum, 2007.
Deci, E. L.: Intrinsic motivation. Plenum Press, 1975.
Dennett, D.: Darwin's Dangerous Idea. Simon and Schuster, 1996.
–: Darwins gefährliches Erbe. Hamburg, Hoffmann und Campe,
    1997.
Distin, K.: The Selfish Meme: a Critical Reassessment. Cambridge
    University Press, 2004.
Dunbar, N.: Inventing Money. Wiley, 2001.
Dyson, G.: Darwin among the Machines. Penguin, 1997.

Eigen, M., Winkler, R.: Steps Towards Life: A Perspective on
    Evolution. Oxford University Press, 1992.
–: Das Spiel. München, Piper, 1992.
Endrei W.: A középkor technikai forradalma. (The Technical Revolu-
    tion of the Middle Ages) Magvető, 1978.

Fine, C. H.: Clockspeed. Perseus Books, 1998.

Fisher, R. A., Bennett, J. H.: The Genetical Theory of Natural Selection. Oxford University Press, 2000.

Fokasz, N.: Robinsontöl a tözsdéig. (From Robinson to the Stock Market) Üj Mandátum, 2002.

Frank, J.: Applying Memetics to Financial Markets. Journal of Memetics, 3, Issue 2. http://cfpm.org/jom-emit/1999/vol3/frank i.html

Freud, A.: Az en es az elhäritö mechanizmusok. Pärbeszed, 1998.

Furnham, A., Argyle, M.: The Psychology of Money. Routledge, 1998.

Gánti, T.: Chemoton Theory. Kluwer/Plenum, 2004.

–: The Principles of Life. Oxford University Press, 2003.

Gould, S. J.: Ever Since Darwin. W. W. Norton, 1992.

Hadamard, J.: The Psychology of Invention in the Mathematical Field. Dover, 1945.

Hámori, B.: Erzelemgazdasägtan. (Emotion Economics) Kossuth, 1998.

Heyne, P.: The Economic Way of Thinking. 6. Auflage, Prentice-Hall, 1997.

Hilgard, E. R.: Human Motives and the Concept of Self. American Psychologist, 4, 1949, 374–382.

Hock, R. R.: Fourty Studies that Changed Psychology. Prentice Hall, 1995.

Hodgson, G. M.: Economics and Evolution. Michigan University Press, 1993.

Hofstadter, D. R.: Gödel, Escher, Bach. Basic Books, 1979.

–: I am a Strange Loop. Basic Books, 2007.

Hofstadter, D. R., Dennett, D.: The mind's I. Bantam, 1985.

Hunyady, G., Szekely, M. (eds.): Gazdaságpszichológia. (Economic Psychology) Osiris, 2003.

Jablonka, E., Lamb, M.: Evolution in four dimensions. The MIT Press, 2005.

Jacob, F.: The Logic of Life. Princeton University Press, 1993.

–: Die Logik des Lebenden. Fischer, 2002.

Jaksity, G.: A penz termeszete. (The Nature of Money) Alinea, 2003.

Jones, S.: Darwin's Ghost, Random House, London, 2000.

–: Darwin's Ghost. The Origin of Species Updated. Ballantine, 2001.

Kahneman, D., Tversky, A.: Choices, Values, and Frames. American Psychologist, 39, 1984, 342 – 347.

–, –: Prospect Theory. Econometrica, 47, 1979, 263 – 291.

Kauffman, S. A.: The Origins of Order. Oxford University Press, 1993.

Kindleberger, Ch. P.: Manias, Panics and Crashes. Wiley, 2001.

Kocsis, E., Szabó, K.: A posztmodern vállalat. (The Postmodern Enterprise) Oktatási Miniszterium, 2001.

Kohn, M.: Financial Institutions and Markets. Oxford University Press, 2003.

Kun, E.: A rejtveny. (The Puzzle) Gondolat, 1966.

Lea, S. E. G., Tarpy, R. M., Webley, P.: The Individual in the Economy. Cambridge University Press, 1987.

Levy, H., Levy, M.: Experimental Test of the Prospect Theory Value Function. Organizational Behavior and Human Decision Processes, 89, 2002, 1058 – 1081.

Levy, H., De Giorgi, E., Hens, Th: Prospect Theory and the CAPM: A Contradiction or Coexistence? 2003.http://ideas.repec.org/p/zur/iewwpx/157.html

Loftums E. F., Palmer, J. C.: Reconstruction of automobile destruction: An example of the interaction between language and memory. Journal of Verbal Learning and Verbal Behaviour, 13 / 1974, S. 518 – 537.

Loftus, E. F.: Eyewitness Testimony. Harvard University Press, 1996.

Lumsden, C. J., Wilson, E. O.: Genes, Mind and Culture. Harvard University Press, 1981.

Macrae, N.: John von Neumann. Pantheon Books, 1992.

–: John von Neumann. Birkhäuser, 1994.

Malkiel, B. G.: A Random Walk down Wall Street. Norton & Co, 1990.

Mankiw, G. N.: Principles of Macroeconomics. 4. Auflage Southwestern College, 2006.

McClelland, D. C.: Human Motivation. Cambridge University Press, 1988.

Mérő, L.: Moral Calculations. Springer, 1998.

–: Die Grenzen der Vernunft. Rowohlt, 2002.

–: Die Logik der Unvernunft. Optimal entschieden? Rowohlt, 2000

Mishkin, F. S.: The Economics of Money, Banking, and Financial Markets. Addison-Wesley, 2001.

Nagel, E., Newman, J. R.: Gödel's Proof. New York University Press, 1983.

Olff, M., Godaert, G., Ursin, H.: Quantification of Human Defence Mechanisms. Springer, 1991.

Pargellis, A. N.: Digital Life Behavior in the Amoeba World. Artificial Life 7, (2000), pp. 6375.

Péter, R.: Playing with Infinity. Simon and Schuster, 1962.

Poincaré, H.: Wissenschaft und Hypothese. Reprint, 1997.

Ray, T. S.: An Approach to the Synthesis of Life. In: C. G. Langton et al. (Eds.): Artificial Life II. Addison-Wesley, 1992, pp. 371 – 408.

Ribas de Pouplana, L. (Ed.): The Genetic Code and the Origin of Life.
MBIU, 2004.
Rizzolatti, G., Craighero, L.: The Mirror Neuron System. Annual
Review of Neuroscience, 27, 2004, 169–192.

Samuelson, P. A., Nordhaus, W. D.: Economics. 18. Auflage.
McGraw-Hill, 2004.
Schacter, D. L.: The Seven Sins of Memory. Houghton Mifflin,
2002.
Schultz, T. W.: Investment in Human Capital. Free Press, 1971.
Siegel, E. S., Ford, R. R., Bornstein, J. M.: Ernst & Young Business
Plan Guide. CO-NEX, 1997.
Smith, J. M., Szathmáry E.: The Major Transitions of Evolution.
Oxford University Press, 1998.
–, –: The Origins of Life. Oxford University Press, 2000.
Soros, G.: The Alchemy of Finance. Wiley, 2003.
Sperber, D.: Explaining Culture. Blackwell, 1996.
Stiglitz, J.: Globalization and Its Discontents. W. W. Norton & Co.,
2002.
–: Die Schatten der Globalisierung. Goldmann, 2002.
Szerb, A., Utas és holdvilág, Magveto, 1959.
–: Reise ins Mondlicht. dtv 2003.

Tapscott, D.: Growing Up Digital: The Rise of the Net Generation.
McGraw-Hill, 1998.
Thaler, R. H.: Quasi Rational Economics. Russell Sage, 1994.
Tversky, A., Kahneman, D.: Advances in Prospect Theory. Journal of
Risk and Uncertainty, 5, 1992, 297–323.
Tversky, A., Kahneman, D.: Risk and Rationality. Institute of Phi-
losophy & Public Policy, 1988.

Weaver, R. F.: Molecular Biology. 4. Auflage, McGraw-Hill, 2007.

Wilson. D. S., Sober, E.: Reintroducing Group Selection to the
  Human Behavioral Sciences. The Behavioral and Brain Sciences,
  17, 1994, 585 – 654.
Wilson. E. O.: On Human Nature. Harvard University Press, 1978.

1. Der zinsbringende Stockfisch

1. Fokasz 2002 stellt ein neues Beispiel für die «Robinsonaden» der Wirtschaftswissenschaften. Unsere Robinsonade beginnt mit Paul Heynes Beispiel, Heyne 1997, S. 258

2. F. S. Mishkin, *The economics of money, banking and financial markets*, Addison-Wesley, Boston 2001. Für die Interpretation der Grundbegriffe der Ökonomie wurde das klassische Lehrbuch von Samuelson & Nordhaus (2004) benutzt.

3. M. G. Kohn, *Money, banking and financial markets*, The Dryden Press, Chicago 1991

4. Lloyd George, in *Stop the world, I want to get out*, Mandatum 1990, S. 6

2. Der Mechanismus des Lebens

5. John von Neumann (1903 – 1957), der eigentlich János Lajos Neumann hieß, war ein Mathematiker ungarischer Herkunft, dem wir grundlegende Beiträge auf Gebieten wie Mengenlehre, Quantenphysik, Wirtschaftswissenschaft, Informatik, Spieltheorie, Hydrodynamik verdanken.

6. Tatsächlich brauchte sich von Neumann mit dieser Art «philosophischer Probleme» nicht sehr abzugeben, weil sie dank Turing, Church und anderen schon gelöst waren.

7. J. von Neumann, *Theory of self reproducing automata*, University of Illinois Press, Champaign 1966. Zu Neumanns Leben siehe Burks 1970 und Macrae 1992

8. ATP ist die Abkürzung für Adenosin-Triphosphat, ein Nukleotid, das in der Zelle wichtige Aufgaben erfüllt.

9. Chemoton ist die Definition des Ungarn Tibor Gánti für die

minimale Lebensform, die eine lebende Zelle hat, aber ohne Enzyme und genetischen Kodex. T. Gánti, *The principles of life*, Oxford University Press 2003. Ähnliche Untersuchungen wie Gánti verdanken wir Eigen und Winkler, *Das Spiel*, Piper, München 1992.

10. Es hat Versuche gegeben, eine «allgemeine Theorie der Replikatoren» zu entwickeln (Aunger, 2002, S. 83 – 91), aber für unseren Gedankengang genügt diese engere Definition.

11. R. Dawkins, *Das egoistische Gen*, 2007 Elsevier Spektrum (Jubiläumsausgabe), S. 63

3. Darwins Evolution

12. Cicero, *De finibus bonorum et malorum*, Liber primus

13. Die Ansprache von Papst Johannes Paul II in: L'Osservatore Romano, 30. Oktober 1996

14. Man besuche die Internetseite www.his.atr.jp/~ray/tierra/, von der sich die Software der Simulation TIERRA herunterladen lässt.

15. Zur Universalität von TIERRA siehe die Seite http://www.ee.g.dcu.ie/~alife/bmcm9401/mcmullin.pdf

16. Einige Programme, die Ähnlichkeit mit TIERRA haben, sind: AVIDA (Adami, Brown, 1994); AMEBA (Pargelli, 1996); PHYSIS (Egri-Nagy, 2001)

17. Thomas S. Ray: How I created life in a virtual universe. Heruntergeladen von http://www.hip.atr.jp/~ray/pubs/nathist/

18. Zur Gruppenselektion siehe: Wilson, Sober 1994, mit vielen Bemerkungen im Anhang an den Artikel.

19. S. Jones, *Darwin's Ghost*, Random House, London 2001, S. xxvii

20. Kauffman 1993, Kapitel 5 und 13

21. Diese Definition schließt viele traditionelle Ansätze der Evolutionstheorien der Ökonomie und Kultur aus, beispielsweise Hodgson 1993 oder Sperber 1996

22. Die im Rahmen der sogenannten allgemeinen Theorie der Replikatoren erörterten Replikatoren sind gewöhnlich keine Replikatoren in dem von uns verwendeten Sinn.

4. Die Meme

23. Compact Oxford English Dictionary
24. Der Versuch einer Definition der «memetischen DNA» findet sich in dem Buch von Kate Distin, *The selfish meme, a critical reassessment*, CUP, Cambridge 2004. Distin meint, die zerebrale Entsprechung der DNA in Repräsentationen gefunden zu haben, unterscheidet jedoch nicht zwischen Memen und «mentalen Wesen», während wir dies in Kapitel 13 streng trennen.
25. Zum Wesen des menschlichen Gedächtnisses: Mérő 2002, Kapitel 5–8
26. Seit 1997 gibt es im Internet ein unabhängiges wissenschaftliches Journal für Memetik: http://www.jom-emit.org
27. Susan Blackmore, *The Meme Machine*, OUP, Oxford, 1999, dt.: *Die Macht der Meme. Oder die Evolution von Kultur und Geist*, Elsevier, München 2005
28. Blackmore, S. 142
29. Zu Spiegelneuronen: Rizzolatti, Craighero 2004
30. M. Gardner, zitiert bei Aunger 2000, S. 2
31. Wilson, 1978, S. 167
32. Blackmore, S. 71

5. Homo informaticus

33. Was wir «traditionellen Darwinismus» nennen, hat sich unter dem Namen *Evolutionspsychologie* zu einer eigenen wissenschaftlichen Disziplin entwickelt.
34. Zur Erinnerungsverzerrung siehe Schacter 2002 und Loftus 1996

35. Siehe Atkinson 1993 zu den 100 Photonen und zur Wahrnehmung.

36. D. Tapscott, McGraw-Hill, New York S. 43

37. Cartoon von Peter Steiner, *The New Yorker*, 5. Juli 1993 (Band 69 (LXIX) Nr. 20) S. 61, auch auf der Seite http://www.unc.edu/depts/jomc/academics/dri/idog.html

38. Interview mit Kaspersky, Népszabadság, 2003. júl. 23. http://www.nol.hu/cikk/119557/

6. Die Entstehung ökonomischer Werte

39. Die Grundlagen der Wirtschaftstheorie und des ökonomischen Denkens werden überwiegend nach Samuelson und Nordhaus 2004 sowie Heyne 1997 dargestellt.

40. T. Révbíró, Egy ideal haláldrá (Zum Tod eines Idols), «Elet és Irodalom», 10. Juli 1998

41. David Ricardo (1772 – 1823) ist mit Adam Smith der Hauptvertreter der «klassischen Nationalökonomie». Seine Theorie legt dem Tauschwert der Güter die Menge der zu ihrem Erwerb nötigen Arbeit zugrunde. Siehe D. Ricardo, *Principles of political economy and taxation*, London 1817, dt.: *Grundsätze der politischen Ökonomie und der Besteuerung*, Europäische Verlagsanstalt, Frankfurt a. M.

42. Oft wird die Produzentenrente fälschlich für Profit gehalten, ist aber etwas ganz anderes. In der Abbildung entspricht sie genau dem markierten Teil.

7. Das Wesen von Investorenentscheidungen

43. Zum deutlichen Unterschied zwischen der Entscheidung des Investors und des Verbrauchers siehe z. B. Bodie 1998.

44. Die «Kulturgeschichte» und die wirtschaftliche Bedeutung des Risikos wird gut in Bernstein 1996 aufgezeigt.

8. Warum ein Psychologe den Nobelpreis für Wirtschaftswissenschaften bekam

45. Eine genauere, aber allgemein verständliche Beschreibung des Begriffs Beta findet sich beispielsweise in Malkiel 2001, Kapitel 9 – 10

46. Eine elegante, verständliche Beschreibung des CAPM geben z. B. Jaksity 2003, S. 152 – 157 oder Malkiel 1990, S. 190 – 210. Siehe auch die Originalarbeit von Loftus und Palmer, 1974.

47. Die erste Veröffentlichung zur Prospect theory steht in Kahneman und Tversky 1979. Die Abbildung beruht auf Tversky und Kahneman 1992. Zur Beziehung zwischen CAPM und Erwartungstheorie siehe Levy und Levy 2002 und Levy et al. 2003. Weitere ökonomische Aspekte der Erwartungstheorie siehe Thaler 1994 und Camerer et al. 2004.

9. Die Motivationswirkung des Geldes

48. E. L. Deci, *Intrinsic motivation*, Plenum Press, New York 1975, S. 157

49. Zu Lotteriegewinnern siehe Brickman et al. 1978.

50. A. Szerb, *Reise ins Mondlicht*, München, dtv 2003, S. 200

51. Zu New Yorker Taxifahrern siehe Camerer et al. 1997, S. 417 – 418

52. N. B. Hunt wird von Furnham und Argyle 1998, S. 100 zitiert.

53. Mehr zu Abwehrmechanismen bei A. Freud 1998 oder Olff et al. 1991

54. Zum Zupfen von Blütenblättern siehe Mérő, *Die Logik der Unvernunft. Optimal entschieden?* Reinbek, Rowohlt 2000, S. 246 f.

55. M. Csikszentmihályi, *Das Geheimnis des Glücks*, Stuttgart, Cotta, 1992, S. 16

56. Ebenda, S. 91 – 92

57. Larry Adler wird von Furnham und Argyle 1998, S. 100 zitiert.

10. Von der Sphinx zu Gödel

58. Zwar wurden in neueren Experimenten zur Motivation von Schimpansen Anzeichen für das Sparen beobachtet, aber nur solche, die unmittelbaren Zwecken dienten: http://www.springerlink.com/content/xujqfnw3f8tpbrnn/

59. Diese Theorie wurde zuerst von Hilgard 1949 vertreten.

60. Schwab, *Die schönsten Sagen des klassischen Altertums*, Stuttgart, Reclam 1986, S. 259

61. Der Brockhaus gibt 40 Jahre an, die Encyclopaedia Britannica 57.

62. Hofstadter 1991, S. 19

63. Der volle Beweis von Gödels Satz findet sich in Hofstadter 1979, Kapitel 4 – 8 und Nagel, Newman 1983

64. Jorge Luis Borges, *Die Lotterie von Babylon*, S. 65, München, Hanser 1988

11. Die Gödel-Struktur

65. Der Beweis für den Unterschied zwischen der Unendlichkeit der natürlichen Zahlen und der Unendlichkeit der Zahlen der Zahlengeraden findet sich z. B. in Péter 1962 sowie in jedem Lehrbuch der Mengenlehre.

66. Eine genaue Analyse der Grenzen der Mathematik findet sich z. B. in Chaitin 2002

12. Die Gödel-Struktur des biologischen Lebens

67. Zu den Grundlagen der Molekularbiologie siehe z. B. Weaver 2007. Zu Zweifeln an der Abbildung des Zentraldogmas siehe Jablonka, Lamb 2005.

68. Hofstadter 1985, S. 569

69. Der Gödel-Satz der Molekularbiologie beruht auf Hofstadter 1985, S. 572: «Es ist immer möglich, einen DNS-Strang zu entwerfen, der, in eine Zelle injiziert, die Herstellung von Proteinen

veranlassen würden, welche die Zelle (oder die DNS) zerstören würden, und deshalb in der Nicht-Reproduktion dieser DNS resultieren würde.»

13. Die Gödel-Strukturen menschlichen Denkens

70. Meine frühere Ansicht findet sich in Mérő 2002, Kapitel 16

71. Vgl. Mihály Babits: Mint forró csontok a máglyán (Wie heiße Knochen auf dem Feuer); Dennett (1996, S. 373), *Darwins gefährliches Erbe* 1997, Hamburg, Hoffmann und Campe, sowie François Jacob, *Die Logik des Lebenden*, Fischer 2002

72. Zum Denken von Mathematikern siehe Hadamard 1945, Poincaré 1997

14. Geld als Replikator: Die Mone

73. Péter Fábri meinte, nachdem er eine frühere Fassung des ersten Kapitels gelesen hatte, bei einer Unterhaltung im Kaffeehaus, ich solle dem, worüber ich schreibe, einen Namen geben, und schlug vor, es Mon zu nennen. Ich erkannte, welch ein Volltreffer der Name war, als ich in der ersten Fassung von Kapitel 14 mindestens dreißig Mal den Ausdruck «ökonomischer Replikator» schrieb.

74. Ein kluges memetisches Investmentmodell, aus dem klar hervorgeht, dass memetische Fitness ein wichtigerer Faktor sein kann als Gewinn: Frank 1999.

75. Kanevsky wird von Kocsis und Szabó zitiert 2001, S. 65

76. Zum Standard von Geschäftsplänen siehe Siegel 1997

15. Leben, Naturwissenschaft, Wirtschaft

77. Zu Birkenspannern siehe Fine 1998, S. 20

16. Die Überlebensmaschine des Geldes

78. Manche Menschen bezweifeln diese Absicht Baums: http://www.
en.wikipedia, org/wiki/L._Frank_Baum_ref-O, auch http://www.
halcyon.com/piglet/Populism.htm

79. In einigen europäischen Ländern (denen der Lateinischen Münz-
union von Frankreich, Belgien, Italien, Schweiz und Griechen-
land) wurde das Bimetallsystem von etwa 1865 an übergreifend
in einer Währungsunion verwendet. Bryan wird bei Mankiw
2006, S. 201, zitiert. Der volle Text und die Hörfassung von
Bryans «Cross of Gold»-Rede kann heruntergeladen werden von
http://historymatters.gmu.edu/d5354/. Zur heutigen Wirkung
von Kreditgeld siehe Kohn 2003, S. 829 – 990, Mishkin 2001,
S. 634 – 662

80. Heyne 1997, S. 27

81. Zu den Aufgaben der Hedgefonds siehe Soros 2003 und Dunbar
2000. Siehe Jaksity 2003 zum Thema Börse als Tauschplatz.

82. Zu den Aktienmarktblasen siehe Kindleberger 2001

83. Blackmore 1999, S. 142 – 144

84. Der US-amerikanische Volkswirtschaftler Theodore W. Schultz
(1902 – 1998) ist einer der Begründer der Humankapitaltheorie.
1979 erhielt er den Nobelpreis für Wirtschaftswissenschaften,
besonders für seine Arbeit zu Entwicklungsländern.

85. T. W. Schultz 1971, S. 56

17. Globales Geld

86. Zu den Variationen des genetischen Codes siehe Santos und
Tuite in Ribas de Pouplana 2004

87. Stiglitz 2003, S. 266

88. Zur technischen Revolution des Mittelalters siehe Endrei 1978

REGISTER

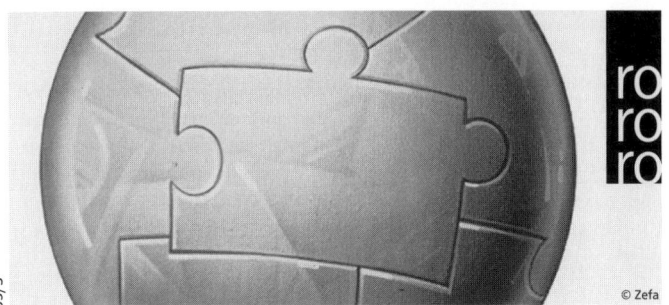

© Zefa

S5/3

rororo science

Kopfnüsse für Querdenker

John D. Barrow
Ein Himmel voller Zahlen
*Auf den Spuren
mathematischer Wahrheit*
rororo 19742

Pierre Basieux
Abenteuer Mathematik
*Brücken zwischen Wirklichkeit
und Fiktion*
rororo 60178

Beck-Bornholdt/Dubben
Der Hund, der Eier legt
*Erkennen von Fehlinformation
durch Querdenken*
rororo 62196

Dietrich Dörner
Die Logik des Misslingens
*Strategisches Denken
in komplexen Situationen*
rororo 61578

László Mérö
Die Logik der Unvernunft
*Spieltheorie und die Psychologie
des Handelns*
rororo 60821

Gero von Randow
Das Ziegenproblem
Denken in Wahrscheinlichkeiten
rororo 61905

Tschernjak/Rose
**Die Hühnchen von Minsk
und 99 andere hübsche
Probleme**

rororo 60363

Weitere Informationen in der Rowohlt Revue *oder unter* www.rororo.de

Wolfgang Büscher
Berlin–Moskau
Eine Reise zu Fuß

«Dieses Buch hat gute Aussichten, einmal zu den Klassikern der Reiseliteratur zu zählen – noch vor Bruce Chatwins Büchern.» (Südd. Zeitung) «Reiseerfahrungen, die zum Besten gehören, was in den letzten Jahren in deutscher Sprache erschienen ist.» (Der Spiegel) rororo 23677

Reiseliteratur bei rororo:
Der Weg ist das Ziel

Helge Timmerberg
Shiva Moon
Eine Reise durch Indien
Der Ganges ist Indiens Schicksalsstrom: Helge Timmerberg ist ihm gefolgt – von der Quelle im Himalaya bis zum Delta. Mit Kraft, Witz und Klarsicht erzählt er von Gottheiten, Heuchlern, Bettlern und schönen Geisterheilerinnen, von Rausch und Nüchternheit – ein hinreißendes Porträt.
rororo 62118

Klaus Bednarz
Am Ende der Welt
Eine Reise durch Feuerland
und Patagonien
Diese Landschaften haben immer wieder Menschen aus aller Welt in ihren Bann gezogen – mit ihrer endlos weiten Pampa, den Fjorden und Kanälen, Gebirgen und schroffen Küsten.
rororo 61942

Weitere Informationen in der Rowohlt Revue oder unter www.rororo.de